U0135910

近代思想圖書館系列
009

就業、利息和貨幣
的一般理論

原著／約翰·凱恩斯
譯者／陳林堅·王星·朱浩·范斌
校訂／宋承先

ISBN 957-13-0424-7

目　錄

出版的構想

郝明義

　　二十世紀，人類思想從亙古以來的激盪中，在各個領域都迸裂出空前的壯觀與絢爛。其影響所及，不論是強權、戰爭及均勢的交替，抑或經濟、科技與藝術之推陳，水深浪濶，無以復加。思想，把我們帶上了瀕臨毀滅的邊緣，思想，讓我們擁抱了最光明的希望。

　　回顧這一切，中國人的感慨，應該尤其特別。長期以來，由於客觀條件之貧弱，由於主觀禁忌之設定，我們從沒有機會能夠敞開胸懷，眞正呼應這些思想的激動。

　　《近代思想圖書館》，是爲了消除這些喟嘆而出現的。

　　我們的信念是：思想，不論它帶給我們對進化過程必然性的肯定，還是平添對未來不可測的驚懼；不論它呈現的外貌如何狂野，多麼審慎，其本質都是最深沉與執著的靈魂。我們必須開放心胸，來接納。靈魂中沒有這些深沉與執著，人類的歷史從無勾畫。

　　我們的目的是：以十一個思想領域爲架構，將十九世紀中葉以來，對人類歷史與文明發生關鍵性影響的思想著作，不分禁忌與派別，以圖書館的幅度與深度予以呈現。

　　我們希望：對過去一百五十年間這些深沉思想與經典著作的認識，不但可以幫助我們澄清過去的混沌，也更能掌握未來的悸動。

　　在即將進入二十一世紀的前夕，前所未有的開放環境，讓我們珍惜這個機會的終於到來，也警惕這個機會的必須把持。

《就業、利息和貨幣的一般理論》導讀

沈中華（中央大學經濟系副教授）

一、前言

　　就像亞當斯密(Adam Smith, 1723～1790)是經濟學之父一樣，凱恩斯(John Maynard Keynes, 1883～1946)開創了現代總體經濟學，也可被稱爲現代總體經濟學之父而不爲過。他的《就業、利息和貨幣的一般理論》(以下簡稱《一般理論》)，提早結束了經濟大恐慌，挽救了世界經濟，創造了二次大戰後近二十年的繁榮。遺憾的是，對他的理論的闡述、評論，雖不下千百種，但大家甚少得到一致性的結論，大家在吸取《一般理論》的思想精髓時，又放入了自己主觀的判斷，造成各說各話，大家都說凱恩斯這樣說，大家對凱恩斯的說法卻都不同，造成這結果的原因，可由諾貝爾經濟學獎得主薩穆爾遜(Paul Samuelson)的書中一段話來說明：「這是一本寫得很差，章節結構鬆散的書，一個後輩小子，也許迷惑於作者的大名，而買了此書，但當他看了前幾頁，立刻就會後悔。這本書不適合上課用。書中語氣傲慢，自以爲是，沒有一絲感激之心……。也解釋不清所用名詞的定義，和他前輩理論的相互關係……。但是，當你用心閱讀，並抓住書中的精要，你恍然大悟所有分析的邏輯及背後的觀念，你不禁讚嘆，這是一部天才的作品。」(*Lord Keynes and the General Theory*, 1946)。

　　薩穆爾遜的重點當然在最後一句話，但是自《一般理論》問世以來，無數的學者在問：「凱恩斯到底說了什麼，還有，他的眞正意思是

什麼?」(What Keynes had really said and meant)，要回答這問題最好的辦法，也許就是你親自去閱讀這本書。

二、古典學派

要了解凱恩斯為何撰寫《一般理論》，以及為何此書開創了現代總體經濟學，恐怕非得從凱恩斯的前輩，古典學派談起。

古典學派這個名詞，最早是馬克思(Karl Marx, 1818～1883)給一些十八世紀的邊際效用學派所取的，凱恩斯只是借用了這個名詞，而廣泛地用在所有在他之前的經濟學家，包含了他的老師皮古(Auther Pigou, 1877～1959)和他的師祖馬歇爾(Alfred Marshall, 1842～1924)。自十八世紀以來，英國一直是世界經濟的重心，經濟人才輩出，而劍橋大學更是執世界經濟學牛耳。劍橋大學的唯一經濟學講座，一向均是由最有名望的經濟學家擔任。凱恩斯幼時，就常出入當時經濟學講座馬歇爾的家中，故對經濟學早已耳濡目染，之後，馬歇爾將講座大位傳給他最得意的學生皮古，凱恩斯也同時師事皮古，皮古有意將講座授與凱恩斯，可惜凱恩斯「背叛師門」，「出古典，而反古典」，自成一派宗師。

古典學派的理論主要立基於下列二個假設：第一個是「賽伊法則」(Say's Law)，第二個是「市場清除」(Market clearing)。所謂「賽伊法則」是指：供給能為其本身創造需求，這意思是說，所有經廠商生產出來的物品，一定有人會買，絕沒有賣不出的情形。而所謂「市場清除」，主要是指在勞動市場上，當勞動供給大於勞動需求，也就是說找工作的人多於工作空缺，則工資應會下跌，工資下跌之後，有一部份工人會認為在此工資之下，不值得他繼續工作，換句話說，在工作與休閒之中，他寧願選擇休閒。由於這是工人自願離開勞動市場，

按失業的定義，並不算是失業。反之，當勞動供給相對減少時，工資上漲，致使一部分廠商認為不值得投資，而退出市場，此時市場又恢復均衡，清除指的就是超額供給或超額需求會被清除掉。

有了這二個假設，古典學派認為這個社會不可能有失業，所有的失業，均是工人自願的選擇，因此古典學派不關心失業這問題，而關心資源如何分配。因為沒有非自願失業，政府也不需採用任何政策去刺激就業。

三、凱恩斯革命

然而，從一九二九年開始，世界性的經濟大恐慌爆發了，以美國的數據為例，失業率由一九二九年的 3.2% 爬升到一九三三年的最高點 25.2%，雖然到了一九四一年跌到了 9.9%，但仍相當高；而工資率則由一九二九年的 0.563 微微地降到一九三三年的 0.457，再微升到一九四四年的 0.655（Martin N. Baily: *The Labor Market in the* 1930s, 1973），這數據，不必等到凱恩斯來質問：市場為何沒有清除？工資為何沒大幅調整？失業的數字為何持續近十年如此之高？任何一個相信經濟理論的最終目的是解釋實際現象的人，都應反躬自省，捫心自問：是理論錯了嗎？還是資料數據有錯？左鄰右舍眾多的失業人口，顯示了資料也許有錯，但絕不會錯得太離譜，那一定是理論出了問題。而廠商堆積如山的製成品，放在倉庫賣不出，是否又暗示賽伊法則破產了呢？古典學派的兩大假設，都受到實際現象的挑戰，古典學派已面臨了極嚴重的理論危機，而皮古卻仍沈迷於其古典理論的嚴謹推導與完美結論。

凱恩斯認為古典學派的二個假說，均不正確，且與大恐慌的實情不符。首先，他認為工資有向下僵硬性，易漲難跌，則市場無法清除，

更有甚者，工人即使願意降低工資，只要求有工作，以求家人三餐溫飽，但卻沒人願意雇用他。接著凱恩斯認為只有工資僵硬性，仍不足以描述大恐慌，賽伊法則事實上也失去了效力。凱恩斯認為當時是「有效需求」(Effective Demand)不足，造成廠商生產出來的物品，沒有人買得起，而歸根究底，大眾買不起的原因，就是因為失業後，工人沒有所得，形成了一方面產品堆積於倉庫，廠商賣不出他的產品，另一方面，失業人口眾多，工人賣不出自己的勞動，如此惡性循環，就是造成大恐慌的主因。

　　凱恩斯對這種現象，提出了他的政策建議。因為基本問題在廠商賣不出產品，賣不出產品自無法雇用更多的工人，因此他主張用下列方式使產品能賣出，也就是刺激有效需求：

　　1.政府增加支出

　　2.降低利率

　　3.減稅

這些方法的目的只有一個，使有效需求增加，則廠商的產品可以賣掉，產品一旦有銷路，廠商自會增加生產，多雇用工人，使失業率下跌。為了更清楚地說明這觀念，凱恩斯甚至說，解決大恐慌的一個方法，即是政府拿錢去請一批工人挖馬路，挖好了之後，再拿錢去請另一批工人把馬路填好，在這過程中，工人有錢，則有能力消費，需求會增加，自可帶動景氣，使經濟復甦。

　　事後來看，許多人認為當時運用凱恩斯理論最成功的國家，首推二次戰前的德國。當時德國建戰車，修馬路，重整軍備，挑起了二次大戰，不知不覺地刺激有效需求，頗符合凱恩斯的政策建議，因此使德國提早結束大恐慌。但就一個中國人來說，也許我們不必捨失求諸野，我們可以舉自己國家的例子，來驗證凱恩斯的理論。民國十七年，北伐成功之後的十年，國民政府積極備戰，加速建設，充實國力，史

稱「黃金十年」; 這十年對應西元年代來說, 竟正是一九二八年到一九三七年之間, 也就是說當世界正困愁於經濟大蕭條之時, 中國竟有輝煌的黃金十年, 這強烈的對比, 其中可解釋的原因即是當時國民政府加速建設的作法, 刺激了有效需求, 使中國倖免於大恐慌, 因此中國也許算是在凱恩斯還未寫一般理論之前就已應用了其理論。

四、是一般理論, 還是特殊理論?

雖然凱恩斯認為他的書描述的情形較接近真實世界, 反之, 古典學派的理論只適合某一抽象的環境, 因此認為他的理論較古典學派更一般, 而將書名冠之以「一般理論」; 然而, 就學理而言, 其實古典學派的理論才是一般理論, 而凱恩斯的理論則是特殊理論。原因如下。

凱恩斯的理論, 假設工資是固定的, 在這固定工資之下, 他推導出他的結論。就學理來說, 工資是固定的為特例, 工資可以任意移動為一般, 就像是說固定工資的理論, 其實是在可變動工資理論之下, 再加上一條限制式, 禁止工資變動而得到, 所以由可變動工資理論架構, 再加上一點限制, 就得到固定工資理論。因此, 固定工資理論為可變動工資理論的特例。反之, 如由固定工資理論出發, 放寬工資固定的限制, 學理上叫一般化(generalization), 因此凱恩斯自始就弄錯了書名, 這或許是一代天才, 有敏銳的觀察力, 卻不屑於嚴謹的學理推導所造成。

這個書名的校正, 另有一層學術意義。是否特殊理論對實際社會的了解較有用, 而一般化的理論較無用? 試想一個匯率可以自由變動的理論對台灣較有用, 還是一個不能任意調整匯率的理論? 當瓦爾拉斯(Léon Walras, 1834～1910)完成他的偉大一般理論模型時, 後人除了讚嘆他的聰明與學問, 甚少人能去應用他的理論, 因此就解釋實

際現象而言，特殊理論是較合適，這也是何以凱恩斯理論較適合於解釋實際現象。

五、結語

凱恩斯推翻了古典學派的二個假設：「市場清除」和「賽伊法則」，就當時而言實在太「離經叛道」，因此後人冠以「革命」二字，之後學術界有人以維護古典正統自居，而打出「凱恩斯反革命」，而又有人為辯護凱恩斯理論而自稱「凱恩斯反反革命」，二、三十年來，革命四起，烽火遍地，凱恩斯一下被讚揚成有如天神，一下子又是造成各國財政赤字的罪魁禍首。而凱恩斯又如何看自己呢？在寫信給他朋友喬治蕭 (George Shaw)時，他預測到他的書將會掀起一股驚天動地的變革，他說：「我相信我在寫一本有革命性的書，……將推翻大家對經濟問題思考的方式。」他的預言的確實現了。

校訂者前言

約翰・梅納德・凱恩斯（1883～1946），英國經濟學家。生前發表的專著論文很多，《就業、利息和貨幣的一般理論》（以下簡稱《一般理論》）是他的代表作。這本書的理論構架和基本觀點，迄今一直是戰後迅速發展起來的宏觀經濟學（也譯體量經濟學）的基礎和核心內容，並且對戰後西方國家的經濟政策和經濟的快速成長產生了十分重大的影響。

凱恩斯出生於英國劍橋。1902 年進劍橋大學學習數學，1905 年畢業後，為準備參加文官考試，師從馬歇爾（A. Marshall）和皮古（A. C. Pigou）學習經濟學，文官考試名列第二，就分配到英政府印度事務部任職，1908 年辭職，於次年春回劍橋大學講授貨幣信用和物價課程。

《印度的通貨和財政》（1913）是凱氏的第一本專著，該書建議印度採用金滙兌本位制，認為這較之金本位更能使印度的貨幣獲得較大的穩定，從而使價格穩定。由於這本書，他受聘擔任皇家印度通貨與財政委員會秘書，後被聘擔任委員。第一次世界大戰爆發後不久進英國財政部工作，精明幹練的工作才華使他青雲直上，第一次世界大戰結束後成為英國財政部的首席代表參加巴黎和會，因反對向德國索取過重賠償，辭職回劍橋執教，並在 1919 年發表的《凡爾賽和約的經濟後果》一書中，抨擊巴黎和約規定的戰爭賠償超過了德國償付能力的限度，既使德國經濟難於恢復，也對英國經濟不利，因為德國是英國出口商品的重要市場。該書使凱恩斯一舉成名，成為世界知名學者。

第一次世界大戰後的首次周期性經濟危機以後，在這個二十年代

英國經濟除短暫復甦外一直停滯不前，失業問題空前嚴重。凱恩斯開始覺察到，戰前英國的黃金時代一去不復返了，單純依靠市場調節已不足以解決它面臨的困境。他在 1926 年發表的《自由放任主義的終結》一文中，論證了資本主義經濟實行明智管理的必要性，開始從傳統的自由放任轉向國家調節干預經濟。在當時具體經濟問題上，凱恩斯反對降低工資的通貨緊縮政策，認爲假如無法實現物價穩定，寧取輕微的通貨膨脹以刺激投資，減少失業；他反對通貨緊縮寧取通貨膨脹的另一理由是，後者是以坐食利息階級(rentier)爲犧牲的。他在《貨幣改革論》(1923) 一書中寫道：「……在一個變得窮困的世界裡，引起失業比之使食利階級失望更壞。」在古時爭論劇烈的重訂英鎊金平價問題上，他認爲在物價穩定與滙價穩定不可得兼情況下，國內價格穩定較之滙率穩定更重要。在《邱吉爾的經濟後果》(1925)一書中，認爲 1925 年英國按戰前英鎊金平價（1 英鎊＝4.8 美元）恢復金本位使英鎊定值偏高大約 12％，是英國經濟困境的重要根源，因爲它使英國在國際市場上的競爭處於不利地位。

　　1929 年凱恩斯與亨德森合著的小冊子《勞合‧喬治能勝利嗎？對自由黨誓言的審查》支持勞合‧喬治提出的興辦公共工程以減少失業的方案，論證中涉及到後來被稱爲乘數原理的乘數效應。但是，凱恩斯於 1930 年出版的兩卷本《貨幣論》還是把總產量作爲既定，用貨幣數量論考察物價水平的決定，沒有論及就業水平的決定問題，甚至到了 1932 年，凱恩斯依然相信，依靠利率政策刺激投資就可以有效地克服已經出現的嚴重經濟蕭條。

　　面對 1924～1933 年世界經濟危機和逐步深入發展的理論探索，凱恩斯終於意識到，由於投資機會枯竭，古典經濟學的賽伊法則(Say's Law)斷言，任何數量的投資必將全部轉化成投資不再有效。於是，以「有效需求」不足是失業的最終根源爲其核心命題的《一般理論》一

書於 1936 年初問世。

第二次世界大戰爆發後不久，凱恩斯又回到財政部，是該部諮詢委員會重要成員。1941 年兼任英格蘭銀行董事。1942 年晉封爲勛爵。1944 年率領英國代表團出席在美國布雷頓森林舉行的聯合國貨幣金融會議。國際貨幣基金會組織和國際復興開發銀行成立後，他擔任這兩個國際組織的董事。1945 年秋，他作爲英國首席代表參加向美國借款的談判。1946 年，在國際貨幣基金組織和國際復興開發銀行成立的第一次會議上，他與美國代表發生尖銳衝突，回英後不久因心臟病猝發去世。

凱恩斯生前除從事經濟學敎學和著述並參與英國政府的經濟決策以外，還曾從事金融投資活動。1921～1938 年，任國民互助人壽保險公司董事長。他還積極從事報刊編輯工作，1921～1929 年間任《民族周刊》董事長並經常爲之撰稿。由於馬歇爾的信任和推薦，1911 年起，時年 28 歲的凱恩斯受聘任英國皇家經濟學會編輯出版的《經濟學雜誌》的主編直至 1944 年。

法國經濟學家賽伊(J. B. Say)於十九世紀初提出一條著名原理：供給自創需求。意指任何數量的總供給總會創造出對國民產品的等量的總需求。我們知道，國民產品可大列爲消費品與投資品兩大類，國民所得用於消費開支後的金額稱爲儲蓄。因此，「賽伊法則」可等於如下命題：任何數量的儲蓄必將全部轉化爲投資。儲蓄必將全部轉化成投資可以從古典經濟學的利率理論推導出來：儲蓄（資本的供給）是利率的函數，兩者同方向變化；投資（對資本的需求）則隨利率反方向變化。正是利率隨資本的供求狀況上下調整使投資有趨於與儲蓄相等的必然趨勢。

現在再從勞動就業看。按照工資理論，實質工資決定於勞動的供給與廠商對勞動的需求。鑑於如上所述，總需求總會等於總供給，或

者換一種說法，投資總會等於儲蓄，這意味著有了資本總會被用於投資牟利，因而不管生產如何擴大，總會有足夠的需求（消費需求加上投資需求），從而不會出現生產過剩的經濟危機。因此，只要假定工資隨勞動供求狀況上下調整，例如存在失業時工資下降，工資降低，就業總會增加，因爲廠商增僱工人擴大生產，產品不會缺乏銷路。所以在凱恩斯以前的一百年來間，古典經濟學的如下論斷一直爲經濟學家深信不疑：在自由競爭條件下，勞動市場的供求趨向平衡時的就業量必是充分就業，不可能存在凱恩斯在《一般理論》中提出的非自願的失業。凱恩斯在《一般理論》中否定「賽伊法則」的論據主要是：儲蓄是千家萬戶消費決策的產物，而投資即開廠設店則取決於廠商預期是否可以賺得利潤。如果說，在第一次世界大戰前，英國的國內和海外市場廣濶無限，有了資本不愁無法用以投資賺錢，因而「賽伊法則」在那個時代，可能是有效的，那麼，到第一次世界大戰後，由於能夠獲利的投資機會日益枯竭，在這場合，有可能出現這樣一種情況，即雖然有了資本，但因有效需求不足，產品缺乏銷路，在這場合，即使失業工人願意降低工資，也將就業無門，陷於長期失業。基於上述推理，凱恩斯在《一般理論》中指出，「賽伊法則」的充分就業均衡只適用於特定情況，即有效需求足夠大，以致國民經濟的總供給與總需求趨於均衡時的就業量已達於充分就業，而《一般理論》的就業理論，既可說明充分就業，也能解釋非充分就業，所以他把該書定名爲能夠說明就業量的大小如何決定的一般理論。

　　《一般理論》一書問世立即引起各國經濟學家熱烈的評論和爭議。1980 年諾貝爾經濟學獎獲得者克萊恩(Lawrence R. Klein)於 1944 年在麻薩諸塞州理工學院的博士論文稍作增補後出版的《凱恩斯的革命》一書中，系統闡述對比分析了《一般理論》問世以前普遍流行的經濟理論，認爲《一般理論》標誌著經濟思想發展史出現的一次革命。五

十年代有的經濟學家在詮釋《一般理論》時認爲它堪與哥白尼在天文學上的貢獻媲美，把它同亞當・斯密的《國富論》和馬克思的《資本論》並列爲經濟思想史上三本同樣偉大的著作。

　　如上所述，按照凱恩斯理論，就業量決定於「有效需求」。而有效需求則由消費需求構成，那麼，這兩者又分別由什麼因素決定？

　　本書第三篇討論消費支出由什麼因素決定。據克萊恩詮釋，《一般理論》之突出的創新，是在理論架構中引進消費函數這個變量。據以爲人們的消費支出取決於所得，兩者同方向變化，但消費增量小於所得增量，即邊際消費傾向（$\frac{\triangle C}{\triangle Y}$）之值大於零小於 1，$0 < \frac{\triangle C}{\triangle Y} < 1$。凱恩斯把邊際消費傾向的規律稱爲決定就業量的三大基本心理規律之一。通過對人們的消費行爲在理論構思中抽象出消費函數和消費傾向的概念，使孔恩 (R. F. Kahn) 於 1931 年在《經濟學雜誌》發表的《國內投資與失業的關係》一文中最先利用的「乘數原理」的乘數之值可以確切地計量，進而可以在總就業量、總所得與投資量之間建立確切的關係。此其一。其次，通過廠商投資行爲擴大生產，由此引起參預生產的要素所有者所得增加，所得增長引致消費增加，而消費的增加再引致生產和所得的擴大。簡言之，投資支出和消費支出的增加，與國民產業和國民所得的相應擴大，在國民經濟擴大再生產的循環流轉的動態歷程中相互促成這一乘數效應的推理後證說明：投資與儲蓄趨於新的均衡，是通過所得的增大爲中介而實現的。而在古典經濟學中，儲蓄與投資的均衡更通過利率上下波動實現的。就是說，《一般理論》的另一創新是提出利率由貨幣的供給與需求決定，以取代傳統的利率由資本的供給（儲蓄）與資本的需求（投資）決定的理論。

　　本書第四篇考察構成有效需求的另一項目即廠商投資支出由何因素決定。前二章討論決定投資的因素之一，即——資本邊際效率。目前宏觀經濟學教科書通常使用投資邊際效率這個詞，其涵義與資本邊

際效率相同但更加確切。通俗地說，它講的是廠商計劃進行某一投資項目時，預期可賺得的複利法計稱的利潤率。如以縱座標代表資本邊際效率，橫座標代表投資數量，資本邊際效率是一條自左向右下方傾斜的曲線，它表示隨著投資增加，新增投資之預期利潤率下降。投資之邊際效率代表廠商進行投資的收益曲線，而利率可視爲投資使用的資本花費的成本。設利率已知，一個社會任一年度會有的投資量相應決定。利率越低，投資成本越小，投資量越多。凱恩斯認爲，人們用以推測未來收益的東西，一部分爲現有事實，這部分大概相當確定，另一部分取決於工商業界對未來經濟形勢之估計，對於長達五年十年的投資項目之預期收益顯然不確定性很大，多少像人們購買彩票，所以凱恩斯認爲，企業家於投資決策，與其說是決定於冷靜計劃，不如說是決定於一種油然自發的樂觀情緒。這樣，凱恩斯把決定投資量的因素之一，即資本邊際效率看做是決定就業量的第二條基本心理規律，並在本書題爲《略論商業循環》的第二十二章中認爲，經濟繁榮後期之所以爆發恐慌，總之起因於資本邊際效率之突然崩潰。是三十年代前衆說紛紜的商業循環理論中，主要用心理因素來解釋經濟危機的一種理論。

　　第四篇其餘各章論述，決定投資的另一因素即利率的高低是由什麼因素決定的。我們知道，人們的資產或稱財富通常可以採取三種形式。一是有形的實物資產，二是多種有價證券，如銀行存款、國家發行的債券和公司發行的股票債券等，其三是貨幣。在日常生活中，人們寧肯犧牲利潤或債息所得，而把不能生息的貨幣貯存在身邊，這種現象在凱恩斯利率理論中稱爲人們對貨幣的需求或簡稱「貨幣的需求」(demand for money)。由於貨幣同其他資產比較，流動性(liquidity)最大，持有貨幣享有使用靈活方便的優點，所以貨幣需求亦稱流動性偏好(liquidity preference)，貨幣需求函數亦稱流動性偏好函數。凱恩斯

在《一般理論》第十三章指出，人們之所以願意持有不能牟利生息的
貨幣，蓋泛於三種動機，即交易動機、謹慎動機和投資動機。基於前
兩種動機而在身邊持有的貨幣的多寡，取決於人們所得或稱收入的多
寡，兩者同方向變化，即所得越多，基於前兩種動機持有的貨幣越多，
反之反是。旨在用於投資牟利而持有的貨幣量，則依存於利率高低，
兩者反方向變化，利率越高，持有貨幣（貨幣需求）所犧牲的利息所
得越多，因而貨幣需求越少；反之，利率越低，持有貨幣所犧牲的利
息所得越少，故貨幣需求越多。因此，我們可以把貨幣需求函數記為
$M = M_1 + M_2 = L_1(Y) + L_2(r)$，其中 M 代表貨幣需求，$M_1$ 代表為滿
足交易動機和謹慎動機所持有的現金數，M_2 為滿足投機動機所持有的
現金數，L_1 代表所得 Y 與 M_1 的函數關係，L_2 代表利率 r 與 M_2 的函數
關係。以橫座標代表貨幣需求，縱座標代表利率，貨幣需求函數在座
標圖上表現為自左向右下方傾斜的一條曲線。若貨幣需求函數已知，
它與中央銀行決定的貨幣的供給一起決定了貨幣市場的供求平衡時會
有的利率。這樣，連同消費傾向規律和資本邊際效率規律，貨幣需求
函數或稱流動性偏好函數是決定就業量的三大基本心理規律的這三條
心理規律。

　　第五篇討論貨幣工資與物價的關係。第十九章的中心論題是，按
照古典學派的推論，貨幣工資降低，產品的成本下降，物價降低，按
需求規律有刺激需求從而擬加就業和產出的作用。對此凱恩斯指出，
五個推理對單個產業和廠商可能有效，但引申到整個社會則顯明有誤，
因為這裡暗含地假定，貨幣工資降低不會引起總需求發生變化。凱恩
斯指出，貨幣工資降低固然降低產品成本，進而使銷售價格得以降低。
但是，這個推論忽視了一個因素，即貨幣工資降低同時意味著工人所
得下降，總需求相互減縮，而總供給則隨就業擬加而增加，所以降低
貨幣工資的辦法難於擴大就業，減少失業。其次，凱恩斯認為，可能

更重要的事，物價水平下降後，假如引起廠商預期物價繼續下降，由此導致的資本邊際效率下降，使投資減縮，生產和就業將累積性緊縮。

本篇其餘二章是從總供給角度，探討總需求變化對工資、產品、成本與物價水平的影響，進而論證貨幣流通量（貨幣供應量與貨幣流通速度之乘積）的變化對於物價水平的影響。對此凱恩斯的主要結論是,若假定貨幣的供應量增加引起就業量增加並不引起貨幣工資增加，則(1)若產品供給有完全彈性，則貨幣供應量增加引起就業和產量因比例增加，物價水平不變。(2)充分就業已經到達後，供給毫無彈性，物價隨貨幣數量作用同比例上漲，這就是傳統的貨幣數量說。(3)第三種可能情況是，當就業量擴大但尚未達到充分就業，假如有些資本設備之效率下降，有些受僱工人的利率下降，或者有些資源的供應已無法增加等等，在這場合，貨幣流通量增加引起有效需求增加時，一部分在於增加產量，一部分則在於提高物價，其中資源供應缺乏彈性，因而出現「瓶頸」(bottle-necks)現象的產業部門的商品價格急遽上漲，凱恩斯稱之爲半通貨膨脹(semi-inflation)，以別於充分就業條件下貨幣供應量增加引起物價水平同比例增加的絕對通貨膨脹。

最後一篇從《一般理論》提出的一些新觀點出發，評述了經濟思想史發展過程中出現過的有關學派學者的理論觀點，包括社會哲學觀點。值得指出的是，凱恩斯在這裡論證說，一個社會在到達充分就業以前，通過所得重分配包括高額遺產稅和累進所得稅，以擴大消費從而遏制儲蓄，對資本積累倒是有利無弊的。其次，凱恩斯預言，隨著資本積累的日益增長，有朝一日，坐食利息階級必定會慢慢死亡。本書讀者在基本掌握《一般理論》的基本論點和論據以後，認眞研讀本篇的論述將可發現，經濟思想史是一門令人興趣盎然的學科，很有用的學科。

宋承先

原　序

　　這本書主要是寫給我從事經濟學研究的同行們看的，同時也希望
其他人能讀懂它。但本書的主要目的是討論一些理論難題，其次才涉
及到這種理論在實踐中的應用。因爲如果正統經濟學有什麼錯誤的話，
那麼其錯誤不會出在爲了邏輯完美而精心設計的上層結構中，而是出
在其前提的不清晰和不普遍上。因此，我只有通過高度抽象的論證和
許多反駁，來說服經濟學家們以批判的態度重新檢查一下他們的某些
基本假定。我希望我的反駁能夠少一些，但我又認爲它很重要：它不
僅僅有助於闡明我自己的觀點，而且有助於表明這種觀點在哪些方面
區別於通行的理論。我估計那些與我所說的「古典理論」結有不解之
緣的人不是認爲我全錯就是認爲我無所新創。這其中的是非只能由別
人來評判了。我的反駁部分旨在爲達到某種結論而提供一些資料；爲
了使各種學說明晰地區別開來，我的反駁可能過於尖銳，如果這樣的
話，我必須請求寬恕。我現在所攻擊的理論，我自己也深信了好些年，
我想我不會忽視它的優點。

　　這場爭論的主題擁有無以復加的重要性。不過，如果我的解釋是
正確的，那麼我必須首先說服的是我的同行經濟學家們，而不是一般
民衆。在爭論的現階段，一般民衆儘管被歡迎參與這場爭論，但他們
只是旁聽者，在經濟學家的帶領下努力弄清經濟學家們相互之間在觀
點上的深刻分歧。這種分歧眼下正毀壞著經濟理論對現實的影響力，
而且將繼續毀壞著，直到這些分歧得到解決。

　　這本書與我五年前出版的《貨幣論》的關係，我自己恐怕要比別人清楚得多。在我自己看來有些變化純屬自己追循了好幾年的思想脈絡的自然演化，而在讀者看來則常常可能是觀點的迷亂變遷。這種困難，並不因爲改變術語就能減少。術語有非改不可之處，我將在下文中指出。但這兩本書之間的一般關係則簡述下：當我開始寫《貨幣論》時，我還遵循著傳統路線，把貨幣看作是供求理論以外的一種力量。當這本著作完成時，我已取得一些進步，傾向於把貨幣論推廣爲社會總產量理論。不過當時先入之見已深，不易擺脫，所以對於產量改變所引起的後果並沒有充分討論。現在看來，這成了這本書理論部分(即第三、第四兩篇)的顯著缺點。我的所謂「基本公式」是在一定產量這個假定之下所得到的瞬間圖像。在給定產量的假定下，那些公式試圖指出：何以會有某些力量造成利潤失衡，使產量非改變不可。然而動態的發展由於不同與瞬間圖像反倒顯得不完全和極端的模糊。另一方面，這本書側重在研究何種力量決定總產量與總就業量的變化；至於貨幣的技術細節，本書是略而不論，雖然貨幣在經濟結構中占有重要而特殊的地位。貨幣經濟在本質上是這樣一種經濟：當人們對未來的看法產生變化時，不僅僅是就業的方向，就連就業的數量也要受到影響。但是我們分析當前經濟行爲——這種行爲受著人們對未來的變化著的看法的影響——的方法是以供求互動關係爲基礎的，並以此而與我們基本的價值理論聯繫起來。這樣我們就達到了一個更爲普遍的理論：它包括了我們所熟悉的古典理論，而且古典理論是作爲這一理論的特例而存在的。

　　寫作這樣一本書的、獨闢蹊徑的作者，如果要避免過多的錯誤，他必須極端地依視他人的批評與對話。一個人若單獨沈思太久，即使是極可笑的，也會一時深信不疑。在經濟學領域中 (如同在其它道德科學領域) 情況尤其如此。在這裡我們常常無法將自己的觀念付諸結

論性的試驗，無論這種試驗是形式的還是經驗的。本書得力於孔恩(R. F. Kahn)先生的建議和建設性批評，這種恩惠比我在寫作《貨幣論》時所受的幫助還要多；書中有好多處是根據他的建議而改定的。羅賓遜夫人、郝特雷先生及哈羅德先生讀過我的全部手稿，給予我很大幫助。

　　本書的創作對作者來說是一個長期的掙扎，掙扎着擺脫傳統的思想模式與表達模式。如果作者在這方面的努力是成功的，那麼大部分讀者在閱讀此書時一定感到了這一點。如此複雜地表述在這裡的許多思想其實是十分簡單而明瞭的。我們大多數人都是在舊的學院中薰陶出來的，舊學院已深入我們的心靈，所以困難不在新學院本身，而在於擺脫舊學院。

J. M. 凱恩斯

1935 年 12 月 13 日

【第一篇】

引論

第一章 一般理論

　　我將本書命名爲「就業、利息和貨幣的一般理論」，有一個重心就是強調「一般」(general)這個詞。這樣一個題目的用意在於將我的論證與結論和古典理論①對於同一問題的論證與結論在特點上作一比較。無論在理論方面或政策方面，古典理論對統治階級和學術界的經濟思想的支配已有一百多年，我自己也是在這種傳統中成長的。我將要論證的是：古典理論的前提只適用於某種特殊情況，而不適用於通常情況；它所假定的情景只是各種可能的均衡位置的極點。而且古典理論所假定特殊狀態的特徵恰恰不是我們實際生活於其中的經濟社會的特徵，結果是古典理論的教導成爲一種誤導和災難，如果我們試圖將之運用於經驗事實的話。

---

① (「古典學派」或「經典學派」)是馬克思發明的名詞，用來包括李嘉圖、詹姆斯‧穆勒和他們以前的經濟學家，即在李嘉圖那裡達到頂峰的那派理論的創建者們。也許在文法上講不通，但我在使用「古典學派」一詞時，一直包括了李嘉圖的後繼者們，即那些接受李嘉圖經濟學並加以發揚光大的人，例如約翰‧斯圖亞特‧穆勒、馬歇爾、艾其偉斯以及皮古教授。

第二章　古典經濟學的基本假設

　　大部分論述價值和生產理論的論文，主要關心一定量的僱用資源在不同用途中的分配，以及在假定所僱用的資源恰爲此量的情況下，何者是決定所僱資源的相對報酬及其產品的相對價值的條件。①

　　可用資源的數量問題，即就業人口的規模、自然財富的豐裕程度和資本設備的積累程度等這樣的問題，常常只是得到一般的敍述，而關於可用資源的實際僱用是如何被決定的純粹理論卻很少被仔細地檢查。如果說對這種理論毫無檢討，那自然是過分了，因爲關於就業量變動的討論並不少，而這種討論必然涉及到這種理論。我並不是說這個問題被人忽略了，我是說關於這個原因的基本理論一直被人們看得過於簡單和顯明，以致於最多提到一下就可以。②

_____

①這是李嘉圖的傳統。李嘉圖明確表示他對國民所得的數量——不同與國民所得之分配——問題毫無興趣。在這一點上他很有自知之明。後繼者的缺乏這種明察，用古典理論來討論財富的本源問題。在李嘉圖於 1820 年 10 月 9 日致馬爾薩斯的信中有這樣一段話：「你認爲政治經濟學是研究財富的性質和本源的，而我們確認爲它是研究決定社會各階層共同合作生產出來的產品分配於各階層的法則」。關於數量實無法則可言，但關於分配比例，倒可以找出一個相當正確的法則。我愈來愈覺得，探求前者是勞而無功的，後者才是這門科學的眞正對象。」

②例如皮古敎授在《福利經濟學》（第 4 版 127 頁）中說道（重點是我所加）：

　　「在整個討論中，除非反面觀點得到明確表述，我將忽略這樣一個事實：某些

一

　　古典學派的就業理論表面上簡單明瞭，實際上基於兩個自身尚未得到討論的基本假設。這二個假設是：

I・工資等於勞動力的邊際產物

　　這也就是說，一個就業人員的工資等於因把就業人數減少一人所引起的價值損失（這裡已扣除了因產量減少而免去的其他成本開支）。假設市場與競爭不完全，則工資不等於勞動力的邊際產物，但在這種情況下，仍有原則可循。

II・當就業量不變時，工資的效用等於這些就業量的邊際負效用

　　這也就是說，一個就業人員的實質工資（按就業人員自己的估計）應正好能夠促使這些量的已雇人員繼續工作。正如第一個假設因競爭不完全而產生例外一樣，假如可就業人員組織起來，那麼第二個假設也就難以適用於每個勞工。這裡的負效用必須包括一切理由，這些理由使個人或群體寧願不工作也不願接受低於某一最低效用的工資。

　　這一假設與所謂「摩擦性」失業並不矛盾。因為把這個假設應用到實際生活中總要考慮到適應的不完美性，因而不一定存在連續的充分就業。例如：由於估計錯誤或由於需求的時斷時續，以致各種專業化的資源的相對數量暫時失調，或由於若干變化未曾預料而產生的時間間隔，或由於從某一職業改換成另一職業的過程，中間也存在的間

_____

資源的非自願失業的普遍存在。**這並不影響論證的實質**，反而可能簡化其說法。」

　　這樣，當李嘉圖明確放棄任何討論整個國民所得數量問題的企圖的同時，皮古教授在其討論國民所得的專著中卻在堅持不管非自願失業是否存在，同一理論都能適應。

隔期，以致在非靜態的社會中總有一部分資源在「改業」過程中失業。以上情況都可引起失業。除了「摩擦性」失業外，還有「自願性」失業，也能與第二個假設和諧一致。「自願性」失業是指由於立法、社會習俗、集體議價、反應遲緩或冥頑固執等種種關係，工人拒絕或不能接受相當於其邊際生產力的產物價值爲其工資所導致的失業。「摩擦性」失業與「自願性」失業這二個範疇概括了一切失業。在古典學派的基本假設下，不可能再有第三個範疇，即我在下面將要說到的「不自願的」的失業。

通過這些限定，古典理論認爲僱用資源的數量充分地爲這兩個假設所決定。第一假設給我們以就業的需求表格，第二假設給我們以就業的供給表格；至於就業的數量則落在這樣一個點上：邊際生產物的效用恰好等於邊際就業的負效用。

由此推論，將有四種方法可以增加就業人數：

㈠改良機構或擴大遠見，以減少「摩擦性」失業。

㈡減低勞動力的邊際負效用（可用增僱一人所須提供的實質工資來表示）以減少「自願性」失業。

㈢增加工資物品(wage—goods)工業中勞動力的邊際生產力（工資物品是皮古教授所使用的較方便的術語；貨幣工資的效用就是基於工資物品的價值之上的）。

㈣使非工資物品價格的上漲程度超過工資物品價格的上漲程度；再輔之以使非工資勞動者的開支由工資物品轉移到非工資品。

根據我的最大理解，這就是皮古教授所著《失業論》一書的大旨，——該書是古典學派就業理論唯一的現存的詳細說明。③

二

古典學派以上兩個範疇眞能概括一切失業現象嗎？事實上總有一部分人願意接受現行工資而工作，但常常無工可做。因爲，在通常情況下，只要對勞動力有需求，就是在現存貨幣工資的水平下也能夠增加更多的勞動力。④古典學派認爲這種現象與其第二個前提並不衝突，他的論證說：在現行貨幣工資的水平下，儘管勞動力的供給量可能大於勞動力的需求量，但這種情況的出現是由於勞動者之間達有公開的或默契的協議不爲更低的工資而工作；如果勞動者都同意減低貨幣工資，那麼就業就可以擴大。如果事實如此，那麼這樣一些失業儘管看上去是不自願的，其實並非一定如此，它應歸爲上面所說的由於集體議價所引起的「自願性」失業的範疇。

這引起我的兩點觀察，第一點是關於勞動者對實質工資和相應的貨幣工資的眞實態度，不過這在理論上並不是基礎性的；但第二點就是基礎性的了。

讓我們暫時作這樣一個假設：勞動者不準備爲更低的貨幣工資而工作，現行貨幣工資水平的降低將使一些在業人員通過罷工或其他方式退出勞動力市場。但由此是否能得出結論：現行的實質工資水平準確地衡量了勞動力的邊際負效用？未必。因爲，儘管降低現行貨幣工資將導致勞動力的引退，但是由於工資物品的價格上升、以工資物品來換算的現行貨幣工資的價值的下降卻未必造成同樣的結果。換句話說，在某種範圍內，勞動者所要求的也許是一個最低程度的貨幣工資，

---

③對皮古教授的《失業論》的更爲詳細的討論可見以後第 19 章的附錄。

④參閱本章第 8 頁皮古教授的引語。

而不是最低限度的實質工資。古典學派一直暗中假定這一點並不引起他們的理論產生任何重大的變化，其實並非如此。因為，如果勞動力的供給並不是以眞實工資爲唯一自變數的函數，那麼他們的論證將完全崩潰，並使實際就業量的問題變得無法確實。⑤他們似乎還是沒有意識到，除非勞動力的供給唯一地作爲實質工資的函數，否則他們的勞動力供給曲線將隨每一次價格的變動而變動。因此，他們的方法是緊繫於他的非常特殊的假定的，而且是不能處理更爲通常的情況的。

現在通常的經驗明確無誤地告訴我們：勞動者堅持明確的（在一定限度內）是貨幣工資而不是實質工資，這種情況可不僅僅是一種可能，而是通則。勞動者雖然常常抵制貨幣工資的下降，但也並不是每次工資物品價格上漲他們都辭職不幹。人們有時會說，勞動者只抵制貨幣工資的下降而不抵制實質工資的下降好像不合情理。我們下面(本章第三節)將舉出理由說明這並不是像看上去那樣不合情理；而且，正如我們將要看到的那樣，幸虧如此。但是，不管合理還是不合理，經驗表明這正是勞動者事實上的行爲方式。

而且，那種認爲標誌著不景氣的失業現象是由於勞動者拒絕降低貨幣工資所引起的觀點也並不明確地爲事實所支持。說美國1932年的失業現象是因爲勞動者堅持反對貨幣工資的下降或堅持要求一個超過經濟機構的生產能力所能承擔的實質工資所造成的，也是十分巧辯的說法。在勞動者最低限度的實際要求及其生產力均無明顯變化的前提下，就業量卻常有大幅度的波動。勞動者在不景氣時也並不比在繁榮時更爲頑強，——遠非如此。他們的體力勞動量也並不在不景氣時變小。這些來自經驗的事實足以構成第一手材料，讓我們懷疑古典學派的分析的適當性。

---

⑤在下文第19章附錄中將詳細討論這一點。

　　瞭解一下關於貨幣工資的變動與實質工資的變動的真實關係的統計研究的結果，將是一件有趣的事。如果變成只限於某一特定行業，那麼實質工資的變動與貨幣工資的變動可望在同一方面。如果工資的普遍水準發生了變動，我認為我們將發現實質工資的變動在方向上不僅不相同，而且常常相反。也就是說，當貨幣工資上升時，實質工資就下降；當貨幣工資下降時，實質工資就上升。這是因為在短時期內，貨幣工資的下降與實質工資的上升都與就業量減少有關。這二者都有各自獨立的原因：在就業減少的情況下，勞動者較容易接受減薪；而實質工資的提高則是由於在產量減少的情況下既有的資本設備的利潤率的提高。

　　確實，如果現行實質工資是一個最低限度，低於它，無論如何也不會使願意就業的人數多於現在已經就業的人數，那麼，除了摩擦性失業外就不存在不自願的失業。但是，認為情況一定如此就有點不合情理。因為，即使工資物品的價格上升結果導致實質工資的下降，我們仍然可以在現行貨幣工資的水平下得到比現在已經就業的人數要多的勞動力。如果真是如此，那麼現行貨幣工資所能購得的工資物品就不能準確標誌出勞動力的邊際負效用，因此，第二個假設就難以很好地成立。

　　然而，還存在著一個更為基本的詰難。第二個假設產生於這樣一種觀念：實質工資基於勞資雙方的工資議價。自然他們也承認工資議價所議的對象實際上是貨幣，他們甚至還承認勞動者所接受的實質工資並非都與當時相應的貨幣工資的狀況無關。不過，經過如此討價還價而達成的貨幣工資決定了實質工資。這樣古典理論認為勞動者接受降低他們的貨幣工資也就是降低了其實質工資。認為貨幣工資與勞動力的邊際負效用趨於一致的觀點，顯然在假定勞動者能夠自己決定可以為之工作的實質工資，雖然他們決定不了在工資下進一步就業的人

數。

　　總而言之，傳統理論堅持認爲勞資雙方的工資議價決定實質工資。因此，假設雇主之間存在自由競爭、勞動者之間不存在限制性的聯盟，那麼只要勞動者願意，他們就能夠使他們的實質工資等同於在此工資下雇主所雇人數的邊際負效用。否則，我們就不再有任何理由認爲實質工資趨於等同勞動力的邊際負效用。

　　不能忽視的是，古典理論的結論是要適用於全體勞動者的，它並不僅僅意味著某一個個體只要接受他的同伴所拒絕的降薪就能獲得職業。這些結論還被認爲同樣地適用於一個封閉的體系，如同適用於一個開放的體系一樣。這些結論不取決於一個開放體系的某些特徵，也不取決於某個國家削減貨幣工資對其對外貿易所產生的影響。當然，這些全在本項討論的範圍之外。這些結論同樣也不基於我們將在第19章詳加討論的某些間接效果，這些效果是由對銀行制度和信用狀況產生一定影響的實質工資總支出減少所引起的。這些結論基於這樣一種信念之上：在一個封閉的體系中，貨幣工資一般水準的降低，至少在短時期內必然伴隨著貨幣工資的下降，儘管下降的比例未必相同。這可能有例外，但並不重要。

　　實質工資的一般水平取決於勞資雙方的工資議價的命題並不明顯屬實，但證明或否證這一命題的努力一直是如此之少，實在是一件奇怪的事。因爲這一觀點與古典理論的一般論調也相去甚遠。古典理論教導我們相信價格決定於貨幣形式的邊際直接成本，而這一成本又主要取決於貨幣工資。這樣，如果貨幣工資改變了，我們可以相信古典學派將論證說價格也將按幾乎是同一比例變動，並使實質工資和就業水平實際上和過去差不多；如果勞動者有某種得失，那是由於邊際成本中有些因素並未變動。⑥但是，他們並沒有始終保持這條思路，這部分地是由於他的根深蒂固地相信勞動者可以自己決定其實質工資，

另外還可能是由於他們的先入爲主地認爲價格取決於貨幣量。而且，勞動者可以自己決定其實質工資的命題一旦成立，就和另一個命題相混淆。這個命題是：勞動者總可以自己決定達到**充分**就業的實質工資的水平。所謂充分就業就是指在特定實質工資水平下所能有的**最大**就業量。

總結地說，對古典理論的第二個假設存在兩點詰難。第一點與勞動者的實際行爲有關。一般說來，貨幣工資不變，由物價上漲所引起的實質工資的下降，並不導致現行貨幣工資下勞動力的供給量低於漲價前的實際就業量。認爲會低於漲價前的就業量，那就等於說：在現行貨幣工資下願意工作而實際並未就業的人，只要生活費用略高一點就不再願意工作。然而這一奇怪的命題竟然明顯地構成皮古教授《失業論》的基礎⑦，並爲正統學派的所有成員所默認。

更爲基本的第二個詰難——我們將在以後章節中發揮——來自於我們對這樣一個論點的反對：實質工資的一般水平決定於工資議價。古典學派作此假定實在是犯了一個錯誤。因爲全體勞動者可能並**沒有**任何方法使貨幣工資的一般水準所能換得的工資物品，與目前就業量的邊際負效用相等；也無法通過工資議價時**貨幣**工資的修改而使實質工資降至某種水準。這是我們的觀點。我們將指出：主要是一些其他力量決定著實質工資的一般水平。竭力澄清這一問題將是本書的主題之一。我們將證明：對於我們實際生活於其中的經濟體制在這一方面到底是如何進行的，一直存在著某種基本的誤解。

---

⑥我認爲這種觀點很有道理，儘管貨幣工資的改變的全部後果要複雜得多。這一點我們在第 19 章有明確論述。

⑦參閱第 19 章附錄。

三

　　儘管個人或團體之間關於工資的爭議常常被認爲決定了實質工資的一般水平，但事實上它涉及了許多不同的對象。由於勞動力移動不是理想地流暢、工資也不精確地與不同行業的淨益(net advantage)趨於一致，所以，任何願意把自己的貨幣工資降至他人之下的個人或團體，都將遭受實質工資的**相應**降低。這足以使他們反對這樣做。另一方面，貨幣購買力的改變同樣影響到全體勞動者，對每一次由此而引起的實質工資的下降都加以抵抗是不大可能的。事實上，只要由此而引起的實質工資的下降不達到極端的程度，一般是不會受到抵抗的，而且，對某個行業的貨幣工資的下降的抵制並不像對每次實質工資下降的抵制那樣嚴重地阻礙了總就業量的增加。

　　換句話說，實質工資的爭鬥主要影響著實質工資總量在不同的勞動團體間的**分配**，而不是就業人員實質工資的單位平均值，——這一點取決於另一組力量，在下文我們將知道這一切。勞動團體的意義在於保障其**相對**實質工資。實質工資的一般水平則取決於經濟系統中其他力量。

　　因此，幸運的是，工人的儘管是不自覺地，但卻本能地是一個比古典學派更爲合理的經濟學家。因爲他們總是抵制那些很少甚至從不普及到每個人頭上的貨幣工資的削減，雖然現行工資所能購得的實物，還超過目前就業量的邊際負效用；然而他們並不抵抗那些可以增進總就業量、並保持相對貨幣工資不變的實質工資的削減，除非這種削減走得太遠，致使實質工資低於目前就業量的邊際負效用。每個工會對貨幣工資的削減都要進行抵制，不管削減的程度是如何的小。但工會並不想在每次生活費用稍微上漲時即舉行罷工，所以工會沒有像古典

學派所說的那樣阻撓就業量的增加。

四

　　現在，我們必須對失業的第三個範疇，即嚴格意義上的「不自願的」失業作一界定，這種失業的可能性是爲古典理論所不承認的。

　　顯然，「不自願」失業並不是指勞動能力沒有得到充分使用的現象。八小時工作日並不因爲它低於人類一天工作十小時的能力水平而就稱之爲不自願失業。我們也不能將一群勞動者不肯低於一定限度的實際報酬而工作的現象也稱之爲不自願的失業。另外，將摩擦性失業也排除在自願性失業之外可能也更爲方便一點。因此，我們的定義如下：**如果工資物品的價格相對於貨幣工資有少許上升，而在現行貨幣工資下勞動力總需求與總供給都增大，那麼就有人將不自願地失業了。**下一章我們將提出另一定義，不過二者都是指同一回事(參閱第三章第一節末段)。

　　根據這一定義我們可以得出：第二個假設所假定的實質工資等於就業的邊際負效用，實際上可解釋爲沒有「不自願」失業的存在。這種狀況我們稱之爲充分就業。摩擦性失業與自願性失業都與「充分」就業不矛盾。我們將發現這與古典理論的某些其他特徵很相合。古典理論最好被看作是充分就業條件下的分配理論。只要古典學派的兩大基本假設成立，這裡所謂不自願失業便不會出現。顯然失業不是由於在改業過程中工作的暫時中斷，就是由於專業化程度很深以致需要時續時斷，要麼就是由於工會爭取排外政策，不讓工會外的人就業。古典經濟學家由於注意不到其理論背後的特殊假定，必然會得出這樣的邏輯結論：所有失業（除了上述例外）追根究底都是因爲失業者拒絕與其邊際生產力相應的報酬所造成的。一個古典經濟學家可能會同情

勞動者們拒絕接受貨幣工資的削減，而且他將承認以此來應付一時之局面也未必是明智之舉，但學術的誠實使他還是要聲明：這種對削減貨幣工資的拒絕是所有麻煩的根源。

顯然，如果古典理論只適用於充分就業的情況，那麼把它應用於不自願失業問題上將是錯誤百出。——如果存在這回事的話（又有誰將否認這件事呢?）。古典理論就像歐氏幾何學家生活在非歐世界裡，當他們發現在日常經驗裡二條平行直線經常相交時，就抱怨這兩條線不保持直行——這是避免二條線不幸發生撞碰的唯一辦法。然而，事實上除了放棄平行公理，另創非歐幾何學外，別無辦法。今天的經濟學也需要類似的改造。我們需要推翻古典理論第二個假設，創造出一個嚴格包含非自願性的可能性在內的經濟體系的行為規則。

五

在我們強調與古典體系不同點時，我們不可忽視一個重要的共同點。我們接受古典理論的第一個假設，如果我們對它作一些與古典理論相同的限定的話。我們有必要略微停一下，來考察一下這個前提的內涵。

這一前提意味著：在給定的組織、設備與技術條件下，實質工資與產量（因此也就是與就業量）存在某種單一的相關關係，因此，一般來說，就業量的增加會僅僅使實質工資率下降。因此，我也不反對這個在古典經濟學家看來是不可反駁的重要事實。在給定的組織、設備和技術狀況下，一個單位勞動力所賺得的實質工資與就業量存在著一種單一的（相反的）關係。因此，**如果**就業增加，那麼，一般說來，在短時期內，單位勞動力所得工資所能購得的工資物品必然下降，利潤則增加。⑧其實這只是一個眾所周知的命題的反面，這個命題是：

在短時期設備等假定不變的情況下，工業常受報酬遞減律的支配；因此工資物品產業的邊際產物（它決定著實質工資）必然減少，就業量增大。確實，只要這個命題成立，**任何**增加就業的方法必然同時導致邊際產物的減少，因此也就是導致以這種產物來衡量的工資率的下降。

然而，當我們推翻第二假設時，就業量的下降雖然可以使勞動者得到在價值上可購買更多工資物品的工資，但這種下降卻未必是因為勞動者**要求**更多的工資物品所引起的。而且勞動者願意接受更低的貨幣工資，也未必是失業的對策。我們在此一直要談到的與就業相關的工資理論，現在無法詳加說明了，本書第 19 章及其附錄將完成這一點。

六

從賽伊和李嘉圖的時代以來，古典經濟學們一直在主張：供給創造它自己的需求。這句定義不是很明確的話。大概是說，全部生產成本必然直接或間接地用在購買該產品上。

約翰·斯圖亞特·穆勒在其《政治經濟學原理》中對這個學說作了清楚的表述：

「凡用來購買商品的，只是商品。每個人所用來購買他人產品的，只是他自己所有的產品。就字面意義來講，所有賣者必然是買者。假

---

⑧證明如下：假設有幾個人被僱，第幾個人的增產量為每日一斗，每日工資的購買力則為一斗，如果第 (n+1) 人的增產量為每日九升，那麼，除非穀價比工資相對提高，使得每日工資的購買力只有九升，否則就業量就不能增至 (n+1) 人。工資總數以前為幾斗，今天則為 $\frac{9}{10}$(n+1) 斗。所以當就業量增加 1 人時，一定使得已就業者的一部分所得，移於雇主。

設一個國家的生產力突然增加一倍，那麼每個市場的商品供給量也就增加一倍，但是購買力也同時增加一倍。每個人的供給量與需求量都比以前增加了一倍，每個人的購買量可增加一倍，因爲每個人所用以交換的東西也增加了一倍。」⑨

由這一學說可得出這樣一個推論：假如有人可以消費而不消費，那麼這種行爲必然使勞動力與商品不再從事於對供給的消費，而從事於資本財富的生產。下面從馬歇爾的《國內價值的純粹理論》⑩中選出的引文可以說明傳統的看法：

「一個人的全部所得是用來購買服務和商品的。我們常常聽說，一個人將其所得花掉一部分、儲存一部分。但在經濟學上大家公認：他所儲存下來的一部分所得，與他所花掉的那部分完全一樣，也是用來購買勞動和商品的。當他購買服務和商品，用之於獲得現在享受時，我們稱之爲花費；當他購買勞動和商品、用之於生產財富時，我們稱之爲儲蓄。」

類似的段落在馬歇爾後期著作⑪或艾其偉斯或皮古教授的著作中都不容易找到了。這種學說不再以如此簡陋的形式在今天出現。不過

---

⑨《政治經濟學原理》第三篇，第 14 章，第 2 節。

⑩第 34 頁。

⑪霍布斯先生在其所著《工業生理學》（第 102 頁）中，先引上述穆勒的話，然後指出：馬歇爾在其《工業經濟學》第 154 頁已作這樣的按語：「人雖有購買力，但不一定使用」。霍布斯接著說：「馬歇爾沒有瞭解這件事的重要性。他似乎認爲這種情形只有在恐慌期才會發生。」從馬歇爾後期著作看來，這倒是一句公正評語。

它還是整個古典理論的基礎，沒有它古典理論就要崩潰。當代經濟學家也許會猶豫是否同意穆勒，但他們會毫不猶豫地接受以穆勒理論爲前提的某些結論。以皮古教授爲例，他在絕大部分著作中仍相信，除了引起若干摩擦阻力外，貨幣並不能帶來多大差別；像穆勒一樣，經濟學可根據實物交換情形來完成生產與就業的理論，然後再馬馬虎虎地引入貨幣——這就是古典學派傳統的現代說法。當代思想仍深深根植於這樣一種觀念中：人不是以這種方式花錢，就是以另一種方式花錢。⑫戰後經濟學家很少能**始終一貫**地保持這個觀點，因爲他們今天的思想深受相反思潮的影響，同時，一些明顯與他們以前觀點不符的經驗事實也影響了他們。⑬不過他們還不敢充分接受由此所產生的後果，所以沒有修改其基本學說。

首先，從不存在交易概念的魯賓遜・克魯索經濟體系中得來的這些結論，可能一直被錯誤類比地應用到我的現實中的經濟體系中來。在魯賓遜・克魯索的體系中，個人所消費或儲存的、作爲其生產活動之結果的所得，眞實地而且唯一地是他自己生產的實物。但除此之外，認爲產品成本總是在總體上能爲產品銷售所得收益所彌補的結論，之所以令人深信不移，是由於它很難與另一個外表相似而且不可置疑的命題區別開來，這個命題是：生產活動共同體中的所有成員的所得總

---

⑫參閱馬歇爾夫婦的《工業經濟學》第 17 頁：「用不耐用的材料做衣服，對商業是不利的。因爲如果人們不把錢花在購買新衣服上，他們會有別的花錢辦法使勞動者就業。」讀者們注意到我又引用早期的馬歇爾。當他寫《經濟學原理》時，馬歇爾已有點懷疑這種說法，所以行文謹愼、語多遁辭。但他從未把這舊觀念從其基本思想中剔除出去。

⑬羅賓斯教授的傑出乃於幾乎只有他一人始終保持思想體系的一致性。他的實驗建議符合他的理論。

量在價值上正等於其產出之**值**。

同樣地，人們會很自然地設想，一個人在不索取他人的情況下使自己致富的行爲，也會使整個社會致富；因此（正如以上所引馬歇爾之語所言）個人的儲蓄行爲勢必也導致平行的投資行爲。和上面一樣，這個命題又與另一個表面相似而且無可置疑的命題相混淆，後者是：個人財富淨增量的總和恰等於社會財富總量的淨增量。

但是，那些如此考慮問題的人都受了某種幻覺的蒙騙，這種幻覺混淆了兩種根本不同的活動。他們誤以爲，決定現在不消費與決定留備將來消費，兩者之間存在一種關係。然而決定後者的動機與決定前者的動機完全不同。

總產量的需求價格等同於其供給價格的命題，被視爲古典理論的「平行公理」。承認這一點，以下這一切都將隨之而來：認爲私人和國家的節儉是社會的優點的節儉論，對利率持傳統態度的利率論，古典的失業論，貨幣數量說，主張自由放任的國際貿易論等。不過對這些我將提出質疑。

七

在本章各節，我們依次指出古典理論基於以下幾個假定：

㈠實質工資等於現行就業量的邊際負效用；

㈡不存在嚴格意義上的不自願失業；

㈢供給自創需求，即，在產量與就業量處於任何水平的情況下，總需求價格總是等於總供給價格。

這三個假定實爲一體，存亡與共。其中的任何一個都邏輯地蘊含著另外兩個。

第三章　有效需求原理

一

我們首先需要使用幾個以後將精確定義的術語。在技術、資源和成本的既定狀況下，一個雇主若僱用了一定量的勞動力，這就意味著他必須有兩類開支：第一類是他爲生產要素（不包括其他雇主）所提供的當前服務而付給它的開支，我們稱之爲該就業量的**要素成本**；第二類是他爲購買其他雇主的產品而付給他的開支，以及讓設備不停息地被使用所產生的折舊費。我們稱這類開支爲該就業量的**使用者成本**（user cost）。①最後產出之值超過要素成本和使用者成本的那一部分就是利潤，或者按我們所說的就是雇主的**所得**。要素成本在雇主看來當然是一種成本，在生產要素本身看來却是它的所得。因此，要素成本與雇主利潤共同構成了我們所謂的、由雇主所僱的這些勞動力所產生的**總所得**。雇主在決定僱多少勞動力時是以利潤的最大化爲原則的。爲方便起見，我們不妨採取雇主的立場，把一定就業量所產生的總所得（要素成本加利潤）看作是這一就業量的收益（proceeds）。另一方面，一定就業量所產產物的總供給價格②是雇主的預期收益，正是這預期

①第六章將給出**使用者成本**的精確定義。

②不能與通常意義的一單位產品的供給價格相混淆。

收益使雇主認爲提供這一就業量是值得的③。

由此我們可以推出，在單位就業量的技術、資源和要素成本不變的情況下，每一個廠、行業或社會總體的就業量，決定於雇主對相應產量所能帶來的收益的預期。④因爲雇主們將努力確定一個就業量，在這一就業量上預期收益將最大地超過要素成本。

讓 Z 成爲所僱 N 人所產產品的總供給價格，Z 與 N 的關係可寫作 $Z = \phi(N)$，這可被叫做**總供給函數**。⑤同樣，讓 D 成爲雇主們所預

③讀者將看到，我們將使用者成本排除在特定產量的**收益與總供給價格**之外，因此這些術語將被理解爲不含使用使用者成本在內；然而買者所付總額中自然應包括使用者成本。爲什麼這樣之所以方便，我們將在第六章解釋。重點在於不包括使用者成本在內的總收益與總供給價格可以得到一個明確無誤的定義；反之，由於使用者成本顯然與工業整合程度和雇主間相互購買有關，因此對包括使用者成本在內的買者所付總數下一定義，實在是不容易的事，甚至在定義一個廠商的通常意義上的供給價格都存在類似的困難；而且在總產量的總供給價格上，也有嚴重的複計問題，對此我們很少正視過。如果一定要把使用者成本包括在總產量的總供給價格以內，那麼要克服複計的毛病，只能對工業界的整合程度作特別假定，依其產品（消費品或資本品）的性質將工業分類。但這種辦法複雜不清，也與事實不符。但是，如果總供給價格不包括使用者成本在內，那麼這些困難也就不會發生。讀者還是等到第六章及其附錄，再看更爲詳細的討論吧。

④要決定生產規模的雇主，對特定產量的售價不只有一個確切預期，而是有好幾個假想預期，每個預期的可能性與確定性的程度都各有不同。雇主對收益的預期，我是指：假設這種預期非常確定，那麼由此所產生的行爲，完全相同與這個雇主在實際預期狀態──即一些空泛而程度不同的可能性──中所作的決策。

⑤在第 20 章中，一個與此關係密切的函數被稱爲就業函數。

期的由所僱 N 人所獲得的收益，D 與 N 的關係可寫作 D＝F(N)，這可被叫做**總需求函數**。

現在假設 N 爲一給定值，預期收益大於總供給價格，即 D 大於 Z，雇主們則會被激勵增加僱用量，加到超過 N；必要時不惜擡高價格，競購生產要素，直至 N 值，即使 Z 相等於 D。因此，就業量決定於總需求函數與總供給函數的相交點，因爲在這一點上雇主們的預期利潤將達到最大化。D 在總需求函數與總供給函數交點上的值，即爲有效需求(the effective demand)。這就是就業一般理論的要旨。以後各章將主要討論決定這兩個函數的各種因素。

在另一方面，籠統地表述爲「供給自創需求」並繼續構成所有正統經濟理論之基礎的古典學說，在這兩個函數的關係上作了一個特殊的假定。因爲「供給自創需求」這一命點一定是說：不論 N 取何值，即不論產量與就業量在怎麼的水平上，f(N) 與 φ(N) 總是相等；而且，當 N 增加，Z＝(φ(N))增加時，D(＝f(N))也必然與 Z 作同量增加。換句話說，古典理論假定：總需求價格（或收益）與總供給價格相適應，所以不論 N 取何值，收益 D 常與總供給價格 Z 相等。這就是說，有效需求不是只有一個唯一的均衡值，而是有無窮數值，而且每一個值都同樣可能；所以就業量變得不確定，只有勞力的邊際負效用給就業量確立了一個最高限度。

如果情況眞是如此，那麼雇主間的競爭必使就業量擴張到一點，在這一點上，總產量的供給不再有彈性；即當有效需求的值再增加時，產量不再增加。顯然，這就是充分就業。在上一章，我們已經以勞動者的行爲給予充分就業下過一個定義。現在我們達到了一個相等的標準，即：當對勞動力產出的有效需求增加時，總就業量不再增加。這樣，主張不論產量在什麼水準，總產量的總需求價格恆等於其總供給價格的賽伊定律，就等於這樣一個命題：不存在阻止充分就業的障礙。

但是，如果這不是關於總供需函數的真實定律，那麼經濟理論就缺少了很重要的一章，一切關於總就業量的討論因此而純屬徒勞。

二

　　把以後各章將要闡明的就業理論作一簡單總結，也許對現階段的讀者有所幫助，雖然其中的內容也許不太好懂。我們所包含的各種術語以後也都要詳加定義。在這個總結中，我們假定每一雇員的貨幣工資和其他要素成本不變。這些假定只是為行文方便而設立，以後可以取消。不管貨幣工資等等是否可以改變，這一論證的重要特徵絕無任何改變。

　　我的理論可以簡述如下。當然就業量增加時，總實際所得也增加。但社會心理却是這樣：當總實際所得增加時，總消費也增加，但沒有所得增加得多。所以如果整個就業增量都用於滿足消費需求的增加量上，雇主們將蒙受損失。因此，要維持一定就業量，當前投資量則必須足以吸收在這個就業量下超過社會消費量的那部分總產量。因為如果投資小於此數，那麼雇主的所得將不足以使他們提供這一就業量。因此我們可以推出：設定社會的消費傾向不變，那麼就業量的均衡水準——在這一水平上雇主們既不想擴大也不想縮小其僱用量——決定於當前投資量。當前投資量則又決定於投資引誘，投資引誘則又決定於兩組勢力的相互關係，第一組為資本的實際效率表，第二組則為各種期限不同、風險不同的貸款利率。

　　這樣，設定消費傾向與新投資量不變，那麼只有一個就業水平與均衡相合；因為任何其他水平都將導致總產量的總供給價格與它的總需求價格不一致。這一水平不能**大於**充分就業，即實質工資不能小於勞動力的邊際負效用。但是一般來說我們沒有理由期待這一均衡水平

等於充分就業。與充分就業相吻合的有效需求是一個特例，只有當消費傾向與投資引誘存在一種特定關係時才能實現。古典理論是設定這種特殊關係的存在。在某種意義上說，這種關係乃是最適度關係，只有在下列情況下才能存在：由於偶然巧合或由於有意設計，當前投資量正等於在充分就業的情況下總產量的總供給價格與社會消費量的差。

這一理論可以歸納爲以下幾個命題：

(1)在技術、資源和成本的給定情況下，所得（貨幣所得和實際所得）取決於就業量 N。

(2)社會所得與社會消費量（以 D_1 來表示）的關係，取決於社會心理的特徵。這種關係我們稱之爲消費傾向。這也就是說，消費量取決於總所得的水平，因此也就是取決於就業量 N 的水平，除非消費傾向有所變化。

(3)雇主決定僱用的工人人數 N 取決於 D_1 和 D_2 的和 D。D_1 是預期的社會消費量，D_2 是預期的新投資量。D 就是以上我們所說的**有效需求**。

(4)因 D_1 和 $D_2 = D = \phi(N)$，其中 ϕ 代表總供給函數，而且，正如我們在以上第(2)點所看到的那樣，因 D_1 是 N 的函數，可寫作 $x(N)$，其 x 取決於消費傾向，由此可推出 $\phi(N) - x(N) = D_2$。

(5)因此，均衡就業量取決於㈠總供給函數 ϕ，㈡消費傾向 x，與㈢投資量 D_2。這是就業一般理論的關鍵所在。

(6)工資物品工業中勞動力的邊際生產力，隨 N 值的增加而遞減，前者還決定實質工資率。所以第(5)點受以下條件限制：當實質工資率減低至與勞動力的邊際負效用相等時，N 就達到其最大值。因此，並不是 D 可以取任何值而貨幣工資都可保持不變。這樣，去除這個假定，對維護我們理論的全面性來說是十分重要的。

(7)依照古典理論，不論 N 爲**何值**, D 都等於 $\phi(N)$；所以只要 N 小於其最大值，就業量都在中立均衡狀態。雇主間的競爭力量可以使 N 達到最大值。在古典理論看來，只有這一點才是穩定均衡點。

(8)**當就業增加, D_1 也將增加，但沒有 D 增加得多**；因爲當我們的所得增加時，我們的消費也隨之增加，但沒有所得增加得快。解決我們實際問題的關鍵就在這個心理法則上。因爲由此可以得出：就業量越大，相應產量的總供給價格(Z)與雇主預期從消費者身上收回部分(D_1)之間的差別就越大。所以，如果消費傾向沒有變化，那麼就業量也不會有什麼增加，除非 D_2 同時不斷增加，以致彌補 Z 與 D_1 之間逐漸擴大的距離。因此，除非眞像古典理論所假定的那樣：當就業增加時，總會有一些力量使 D_2 增加，並足以彌補 Z 與 D_1 間擴大著的距離，否則 N 可能還沒有到充分就業水平，經濟體系已達到穩定均衡狀態；N 的實際水平則取決於需求函數與總供給函數的交點。

這樣,就業量並不取決於以實質工資來衡量的勞動力邊際負效用；在給定實質工資率之下所可能有的勞動力供給量，只決定就業量的**最高**水平。消費傾向與新投資量才是就業的決定者，而就業量又與一定水平的實質工資有著單一的關聯，——而不是顚倒過來。如果消費傾向和新投資率導致有效需求不足，那麼，就業的實際水平將低於現行實質工資下所可能得到的勞動力供給量，並且，均衡實質工資**大於**均衡就業量的邊際負效用。

這一分析向我們說明了富裕中的貧困(poverty in the midst of plenty)這一矛盾現象。因爲僅僅是有效需求不足的存在，就可以而且常常是，使就業量的增長在達到充分就業水平之前就中止。儘管勞動力的邊際產物在價值上超過就業量的邊際負效用，但有效需求的不足常常阻礙生產過程。

而且，社會越富有，其實際的與可能的產量之間差別就越大，因

而經濟體制的弱點就越明顯、越令人憤慨。對一個貧窮的社會來說，其產品的大部分用於消費，因而只要有小量投資就可造成充分就業。而在一個富裕的社會中，如果富人的儲蓄傾向與窮人的就業量相諧和，那麼就必須發現更多的投資機會。如果在一個潛在富裕的社會中，投資引誘較弱，那麼，儘管這個社會富裕的潛在性很大，但有效需求原則必迫使其減少實質產量，直至這個社會達到一定貧窮程度，從而使其實質產量超過消費量的那一部分削減到適應於其微弱的投資引誘。

　　然而還有更糟的事。在一個富裕的社會中，不僅消費的邊際傾向⑥較弱，而且由於它的資本積累已較大，致使進一步投資的機會也較小，除非利率迅速下降。這就涉及到利息論，以及為什麼利率不能自動降到適宜水平的問題。這些將在第四篇討論。

　　這樣，對消費傾向的分析、對資本的邊際效率的定義和關於利率的理論，構成了我們現有知識中的三大必須彌補的漏洞。做到了這一步，我們將發現價格論的合適位置——我們一般理論的附屬品。但我們將發現貨幣在利率論中的重要地位；我們將努力認清使貨幣區別與他物的那些特殊的特徵。

三

　　總需求函數完全可以置之不論，這是李嘉圖經濟學的基本觀念。一百多年以來我們所接受的經濟學都是以這一觀念為基礎。確實，馬爾薩斯曾強烈反對過李嘉圖認為有效需求不可能不足的學說，但是沒什麼用。因為馬爾薩斯不能明晰地解釋（除了訴諸來自日常觀察的事實）有效需求為何以及如何會不足或過剩，他提不出另一個學說。而

---

⑥以下第十章將有定義。

李嘉圖却完全征服了英國，就像異教裁判所征服了西班牙一樣。他的學說不僅爲金融界、政治家與學術界所接受，而且爭辯從此終止；別的觀點完全銷聲匿跡，不再有人討論。馬爾薩斯不能解決的有效需求這一大難題從此不再在經濟學文獻中出現。在馬歇爾、艾其偉斯和皮古敎授手中，古典理論已登峰造極，在他們的著作中隻字未提有效需求。這個概念只能偷偷摸摸地生活在卡爾・馬克思、西爾維・蓋賽爾或道格拉斯少校這些不入流社會中。

李嘉圖大獲全勝實在有些神秘難解。看來肯定是由於這個學說與社會環境很適合。這個學說所得結論，往往與常人所預期的很不相同，我想這可能反倒增加了它的學術威望。這個學說付諸實踐時往往嚴酷而令人不快，但反而使人信爲良藥。這個學說適於運載一個個大而無懈可擊的上層結構，從而增加了它的美感。它可以把社會的不公正與殘酷解釋爲進步過程中無可避免的意外事件，這使它受到統治者的歡迎。它還爲資本家自由企業辯護，因此又得到統治者背後社會主流力量的支持。

然而，儘管這個學說直到最近也沒有受到正統經濟學家的懷疑，但用它來作科學預測就十分失敗，它的聲名因此而漸受影響。馬爾薩斯以後的職業經濟學家並沒有爲他們的理論與經驗事實不合而有所震動。但一般人所以看到了這一點，因而他們漸漸不願像尊敬其他科學家那樣來尊敬經濟學家，其他科學家的理論結果是受經驗證明的，當這些理論應用於實際時。

傳統經濟學一直以**樂觀**著稱，經濟學家常被看作是甘廸德這樣的人，他離開了這個世界去開墾他的園地，並敎導說：「只要聽其自然，一切都在最好的可能世界中向著最好的路上來。這種樂觀態度，我認爲，是來自於他們忽視了一點：有效需求不足可以妨礙經濟繁榮。因爲一個社會確如古典理論所認爲的那樣運動，那麼其資源的就業量顯

然有趨向最適度水平的自然趨勢。古典理論也許代表了我們對經濟體制的運行方式的期望。但是假定它真是如此運行，就等於把我們的問題也假定掉了。

【第二篇】
定義與觀念

第四章　　單位的選擇

一

在這一章和以後的三章中，我們將努力澄清一些疑難；這些疑難與我們所要討論的問題並無任何特別的關係。所以這幾個章節只是些題外之論，使我們暫時游離一下我們的主題。這些疑難之所以在這裡得到一些討論，是因為別人對它的處理方法並不適用於我自己的這項研究。

本書的寫作過程為三個疑難所嚴重地困擾，在不解決它們之前，我簡直無法方便地表述自己的觀點。這三個疑難是：㈠如何選擇幾個數量單位，以適於解決一些經濟體系的某些問題。㈡如何確定預期在經濟分析中的地位。㈢如何定義所得。

二

經濟學家通常所用的幾個單位不能令人滿意。這一現象可以用國民所得、實際資本的數量和一般價格水平這幾個概念來解釋：

　(1)國民所得，按馬歇爾和皮古教授的定義①，衡量了本期產量或

―――――――――――――

①參閱皮古《福利經濟學》全書，尤其第一篇第三章。

實際所得，而不是產量價值或貨幣所得②。而且，國民所得是一個淨概念，必須從本期產品中減去本期開始時已有的資本設備在本期中所蒙受的損耗，二者之差才是國民所得，才是社會資源的淨增量，它可用於消費或留爲資本。經濟學家想從這個基礎上建立起一個量的科學。但是以此爲目的的定義將面臨這樣一個嚴重的非難：社會的物品產量與服務是一個不齊一的複雜體，除非在一些特例下，嚴格說來是不能衡量的。例如這樣一個特例：所有產品都以同一比例增加。

(2)當我們爲了計算淨產量而努力測量資本設備的淨增量時，困難將更大；因爲我們必須找到某種基礎，然後才能對新產資本項目與本期內耗損掉的舊項目進行數量比較。爲了達到淨國民所得，皮古教授③減去「可以視爲正常的折舊等；至於何爲正常，則看這些耗損是否經常發生，如果不能詳細，那麼至少能大約預料到這種發生。」但是，因爲這種減法沒有以貨幣爲計算單位，所以，皮古教授是在假定：物質雖然未變，可是物質的量已變，也就是說，他還是暗中引進了價值改變這個觀念。而且，當生產技術改變，新的資本設備與舊的設備不同時，皮古教授也想不出滿意的辦法④來比較新舊兩種設備的價值。我相信皮古教授所追求的概念，在經濟分析上是一個正當而合適的概念。但在沒有採取一組滿意的單位以前，要想對此概念下一精確定義卻不太可能。要把一個眞實產量與另一個眞實產量相比，然後再用新產的資本設備項目來抵銷舊的、消耗了的項目，以計算淨產量，這實

---

②國民所得雖應包括一切實際所得，但爲方便起見，只包括可以用貨幣購買的物品和服務。

③《福利經濟學》第一篇第四章論：「什麼是維持資本完整；以及他在《經濟學雜誌》（1935 年 6 月）中所加的修改。

④參閱海耶克教授的批評，載《經濟》1935 年 8 月，第 247 頁。

在是一個難題，對此人們可以有把握地說實在沒有什麼解決辦法。

(3)眾所周知，一般物價水平這個概念涵義空泛，難以精確定義。所以不適用於精確的因果分析。

不過這些困難被合適地視爲「謎」，它們是一些「純粹的理論難題」：它們從未困惑或以任何方式影響過商業決策，也與經濟事態的因果系列沒有任何關係。概念雖不明確，經濟事態的因果系列卻是明確的。由此可斷言：這些概念不僅不精確，而且不必要。顯然，數量分析不能用數量不明的概念。而且，一旦從事數量分析，我們就會明白，沒有這些概念反倒順利一些。

兩組在數量上無法比較的東西本身不能提供數量分析之用的材料。但這一點無需阻止我們作一些大約的統計比較，這種比較基於某種廣泛的判斷而不是嚴格的計算之上。因而在一定限度內，統計比較還是有意義的和健全的。但諸如淨實際產量、物價的一般水平等等這類事物最好還是放在歷史的和統計的敍述裡，其目的在於滿足歷史的和社會的好奇心，爲此，絕對的精確就顯得既不普通又不必要；但因果分析是要求絕對精確的──不論我們對有關數量的實際值知道得是否完全準確。說今天的淨產量較大於而物價水平則較低於十年或一年以前，在性質上類似於說：維多利亞女王是一個比伊莉莎白女王好的女王，卻不是一個比她更幸福的女人。──這句話並不是沒有意義，也不缺乏趣味，但不適於做數量分析的材料。如果我們要用如此空泛的、非量化的概念來作數量分析的基礎，那麼我們的精確性將是虛假的。

三

我們應該記住，在**每一個**特定場合，雇主總是關心以怎樣的規模

來運用給定的資本準備。當我們說對需求增長的預期，即總需求函數的提高，將導致總產量的增長，這實際上是在說廠商將在同量資本設備上僱用較多的勞動力。如果是一個工廠或只生產一種商品的某一行業，我們還能合法地談論產量的增減，如果我們願意的話。但是，當我們把各工廠生產活動加在一起的話，除非用特定資本設備上的就業量爲標準，否則我們難以精確地談論產量的增減問題。社會總產量和一般物價水平這兩個概念在這裡用不著，因爲我們不需要對當前總產量作一絕對衡量，從而用來比較當前產量與不同資本設備不同就業量所能產出的產量之間的大小。如果爲了敍述方便或作一粗略的比較，我們要談到產量的增減，那麼我們必須依賴這樣的一般設定：一特定資本設備上的相應就業量，將是由此所產產量的良好指數；換句話說，我們假定二者同時增減，雖然二者之間並沒有一定比例。

因此，在處理就業處理論時，我建議只用兩個數量單位，即幣值量(quantities of money-value)和就業量。前者是絕對齊性的，後者則可以變成齊性，因爲只要各種勞工和助理員之間的相對報酬相當穩定，那麼，爲計算就業量起見，我們可以取一小時普通勞工的就業量爲單位，而一小時特種勞工的就業量則根據所得報酬的多少而定。這也就是說，如果一小時特種勞工的報酬爲一小時普通勞工的兩倍，那麼其就業量可計爲兩個單位。衡量就業量的單位我們稱之爲勞動力單位，一勞動力單位所得貨幣工資，稱之爲工資單位。⑤因此，如果 E 爲工資（和薪水）支出，W 爲工資單位，N 爲就業量，那麼，E＝N·W。

每個工人的特殊技能及其對各種職業的適宜性顯然大不相同，但這一事實並不足以推翻我們的假定：勞動力供給是齊性的。因爲，如果工人的報酬與其效率成一定比例，那麼，由於我們在計算勞動力供

---

⑤如果 X 代表以貨幣計算的數量，則同一數量若用工資單位表示，可以寫作 X_w。

給時是根據其報酬而定的，所以這種效率的差別已計算在內。另外，當產量增加，一工廠所增僱的工人對其業務漸不適宜時，僱主付出一工資單位所得到的工作效率逐漸減退。這只是使特定資本設備所僱勞動力漸增而該資本設備的（邊際）產量遞減的諸多因素中的一種。換句話說，我們把報酬相等、效率不等這一勞動力不齊性包括在資本設備裡，視為資本設備的性能。所以當產量增加時，我們不視之為勞動力漸不適於利用一個齊性的資本設備，而看作是該資本設備漸不適於僱用勞動力。因此，如果專業或熟練工人沒有剩餘，那麼就要僱用一些不太適合的工人，從而導致產品的平均勞動力成本提高。這等於表示：當就業量增加時，該資本設備的報酬的遞減速率，與有這類勞動力剩餘相比更為加大。⑥如果各勞工的專業化程度很高，相互之間無法替代，即使在這種極端情形下，也沒什麼麻煩；因為這不過表示：當專門適於使用某種資本設備的勞動力都已用盡時，該類設備上的產品供給彈性實降至零。⑦這樣，除非各種勞工的相對報酬非常不穩定，否則假定勞動力齊性並不困難。即使相對報酬非常不穩定時，我們也有辦法處理：假定勞動力供給和總供給函數的形狀都可能迅速改變。

我的信念是：當我們討論整個經濟體系的行為時，如果我們只用兩個單位，即貨幣與勞動力，那麼我們可以免去許多不必要的麻煩；在單獨分析一個或一行業的產量時，則不妨採用特種單位，以衡量該廠或該行業的產量與設備。至於總產量、資本總量以及物價的一般水

---

⑥這是說明為什麼需求增加，甚至現用資本設備仍有閒置的情況下，產品供給價格仍會增大的主要理由。如果我們假設剩餘勞動力向所有僱主提供同等的僱用機會，並且某一行業所僱勞工，其所得報酬至少有一部分並不嚴格依照其效率，而只依照其工作時間(實際情形大都如此)，那麼，僱用工人的效率減低，而不是內部的不經濟，便是說明在產量增加時供給價格仍會升高的很好例子。

平等這些空泛概念，則留待作歷史比較時再用；因為在某種限度（相當寬）以內，歷史比較本來就無需精確，只要大致不錯就夠了。

由此我們將根據現有資本設備上的工作時間（不管是用來滿足消費，還是用來產生新資本品）的多少來衡量當前產量的變動；技術工人的工作時間則根據其所得報酬而定。我們沒必要把這個產量與由另一組工人和資本設備所生產出來的另一個產量作量的比較。要預測擁有一定設備的雇主們在總需求函數變動時將作怎樣的反應，並不要求我們一定要知道由此所產產量、生活水平和一般物價水平，與另一時間或另一國度的產量、生活水平及一般物價水平，如何進行比較。

---

⑦我說不清通常所用供給曲線是如何處理以上困難的，因為使用這種曲線的人並沒有說明他們的假定。也許他們假定：為某一既定目的而雇用的勞動力嚴格地視其工作效率而付給報酬。但這與事實不符。我們之所以把勞工效率的不同看作是資本設備的性能，主要理由也許就是因為當產量增加時，盈餘也增加，但這一增加量事實上大部分歸設備所有者，而不是效率較高的工人；雖然後者也許得些好處，例如不易被辭退，升級機會較早等。這就是說，效率不同的工人作同一工作，其所得工資很少與其效率成比例。不過，效率較高的工人的確得到較高工資，我的方法已經把這件事實計算在內，因為在計算就業量時，勞工的個數是按其所得報酬來計算的。根據我的設定，當我們一討論某一行業的供給曲線時，必會發生一些有趣的複雜情況，因為這一供給曲線的形狀將取決於其他方面對合適勞動力的需求。正如我已經說過的那樣，忽視這些複雜情況將是不現實的。不過當我們討論總就業量時，如果我們假定：相應於一定量的有效需求，只存在一種將之分配於各行業的分配辦法，那麼我們可以不必考慮這些複雜情況。這個假定不一定對：有效需求的分配法也許要視引起其變化的原因而定。例如，假如同量有效需求的增加，一是由於消費傾向增大，另一個是由於投資引誘加強，那麼二者所面臨的總供給函數也許不同。不過這些都是把我所提出的一般觀念作詳細分析時所發生的問題，在此不再深究。

四

顯然，不管我們所討論的是一廠、一行業或整個經濟體系，我們可以不問產量，只用總供給函數以及我們所選定的兩個單位，來表示供給狀況及供給彈性。例如一廠的供給函數（一行業或工業全體的總供給函數也類似於此）可以寫作：

$$Z_r = \phi_r(N_r),$$

其中 Z_r 為預期收益（不包括使用者成本在內）；對它的預期將導致就業量達到 N_r。因此，如果就業量與產量的關係為 $O_r = \psi_r(N_r)$，即就業量為 N_r 時，產量為 O_r，那麼

$$P = \frac{Z_r + U_r(N_r)}{O_r} = \frac{\phi_r(N_r) + U_r(N_r)}{\psi_r(N_r)}$$

即通常所謂供給曲線，其中 $U_r(N_r)$ 代表就業量在 N_r 時的（預期）使用者成本。

這樣，如果商品是齊性的，即當 $O_r = \psi_r(N_r)$ 有具體意義時，那麼我們也可用通常方法估計 $Z_r = \phi_r(N_r)$；但我們可用一種方法將 N_r 相加，用這種方法是不能將 O_r 相加的，因為 ΣO_r 不是一個數量。而且，如果我們能夠設定在一定環境中，一特定總就業量分配於各行業的方法只有一個，即 U_r 為 N 的函數，這樣問題就可以簡單化。

第五章　決定產量與就業量的預期

一

　　一切生產都是爲了最終滿足消費者。然而，在生產者（以消費者爲目的）付出成本到最後的消費者購買產品之間，常常有一段時間間隔，有時甚至很長。同時，雇主（包括我們所說的生產者和投資者）必須盡其所能形成一個最好的預期①，預期在經過一段可能較大的時間之後，他可以向消費者提供給付（直接地或間接地）消費者願意爲此出多少；如果雇主投入占據一定時間的生產，那麼他只能爲這種預期所導引而別無他擇。

　　商務決策所基於其上的這些預期可分成兩類，某些個人或工廠專門作第一類預期，另一些則專門作第二類預期。第一類是對價格的預期，即製造商在開始生產某一產品的生產過程中預測彼此產品製成後他可以得到多少。以製造商的立場來看，產品可以使用或可以出售給另一方時，則該產品就算製成。第二類是關於未來報酬的預期，雇主在購買（或自己製造）製成品以增加其資本設備時作這種預期。前者可稱爲**短期預期**，後者可稱爲**長期預期**。

　　因此，每個廠家在決定日②產量時將取決於它的**短期預期**——對

---

①至於如何把這些售價預期歸約成一個等量物，參閱前面第 32 頁註釋①。

在各種可能的規模下的產品成本與售價的預期。雖然，在該產品售於他人作增加資本設備之用，或售於中間商的情況下，這裡所謂短期預期將主要受制於他人的長期（或中期）預期。這些預期將決定雇主提供的就業量。至於產品的生產和銷售的實際結果，除非它能夠影響或修改以後的預期，否則就與就業量無關。另一方面，當決定第二天的產量時，雖然當時資本設備、半製成品以及未完工原料等的存量，是根據先前所作預期而置備的，但先前的預期也與第二天的就業量無關。這樣，每作這樣的決策時，固然必須參考當時所有的設備與存貨，但決策仍是根據**當時**對**未來**與售價的預期而作成的。

一般說來，預期（不管是短期的還是長期的）的改變要經過相當的時間才會對就業充分發揮其影響。由預期變化所引起的就業變化，第一天不同於第二天，第二天不同於第三天，即使預期沒有進一步的變化。假設短期預期趨於逆轉，那麼這一預期改變一般不會太強烈、太急劇，以致雇主對已經開始的生產過程停而不續；雖然根據修正後的預期，這些生產過程是不應該開始的。同時，如果短期預期趨於好轉，那麼必須經過一段準備時期後，就業量才能達到與修正後的預期相符的水平，在作長期預期的情況下，那些不再被更換的設備在毀壞以前繼續需要雇員在上工作；同時，作長期預期而趨於好轉時，開始時的就業量比資本設備已適應新環境後的就業量也許要高一些。

如果我們設定一種預期狀態持續得足夠久，以致使這種預期對於就業量的影響已充分發揮，即在這種預期狀態下所應就業的人員都已就業，所不應就業的人員都已離業，那麼，這種穩定的就業量，可稱

②這裡所說的一日代表最短的時期，在這時期之後，一廠家對其以前所作關於勞工雇用量決策又可再作修正。也就是說，所謂一日，乃經濟生活中時間的最小有效單位。

爲與此預期狀態相應的長期就業水準。③由此，雖然預期常在改變，以致實際就業量總沒有時間達到與現行預期狀態相應的長期就業水平，但每一個預期狀態都有一具體的長期就業水平與之相應。

首先，讓我們思考一下，在預期改變，且沒有進一步的改變與之相擾相混的情況下，達到長期狀態的過程是怎樣的。我們先假定新的長期就業水平大於舊的。那麼，一般說來，在開始時只有進貨速率頗受影響，也就是說，受到影響的，只是新生產過程上的初期工作；至於消費品產量，和在預期改變前已開始了的生產過程上的後期工作，大致與前相同。如果開始時有半製成品存在，那麼以上結論也許需要作些修改；不過開始時就業量的增加，大致仍相當緩和。日子一天一天過去，就業量也逐漸增加。而且我們很容易想像：在某階段上，就業量可能**超過**新的長期就業水平。因爲，在建立資本以符合新的預期狀態這段過程中，就業量與當前消費量，都可超過長期狀態達到以後的水準。所以預期的改變，可使就業量逐漸上升，達到一最高峰，然後下降至新的長期水平。即使新的長期水平與舊的相同，但如果預期的改變是由消費方向的改變所引起，並致使若干現有生產過程及資本設備不合時宜，那麼類似情形也能發生。又，如果新的長期就業量小於舊的，那麼在過渡時期中，就業量可以一度低於新的長期水平。所以預期的改變這一事實本身，在其發展過程中即能產生一種循環形的波動。在拙作《貨幣論》中，當我論及由於情況改變以致運用資本及流動資本有增減時，我所討論的就是這種波動。

達到一個新長期狀態的轉變過程，即使如上所述沒有什麼阻擾，

③長期就業水平不一定是個常數，即長期狀況不一定是靜態的。例如：預期財富及人口的增加速度不變可以構成預期不變的一部分。唯一的條件是現有預期應早就被預見到。

在細節上可能還要複雜一些。但實際事態則更爲複雜。因爲預期狀態可以常常改變，一個舊的改變尚未充分展開其影響以前，一個新的改變早就又加上來了。所以在任何一個特定時間，經濟機構中有許多錯綜複雜的活動存在，都是以往各種預期狀態的產物。

二

我們這場討論的目的漸現分曉，由上所述，我們顯然看到，任何時間的就業量，在一定意義上，不僅僅決定於現在的預期狀態，還決定於過去某段時間內的許多預期狀態。雖然如此，尚未充分展開其影響的過去預期已具體包括在今天的資本設備中；而雇主在作今天的決策時必須參考今天的資本設備；而且，過去的狀態只有已定形於今日的資本設備中，方能影響今天的決策。所以，儘管存在以上情形，但今天的就業量還是可以正確地描述成爲今天的決策所決定，這一決策是參考了今天的資本設備情況的。

對目前的長期預期往往不能不明白提及，但對**短期**預期則常可略而不論。因爲修改短期預期的過程，在事實上往往是逐漸的、連續的，大部分是依據實得結果而作的，所以預期結果與實得結果的影響相互交錯。產量與就業量固然決定於生產者的短期預期，而非決定於過去結果，但最近的結果通常在決定這些預期的具體內涵上起著重要作用。如果每次在開始生產過程時都要重作短期預期，則未免太麻煩；而且也徒然浪費時間，因爲大部分情況從一天到另一天並無多大改變。因此，除非生產者有具體理由，預料未來將有變化，否則，如果他們預期最近實際結果仍會繼續，實在是很合理的。因此在實踐中，以影響就業量而言，當前產量的預期售價大致就是最近產量的實際售價。生產者常常根據實得結果而不是憑空臆測而逐漸改變其預測。④

　　不過，我們不能忘記，如果商品是耐久的，那麼生產者的短期預期是基於投資者的當前長期預期上的；而且長期預期的特性是不能每隔很短期間就以實際結果來核查。而且，長期預期會突然修改，這一點我們到第十二章較詳細討論長期預期時，會再次提到。因此，當前長期預期這一因素，我們不能略而不論，也不能用實際結果來代替。

---

④這裡強調雇主在決定生產時所作預期，這一點，我想可以答覆郝特雷先生的論點。他認爲在價格尚未降落，或在預期與事實的不符尚未反映爲實際損失（相對於預期而言）**以前**，就業量與進貨量乃受存貨增加的影響。如果未售存貨增加或定貨單減少，這正表示，前期產量的售價數字已不能貿然應用於未來，因此最多使進貨減少。

第六章　所得、儲蓄和投資的定義

一　所得

在任何一段時期，一個雇主都將向消費者或其他雇主出售製成品以換取一筆金額，我們以 A 表示。他也將花一筆錢用以從其他雇主那裡購買製成品，我們用 A_1 來表示這筆開支。而且，最終他還有一定的資本設備，包括半製成品或運用資本以及製成品的存貨，價值為G。

然而，$A+G-A_1$ 中，有一部分並不是本期生產活動的結果，而是本期開始時雇主已有的資本設備。因此，為求得所謂本期**所得**，必須從 $A+G-A_1$ 中減去上期移交下來的資本設備的價值。只要我們找到一個滿意的計算這個減數的方法，那麼所得的定義問題就得到了解決。

存在兩個可用以計算這個減數的可能原則，每個都有一定意義；一個與生產有關，另一個與消費有關。讓我們依次瞭解一下它們。

⑴在一個周期終了，資本設備的實際價值 G，是兩種相反勢力的淨結果：一方面，雇主要麼從其他雇主手中添購，要麼自己加工，以維持並改良其資本設備；另一方面，因為用之於生產產品，所以這資本設備蒙受耗損或折舊。即使雇主**不**用之於生產，雇主還值得花一筆維持改良費，使該費用的最適度數目為 B′；支出這筆費用以後，資本設備在本期終了時的價值為 G′。這就是說，如果雇主不用之於生產 A，那麼 G′−B′ 是可能從上期保存下來的最大淨值。這個最大可能淨值的

超過 G－A 的部分，即

$$(G'-B')-(G-A_1),$$

它衡量著因生產 A 所犧牲掉的價值，可稱爲 A 的**使用者成本。使用者成本**將被寫作 U ①。雇主爲換取其他生產要素的服務而付出的費用，我們稱之爲 A 的要素成本，這一成本從生產要素的立場來看即爲它們的所得。要素成本寫作 F。U 與 F 的和，稱之爲產量 A 的**直接成本**。

我們現在可以對雇主的所得②下定義了。雇主所得即其本期所售產品的價值減去其直接成本。也就是說，雇主所得即普通所謂毛利（gross profit）；毛利視生產規模而定，雇主總是設法使其成爲最大量。這個定義與常識相符。又因社會其他人的所得與雇主的要素成本相等，所以總所得就是 A－U。

如此定義的所得是一個毫不含混的數量。而且，由於雇主們在決定雇用多少其他生產要素時，他們總要預期估算所得量與生產要素成本的差額，並設法使之最大化，所以，對就業來說，所得量就有著因果意義。

當然，G－A 有時可以超過 G'－B'，致使使用者成本爲負數。例如，如果我們恰好選擇了這樣一個時期：進貨一直增加，而產品尚未達到製成品及出售階段，那麼，使用者成本就可能是負數。如果我們想像工業的綜合程度很高，各個都自製其大部分資本設備，而投資量又爲正數，那麼使用者成本也可能是負數。然而，由於只有當雇主用自己的勞工來增加資本設備時，使用者成本方能爲負數，所以在一個分工經濟體系中，資本設備的使用人與製造人常常不屬一廠，我們可以正常地視使用者成本爲正數。而且，我們難於想像，當 A 增加時，

---

①在本章附錄中，還有關於使用者成本的幾點觀察。

②不是**淨所得**，淨所得另有定義，見下。

邊際使用者成本即 $\frac{dU}{dA}$ 可以不是正數。

在這裡對本章下面要講的內容略作提示也許要方便一點。以社會全體而言，一個周期的總**消費量**(C)等於 $\Sigma(A-A_1)$，總**投資**(I)等於 $\Sigma(A_1-U)$。而且，如果不計 A_1（從其他雇主手中買來的東西），那麼 U 是雇主對自己資本設備的負投資，負 U 為投資。所以在一個完全整合的體系中，A_1 等於零，消費等於 A，投資等於負 U，也就是等於 $G-(G'-B')$。以上所以引入 A_1，使情況變得略微複雜，就是為了找出一個普遍的方法，使其在非整合的生產體系中也能適用。

此外，所謂**有效需求**，只是雇主們從決定提供的當前就業量上所可預期取得的總所得或收益，包括其他生產要素的所得（也就是雇主的要素成本）在內。總需求函數表示二者的關係：一方面是各種假想的就業量，另一方面是由此假想的就業量所產產品的預期收益。有效需求是總需求函數上的一點，這一點之所以有效，是因為如果就業量在該水平，供給與需求這兩種情況則會恰恰使雇主的預期利潤成為最大量。

有些經濟學家忽略了使用者成本，或假設其為零，於是供給價格③即等於邊際要素成本，因此得到邊際收益（或所得）等於邊際要素成本這一類命題；我們這一組定義有一個好處：如果我們用他們的假定，那麼也可得出同類命題。④

(2)接下來，我們轉而討論以上提及的第二個原則。資本設備的價值在期終與期始不同。這種價值改變，一部分是由於雇主為追求最大

---

③如果忽視使用者成本的定義問題，那麼**供給價格**一詞也就定義不全了。這些在本章附錄中要再討論。在本章附錄中，我將說明：在討論總供給價格時，有時固然可以把使用者成本排斥在供給價格以外，但在討論一個產物（每單位）的供給價格時，這是不行的。

利潤而**自願**決定的，這一部分我們在上面已討論過了。但另外有一部分並**不**出於雇主**自願**，而由於雇主所不能控制的理由，例如由於市場價值改變、折舊、時間消耗、戰事、地震等天災人禍這種種原因，資本設備蒙受不自願的增值或貶值。在此不自願損失之中，有一部分固然不可避免，但倒並不是不可預料，例如時間消耗和正常折舊，後者如皮古教授所說，「經常發生，使人至少可以大致——如果不能詳細——預料得到」。此外，社會上還有其他損失也經常發生，所以通常也被稱爲「可保風險」(insurable risk)。這些預期損失的大小，當然要看預期是在什麼時間形成的。讓我們暫時忽略這一事實，而稱不自願但並非不可預料的資本設備的折舊——即預期折舊超過使用者成本部分——爲**補充成本**，寫作 V。也許用不著指出這一定義與馬歇爾對補充成本的定義的不同，雖然處理不在直接成本以內的那部分預期折舊的基本觀念是相似的。

　　因此，在計算雇主的**淨所得**和**淨利潤**時，通常需要從其所得和毛利（定義如上）中減去一筆估計的補充成本。因爲當雇主在考慮可以用掉或儲蓄多時，他已經在心中把補充成本從毛利中減去了。當他以**生產者**資格決定要不要用此設備時，直接成本和毛利是重要概念；但

---

④例如，如果總供給函數寫作 $Z_w = \phi(N)$ 或 $Z = W \cdot \phi(N)$，其中 W 爲工資單位，$W \cdot Z_w = Z$，那麼，因爲在總供給曲線的每一點上，邊際產物的收益都等於邊際要素成本，所以我們有

$$\triangle N = \Sigma \triangle A_w - \Sigma \triangle U_w = \triangle Z_w = \triangle \phi(N),$$

這就是說 $\phi'(N) = I$；以上是假定要素成本與工資成本之間有一不變比例，而且每個工廠的總供給函數（廠數也假定不變），不受其他工業所雇人數的影響，所以上述公式中各項適用於每一雇主，將它們相加起來則適用於全體雇主。這就是說，如果工資不變，其他要素成本又與總工資支出成常比，那麼總供給函數爲一直線，其斜率即貨幣工資。

當他站在**消費者**立場上時, 補充成本在其心目中的地位恰如直接成本。所以, 如果在定義總**淨**所得時我們把補充成本與使用者成本同時減去, 從而使總**淨所得**等於 $A-U-V$, 那麼總淨所得這個概念不僅與習俗用法最接近, 而且與消費量有關。

資本設備的價值還會因市場價值不可預測的變化、導乎尋常的折舊或天災人禍的破壞而有所變化, 這種變化既不是自願的, 一般說來又不是可預測的。這一項實際損失我們稱之為**意外損失**(windfall loss), 它被列入資本帳而不列入淨所得帳。

淨所得的**因果**意義基於 V 的數量對當前消費量的心理影響, 因為當人們決定在當前消費上支出多少時, 淨所得就是人們估算自己可用所得的標準。當然, 在決定消費多少時, 淨所得並不是唯一因素; 資本帳上有多少意外的得與失, 也很有關係。不過, 補充成本與意外損失有這樣一種差別: 補充成本改變時, 其對銷售的影響**恰如**毛利的改變, 因為與雇主消費量有關的, 是當前產量的售價與直接成本及補充成本之和的差; 反之, 意外得失雖然也影響雇主的消費決定, 但程度不同, 如果意外損失與補充成本數量相同, 那麼前者的影響小。

然而, 我們現在必須回到這一點上來: 補充成本與意外損失的界線, 即那些應記在所得帳上的不可避免的損失, 與應記在資本帳上的那些意外損失之間的界線, 一部分只是習慣的或心理的, 它們取決於通常所接受的估算前者的標準是什麼。因為估計補充成本並無一定原則可循, 所以其大小也得視所用會計方法而定。當資本設備剛生產出來時, 其預期補充成本是一具體價值量, 但以後再作估計時, 這些設備在剩餘壽命中的補充成本, 可以因預期狀態已有改變而與原來的估計有所不同。根據原來預期, 有一串未來的 $U+V$, 根據修正後的預期, 又有一串新的未來的 $U+V$, 這兩串之差, 折成現價即為資本的意外得失。在商業會計上有一個非常普遍採用的並且為英國內地稅務機關贊

同的原則，即在取得一定資本設備時，就對該設備的補充成本與使用者成本的和，定一個數目，不管以後預期有無改變，都維持此數不變。假如這樣，那麼任何一個時期的補充成本，就是這個數目與實際使用者成本的差。這個方法有一個好處，即在這些設備的整個壽命中，意外之得或失爲零。但在某種情景下，每經過一個特定的會計階段（例如一年），便根據當前市價及當前預期重新估計補充成本也無可厚非。事實上兩種方法都有人採用。資本設備在剛購買時，原來所預期的補充或可稱之爲**基本補充成本**；以後根據當前市價以及當前預期而重新估定的同一數量，可稱之爲**當前補充成本**。

　　這樣，我們無法得到一個比以下說法更爲精確的關於補充成本的定義了：補充成本就是當一個典型的雇主爲了宣布股息（如果雇主是一個公司）或決定其當前消費量（如果雇主是一個個人）而計算其**淨**所得時，應以其所得中所減去的那些東西。因爲我們不能把資本帳上的意外得失完全抹煞，所以如果有一個項目有可疑之處，應將它列入資本帳；只有很明顯屬於補充成本者，才算在補充成本之內。如果資本帳所記太多，那麼我們可以通過酌情加重資本帳對於當前消費的影響而糾正它。

　　讀者將會看到，我們對**淨所得**的定義非常接近馬歇爾對所得的定義。馬歇爾援用所得稅委員會(Income Tax Commissioners)所用慣例，一般說來，凡所得稅委員會根據經驗對所得所得出的認識基本上就是馬歇爾對所得的認識。因爲所得稅委員會在這方面所作決定，可以說是對於通常所謂淨所得是什麼這一問題作了最審愼而廣泛的調查以後所得出的結論。這裡的淨所得也相當於皮古教授最近所說的國民所得的貨幣價值。⑤

⑤《經濟學雜誌》1935 年 6 月號，第 235 頁。

但是，淨所得由於基於一個不同權威可作不同解釋的模稜兩可的標準上，所以仍然不是十分清楚。例如，海耶克教授指出：一個資本品所有者可能要努力保持他的資本所得處於穩定狀態，因此無論何種原因使其資本所得呈下降趨勢，他一定先提出一筆款項以抵銷這種趨勢，在這之前他不會自由自在地將所得用於消費上。⑥我懷疑是否有這樣的人存在；但是以此作為計算淨所得的一種可能的心理標準，在理論上顯然無可非難。海耶克教授由此推論儲蓄和投資二概念也因之而含混。如果他指的是**淨儲蓄**及**淨投資**，那麼他是對的，與就業理論相關的**儲蓄**和**投資**不存在這種缺陷，而且如上所述還可以有一個客觀的定義。

這樣，把所有重點都放在淨所得上，而忽視所得，看來是一個錯誤。**淨所得**只與消費選擇有關，而且與影響消費的其他因素也不易區別開來；與當前生產決策有關的就是所得了。

以上對所得和淨所得所下的定義盡可能與通常用法相一致。因此我有必要在此提醒讀者，我在《貨幣論》中對所得的定義是在特殊意義上作出的。其特殊性在於當我對總所得中雇主所得這一部分下定義時，既未取雇主當前生產活動的實得利潤(不論是毛利或淨利)，又未取他們在決定從事當前生產活動時的預期利潤，而取了一種可謂正常或均衡利潤。現在回想起來，假使生產規模可以改變，那麼所謂正常或均衡利潤的意義，也沒有充分規定。依照《貨幣論》中所下定義，儲蓄超過投資的數目，就是正常利潤超過實際利潤的數目。我擔心術語的這種用法已引起相當的混亂，特別是有關儲蓄的用法；因為有些結論(尤其是關於儲蓄與投資的差額)，只有把我所用名詞依我的特殊意義來解釋才能成立；但這些結論經常在通俗的討論中被引用，並認

---

⑥「資本的保存」，載《經濟》1935 年 8 月號，第 241 頁以下。

爲這些術語的意義就是常人熟悉的意義。因爲這個原因，同時也因爲我現在已不必再要用以前的術語來正確表達我的思想，所以我決定放棄它們，同時非常悔恨由它們所引起的混亂。

二　儲蓄與投資

在術語的一片混亂的使用中，有一個不移之點倒是大家所共認的。據我所知，每個人都同意：**儲蓄**的意思就是所得減去消費開支。這樣，任何對**儲蓄**意義的疑慮必然來自對**所得**意義的疑慮或者是對**消費**意義的疑慮。我們在上面已定義過**所得**。一個周期的消費支出一定等於這個周期賣給消費者的貨品價值。於是問題是：何爲消費購買者？任何劃分消費購買者與投資購買者的界線，只要合理都一樣可用，但一經選定，就必須始終遵守。我們是否應把購買汽車作爲消費購買，而把購買住屋作爲投資購買？這類問題經常有人討論，我也沒多少可補充。這個問題的答案，當然要看我們用何種界線來劃分雇主與消費者。因此，如果我們已經規定 A_1 爲一個雇主從另一個雇主手中所購貨物的價值，那麼我們已經暗中解決了這個問題。因此消費支出可以毫不含混地規定爲 $\Sigma(A-A_1)$，其中 ΣA 爲一個周期中的總售價，ΣA_1 爲該時期中雇主之間相互買賣的總值。以後爲方便起見，我們將省去 Σ 號，以 A 代表所有總售價，A_1 代表雇主間相互買賣的總值。U 代表全體雇主的總使用者成本。

所得與**消費**的意義現在已得到規定，**儲蓄**的定義——所得與消費的差——自然也就確定了。因爲所得等於 $A-U$，消費等於 $A-A_1$，所以儲蓄等於 A_1-U。同樣，**淨儲蓄**是**淨所得**與消費的差，所以等於 A_1-U-V。

我們對所得的定義也立即導出對本期投資(current investment)

的定義。因為我們一定將本期投資看成是來自於本期生產活動的資本
設備在本期中的價值增益。這顯然等於我們已定義過的儲蓄。因為儲
蓄是一周期的所得中沒有用於消費的那部分。在上面我們已經看到：
在任何一個階段，作為生產活動的結果，雇主售出製成品，獲得價值
A；雇主在從其他雇主那裡購買了 A_1 之後，還獲得了資本設備，但作
為生產和出售 A 的結果，這些資本設備蒙受了損耗 U（進一步衡量的
話即為 $-U$，這裡 U 是負數）。在同一階段，價值為 $A-A_1$ 的製成品將
流入消費。$A-U$ 與 $A-A_1$ 的差，即 A_1-U，是作為這一階段生產活
動之結果的資本設備的增量，因而也就是這一階段的**投資**。同樣地，
如果資本帳上只計資本價值的正常損耗，不計資本設備在使用中的損
耗和設備價值的意外變化，那麼 A_1-U-A 作為資本設備的**淨**增量，
也就是本期**淨投資**。

　　因此，雖然儲蓄量是消費者消費行為的總結果，投資量是投資者
投資行為的總結果，但二者必然相等，因二者都等於所得減消費。而
且這一結論絲毫沒有基於以上所得定義的任何玄妙或特別之上。只要
大家同意：所得等於本期產品的價值，本期投資等於本期產品中未用
於消費的那一部分產品的價值，儲蓄等於所得減消費——所有這一切
都既符合常識又符合絕大多數經濟學家的傳統用法——那麼，儲蓄與
投資就必然相等。總之——

　　　　　　所得＝產品價值＝消費＋投資

　　　　　　儲蓄＝所得－消費

　　　　　　因此，儲蓄＝投資

所以，任何一組滿足上述條件的定義都可導出相同結論。只有否認以
上條件的某一條，結論才有可能取消。

　　儲蓄量與投資量之所以相等，是來自於生產者與消費者，或生產
者與資本設備購置者之間的交易的雙重性質。所得來自生產者產品售

價與使用者成本的差；但所有產品不售給消費者就售給其他雇主；每個雇主的本期投資又等於他從其他雇主手中所購的設備減去自己的使用者成本。所以，就社會全體而論，所得超過消費部分（即我們所說的儲蓄），不能不與投資設備的價值增量（即我們所說的投資）相同。淨儲蓄與純投資的關係也是這樣。事實上儲蓄是一個餘數。投資決策與消費決策決定所得。如果投資決策得以實現，那麼要嘛消費削減，要嘛所得增大，二者必居其一。因此投資行為本身，一定使得儲蓄這個餘數以同量增加。

當然，人們對於投資多少，儲蓄多少所作決定可能過於不正常，以致不能產生一個均衡價格來按此交易。在這種情況下，產品既然不再有一個一定的市場價值，而價格又在零與無窮大之間，找不到一個靜止點，所以我們所用術語也不再適用。經驗告訴我們，事實上並非如此。社會上有種種心理反應習慣可以使均衡得以實現，願買願賣的數量相等。產品有一個一定的市場價值，是貨幣所得有一個具體價值的必要條件，同時又是使儲蓄者所決定的儲蓄總數與投資者所決定的投資總數相等的充分條件。

在這個問題上要有一個清晰的思路，也許最好著眼於對消費與否的決定，而不是儲蓄與否的決定。消費與否或投資與否的選擇的確在個人控制範圍之內。總所得與總儲蓄量是人們對消費與投資與否進行自由選擇的結果；但它們都不能獨立於消費與投資決定之外，而受另一組決策支配。根據這個原則，**消費傾向**這個概念將在以後取代儲蓄傾向。

附錄：論使用者成本

一

　　我認爲，使用者成本對古典價値理論的重要性一直被人們忽略了。關於使用者成本還有許多話可說，但在這裡過多展開不太適當，它與本書主題的關係也沒有這麼深。但作爲題外之文，我們將在這個附錄裡對它作一些進一步的討論。

　　根據定義，一個雇主的使用者成本等於

$$A_1 + (G' - B') - G$$

其中 A_1 是這個雇主從其他雇主那裡所購貨物量，G 是資本設備在一周期終了時的實際價値，G' 是資本設備在一周期終了時可能有的價値，如果雇主不使用此資本設備而支出一筆最適度的維持改良費 G' 的話。現在，$G - (G' - B')$，即雇主設備超過從前期繼承下來的淨價値的價値增量，體現了雇主對其設備的本期投資，可寫作 I。這樣，銷售量 A 的使用者成本 U，等於 $A_1 - I$，其中 A_1 爲該雇主從其他雇主那裡所購的東西，I 爲雇主對其設備的本期投資。略作反思便會知道，所有這些不過是常識而已。一雇主從其他雇主那裏所購來的東西，一部分作爲對自己資本設備的本期投資，剩下的一部分則代表他在生產要素的開支以外因出售產量 A 所蒙受的損失。如果讀者想把這裡所說的內容用其他方式表達，那麼他將發現這裡的表達方式的好處乃在於可以避免許

多無法解決（而且是不必要的）會計問題。我認爲不存在其他的方法可以毫不含混地分析當前生產的收益。如果工業是完全整合的，或雇主不從其他地方購買任何東西，那麼 $A_1=0$，使用者成本就等於因使用該設備而引起的本期負投資。就是在這種情況下，我們的分析方法還剩下一個好處，即我們無需在出售的產品和保留自用的設備之間劃分要素成本的分擔者，而可以把一個廠——不論它是整合的還是個體的——所提供的就業量看作是爲一個統盤的決策所決定。事實上也是如此，因爲在當前生產與整個生產之間，往往有連鎖性質存在。

而且，使用者成本這個概念，使我們可以對一個廠產物短期供給價格下一個比較清晰的定義。因爲短期供給價格，就是邊際要素成本與邊際使用者成本的和。

在現代價值理論中，通常的做法是把邊際要素成本當作短期供給價格。顯然，只有邊際使用者成本等於零，或供給價格的意義被特別規定爲不包括邊際使用者成本在內時，這個辦法才行。我在上面第三章對「收益」(proceeds) 及「總供給價格」下定義時，就沒有包括總使用者成本在內。這種用法，在討論**社會總產量**時，偶而用一用固然很方便，但在討論一廠或一行業的產量時，如果經常把使用者成本不包括在「供給價格」以內，則會使經濟分析完全與現實脫節，因爲這種意義的「供給價格」與平常所謂「價格」的意義完全不同。這樣的用法恐會引起誤會。經濟學上似乎一向假定：「供給價格」一詞在用於一廠的產量時，有著明確的意義，對此無需討論。然而，一個廠他廠所購貨物，和該廠的資本設備因生產邊際產量而受的損失，這二者如何處理的問題，會引起所得定義問題所引起的一切困難。因爲，即使我們假定：當一廠的銷售量增加一個單位時，爲求得該廠的供給價格，我們必須把該產量的單位售價中減去購之於其他廠的邊際成本，我們還要看到：該廠的資本設備因生產這邊際產量而會有負投資發生。即

使所有的生產爲一個完全整合的工廠所進行，我們也不能假定邊際使用者成本爲零，也就是說，不能假定由生產邊際產量而引致的對設備的邊際負投資能夠一般地被忽視。

使用者成本和補充成本這兩個概念，還可以使我們能夠在長期供給價格與短期供給價格之間建立一個比較清楚的關係。長期成本中必須包括一筆數目，可以抵補基本補充成本與預期直接成本；二者都以適當方法分攤於各年，年限即資本設備的壽命。這就是說，一個產量的長期成本等於直接成本與補充成本的預期和。而且，爲了產生一個正常利潤，長期供給價格必須在長期成本之外再加上一項，等於當前借貸利率與設備成本的乘積；當然，這種借貸的時期與風險，必須與投資於該設備的時期與風險相類似。如果我們更傾向於用「純」利率作標準利率，那麼長期成本中必須包括一個第三項，可稱之爲**風險成本**(risk cost)，來抵補實際報酬與預期報酬的各種未知的可能性。所以長期供給價格可以分析成這幾種構成成份：直接成本、補充成本、風險成本和利息成本，並且等於這些成份的和。在另一方面，短期供給價格則等於**邊際**直接成本。所以當雇主購買或建造資本設備時，在其預期之中，直接成本的邊際值與其平均值的差，足以抵補補充成本、風險成本和利息成本這三者。所以，在長期均衡中，邊際直接成本超過平均直接成本的那部分，就是補充、風險與利息三成本的和①。

有一種產量水平具有特別的重要性，在這一產量水平上，邊際直接成本正等於平均直接成本與補充成本的和。這一產量水平之所以重

----

①由於使用者成本部分地取決於對工資的未來水平的預期，所以，被認爲是暫時的工資單位的減低將致使要素成本和使用者成本以不同比例變動，並影響到所用設備的類型，而且可能會更影響到有效需求的水平。因爲要素成本可能以不同與使用者成本的方式來決定有效需求。

要，是因爲在這一點上，雇主的生意是不賺也不賠。也就是說，在這一點上的淨利潤爲零；如果產量小於這一點，雇主則會有淨損失。

在直接成本以外，補充成本所需彌補的程度，因設備的類型而異。以下爲二種極端情形：

(1)有一部分設備維持費，必須與使用這個設備的行爲同時發生（如，給機器加油）。這項開支（從外面購買的東西不算）要包括在要素成本內。如果，因爲物質上的理由，本期所有折舊必須以如此方法彌補，那麼，使用者成本（從外面購買的東西不算）等於而又相反於補充成本；在長期均衡中，邊際要素成本將超過平均要素成本，超過部分等於風險成本與利息成本的和。

(2)資本設備的價值損失，有一部分只有在使用該設備時才能發生。如果這種損失沒有在使用時就進行彌補，那麼應算在使用者成本內。如果資本設備的價值損失，只有這樣才能發生，那麼補充成本就等於零。

值得指出的是，雇主不會僅僅因爲使用者成本低，而首先使用最舊最壞的設備；因爲使用者成本雖低，也許抵不過效率之低，即要素成本之高。這樣，雇主所願使用的是這樣一種設備：每單位產量的使用者成本與要素成本的和是最小的量。②因此，任何一個給定的產量，都有一個相應的使用者成本③，但這裡的總使用者成本，與邊際使用者成本，也就是與由產量的增長而增長的使用者成本，並沒有一個統

---

②最先使用的資本設備的使用者成本未必與總產量無關（參閱下文），也就是說，在整個使用者成本曲線上，使用者成本也許隨總產量的改變而改變。

③當雇主預期在將來某時所得可超過正常數，但又不指望這種情況能維持很久，以致讓人覺得值得（或有時間）生產新的資本設備時，它可能大於此數。把每一個可能的未來預期所得折爲現值，其中最大者即當前的使用者成本。

一的關係。

二

　　使用者成本構成了現在與將來的一種聯繫。因爲雇主在決定生產規模時，必須在現在就使用設備和把它們留到以後再用這二者之間作一選擇。正是在現在的使用中犧牲掉的未來預期利益，決定了使用者成本的量值；而且，正是這種犧牲的邊際量，與邊際要素成本及邊際預期售價，共同決定了生產的規模。那麼，雇主到底是怎樣計算一個生產行爲的使用者成本呢？

　　我們已將使用者成本定義爲使用與不使用情況下的資本設備的價值差。至於不使用時，那些尚值得支出的維持改良費，和購自其他雇主的物品，都應在計算使用者成本時考慮到。因此，使用者成本可以這樣達到：如果現在不使用資本設備，在未來某個時間，預期收益將有增加，算出這個增量並折成現值，即爲使用者成本。如果現在不使用設備，那麼至少可以把設備的重新購置延期，延期購置的效益折成現值，就是使用者成本的最低限度；也有可能會大於此數④。

　　如果沒有任何過剩存貨，以致每年都有新產的同類設備作增補之用，那麼邊際使用者成本可根據以下二個量計算出來：一是設備的壽命或效率降低的量——如果設備被使用的話；二是現在重新購置所需的成本量。如果資本設備有剩餘，那麼使用者成本也將取決於以下二者：在剩餘設備因折舊損耗等原因而被吸收完畢之前的這一階段中的利率，和當前（即重估的）補充成本。由此，利息成本與當前補充成

____

④郝特雷先生指出，皮古教授所謂供給價格，其實就是邊際勞動力成本，見《經濟》1934 年 5 月號，第 145 頁。郝特雷認爲這點對皮古的論證很不利。

本間接影響使用者成本的計算。

當要素成本為零時，這種計算法顯得最為簡單易懂。今以拙著《貨幣論》第二冊第二十九章所舉原料銅的剩餘情形為例。讓我們在未來不同時期的預期售價作成一串列數；銅的剩餘量逐漸減少，銅的價值也逐漸接近其正常生產成本，這串列數就是受著剩餘銅的這種吸收速率的支配。接著我們從這串列數中的每一項中減去當前補充成本與從現在到未來那天每噸銅的利息成本，其中最大的差數，就是一噸剩餘銅的現值或使用者成本。

同樣，當船隻、工廠或機器的供應有剩餘時，它們的使用者成本，等於它們在剩餘量可被預期吸收完的那一日的預期重置成本，減去當前補充成本和從現在到那一日的利息成本。

我們在上面已假定：當投資設備不能再用時就以原物替補它。如果替補的東西並非原物，那麼在計算現在所用設備的使用者成本時，須依據該設備不堪再用時，代之而起的新設備的使用者成本；其數量根據兩種設備的比較效率而定。

三

讀者應注意到，如果資本設備並非不合時宜，而只是暫時過剩，那麼實際使用者成本與正常使用者成本（即設備並不過剩時的使用者成本）的差別，則根據過剩設備被預期吸收完這段時期的長短而定。所以如果資本設備的年齡參差不齊，每年都有一部分設備達到不堪再用的地步，那麼，除非過剩量異常大，否則邊際使用者成本不會大跌。在一般性的經濟衰退期，邊際使用者成本將取決於雇主們對衰退期持續多久的估計。因此，當情況開始好轉時，供給價格的上升可能部分地是由於因雇主的修改其預測而引起的邊際使用者成本的急劇增加而

造成的。

　　人們有時論證說，有組織地毀滅過剩設備的計劃不能達到提高價格的理想中的結果，除非把全部過剩設備都搞毀。商人們倒並不同意這種觀點。但使用者成本這一概念可以說明：如果把剩餘設備毀滅一半，也許可以立刻把價格提高；因爲這一政策可以縮短過剩設備吸收完畢的時間，因而可以提高邊際使用者成本，從而增加當前供給價格。所以商人們在心目中似乎隱隱有使用者成本這個概念存在，雖然他們沒有將之明確地表達出來。

　　如果補充成本很高，那麼，當過剩設備存在時，邊際使用者成本就將很低。而且，當過剩設備存在時，使用者成本及要素成本的邊際值不太會超過其平均值很多。如果以上兩個條件得到滿足，那麼，過剩設備的存在可能會使雇主們淨賠，也許淨賠很多。當過剩設備被吸收完時，這種淨賠狀況並非一下變成正常利潤。當過剩設備變少，使用者成本將逐漸增加；要素成本和使用者成本的邊際量與平均量的差可能也逐漸增加。

四

　　在馬歇爾的《經濟學原理》（第6版第360頁）一書中，使用者成本在「設備的額外折舊」的名義下包括在直接成本內。但書中沒有說明這一項如何計算，以及它的重要性是怎樣的。皮古教授在其《失業論》（第24頁）中明白地假定：在通常情況下，邊際產量所引起的資本設備的負投資可以忽略。他說：「如果產量不同，那麼設備的折舊和職員的開發也可隨之而不同，但我們忽略這些差異，因爲，一般說來，這些差異是次要的」⑤。確實，認爲在生產邊際上，資本設備的負投資爲零的觀念，爲近來許多經濟理論所共有。但是，只要我們認爲有必要

明確地解釋一個工廠的供給價格的涵義，全部的問題就要提出來了。

根據上面的理由，閑置設備的維持成本經常可以減低邊際使用者成本，尤其是在被預期持續很久的衰退期，情況更是如此。但是，很低的邊際使用者成本，並不是短時期必有的特徵，而是以下一些特殊狀況的特徵：一種是閑置時維持費恰恰很高的設備類型；另一種是以設備很快過時或過剩很多——尤其是有一大部分相當新的設備時——爲特徵的不均衡狀態。

如果是原材料，顯然有必要計算使用者成本。如果一噸銅今日用完，明日不能再用，那麼這噸銅留待明日用時所可能具有的價值，必須計算在邊際成本中。但銅只是一個特例；只要將資本設備用於生產，都會有類似情況發生。把原料與固定資本嚴格劃分，由使用原料所引起的負投資必須計算到，但由使用固定資本所引起的負投資則可忽略。這個假定與事實不符，尤其是在正常情況下。因爲在正常情況下，每年都有一些舊得不能再用的設備需要更換；設備的使用，縮短了必須重置的日期。

使用者成本與補充成本這兩個概念的長處是，它們都適用於運用資本、流動資本和固定資本。原料與固定資本的重要區別，不在於它們對使用者成本與補充成本的感應性不同，而在於下面的事實：流動資本的收益只是一個單項，而具有耐久性並因此只能逐漸用完的固定資本，其收益卻是一串列數，一串由使用者成本和在一個連續的時期中獲得的利潤所構成的列數。

---

⑤　（引自上一頁）①郝特雷先生指出，皮谷教授所謂供給價格，其實就是邊際勞動力成本，見《經濟》1934 年 5 月號，第 145 頁。郝特雷認爲這點對皮谷的認證很不利。

第七章　再論儲蓄與投資的意義

一

　　在上一章中，**儲蓄**和**投資**被我們定義爲兩個必要相等的量，因爲，從社會整體來看，它們只是同一事物的不同方面。但是，有幾個當代作者（包括在寫《貨幣論》時的我本人）對這兩個術語下了特別的定義，根據這個定義，儲蓄與投資未必相等。其他一些人則假定這兩者可能不相等，但在他們的討論之前根本未對這兩個術語下過任何定義。因此，爲了使前面的討論與其他的對這兩個術語的討論聯繫起來，將這兩個術語的一些流行用法作一分類，將是一件有益的事。

　　據我所知，每個人都同意儲蓄的意思就是所得與消費的差。如果不是這個意思，那一定會帶來許多不便和誤解。關於支出的意思也不存在任何重大的分歧。這樣，術語用法的差別不是出於**投資**定義的不同就是出於**所得**定義的不同。

二

　　讓我們首先討論一下**投資**。在通俗用法中，投資常常是指一個人或一個法人對一個舊的或新的資產的購買。偶爾，這個術語可能專門指在證劵交易市場上對一項資產的購買。但是，對房產、機器或一批

製成品或半製成品的購買，我們也一樣稱爲投資。一般而言，作爲區別於再投資的新投資，是指從所得中購買一項資本資產。如果我們把一項投資的出售視爲負投資，那麼我的定義就與通俗用法相符；因爲舊投資的交換必然相互抵銷。我們固然必須顧及債務的產生與清償(包括信用或貨幣數量的改變)，但從社會全體而論，總債權的增加與減少一定恰等於總債務的增加或減少，所以在討論總投資時，這個因素已相互抵銷了。這樣，假設通俗意義上的所得相當於我們所說的淨所得，那麼通俗意義上的總投資就相當於我們所說的淨投資，即一切資本設備的淨增益；其中對於在計算淨所得時要考慮到的舊資本設備的價值變化，我們已考慮到了。

因此，如此定義的投資包括了資本設備的增益，不管所增的是固定資本、運用資本或流動資本；而且定義的重大差別（投資與淨投資的差別除外）是由於一個或更多的這些範疇從投資中排除出去所造成的。

例如，對流動資本的改變，即對未出售的存貨量的意外增減非常看重的郝特雷先生就提出了一個把這種變動排除在投資之外的關於投資的可能定義。在這種情況下，儲蓄與投資就是未出售的存貨量的意外增加，也就是流動資本的增加。郝特雷先生沒有充分說服我們去確信這就是應強調的因素；因爲它把所有著重點都放在糾正不測之變上了，而忽視了意料中（不論正確與否）的變化。郝特雷先生認爲雇主每天對產量規模的決定，是隨著前一天的規模並參考未售存貨量的變化而變化的。如果是消費品，那麼未出售存貨量的變化肯定對雇主決策有重大影響。但是影響雇主決策的還有其他因素，我看不出有什麼目的需要我們排斥這一點；因此，我寧願強調有效需要的全部變化，而不僅僅強調有效需要的局部改變——它反映了上一階段未出售存貨的增減。而且，如果是固定資本，就對生產的影響力而言，其未用能

力的增減而未出售存貨的增減是相當的。我不太淸楚郝特雷先生的方法如何處理這個至少是同樣重要的因素的。

　　奧地利學派所使用的資本形式和資本消費這兩個名詞的意義看來與上述投資與負投資，或淨投資與淨負投資的意義不同。在某種情況下，根據我們的定義，資本設備的價值顯然並未減少，但在奧地利學派看來，似乎可以發生資本消費。然而，我尚未發現在什麼地方這些術語的意義得到明晰的說明。例如，主張在生產時期延長時就有資本形成的發生這一命題並沒有將事情推進多少。

三

　　我們接下來討論儲蓄與投資的差別，這種差別是由所得、因而也就是由所得與消費的差的特殊定義所引起的。我自己在《貨幣論》中對這些名詞的用法就是一個例子。我在上面第六章第一節末段已解釋過了，《貨幣論》中的所得與我現在所講的所得不同，因爲在計算前者時，我並不以實得利潤爲雇主所得，而用（某種意義的）「正常利潤」作爲他們的所得。因此，儲蓄超過投資，我是指在當前生產規模下，雇主從資本設備的所有權上可以取得的利潤少於正常利潤；至於儲蓄超過投資的量的增大，我是指實際利潤正在減低，以使雇主們有縮小產量的念頭。

　　正如我現在所認爲的那樣，就業量（最終也就是產量和實際所得量）由雇主決定，雇主的動機在於努力使現在和將來的利潤實現最大化（雇主設法在其所有的設備的壽命年限內從設備上取得最大報酬，這就是核算使用者成本的依據）；可以使雇主利潤最大化的就業量，取決於爲需求函數，後者又取決於雇主在種種假設之下可以從消費和投資中取得的預期收益。在《貨幣論》中，當時所定義的投資與儲蓄的

差的**改變**是用來指利潤的改變，但我在書中沒有明確劃分預期結果與實得結果。①當時我認爲，如果投資與儲蓄的差額改變，那麼產量也隨著改變，前者是後者的原動力。我現在的新觀點雖然我自以爲比較正確和有啓發性，其實只是舊觀點的自然演進。如果用我《貨幣論》中所用語言來表達的話，那麼我的新觀點便是：以前的就業量與產量如果被給定，那麼，對投資與儲蓄的差額將增加的預期，將導致雇主增加其就業量與產量。我的新舊觀點的意義在於它們都努力指明：就業量決定於雇主所預期的有效需求；《貨幣論》中所說的投資減儲蓄的差額的擴大，就是有效需求增加的一種指示。按這裡提出的新觀點的標準來看，《貨幣論》中的這些內容自然顯得十分混亂和不完全。

羅伯森(D. H. Robertson)先生曾將今天所得定爲**昨天**消費**加**投資，這樣，今天的儲蓄按他的意思即昨天的投資加上昨天消費與今天消費的差。根據這個定義，儲蓄超過投資，就是昨天的所得（在我所說的意義上，超過今天的所得。所以他所說的儲蓄超過投資與我所說的所得正在降低，意義完全一樣。換句話說，他所謂儲蓄過多，恰等於我所謂所得降低。如果今天的預期常決定於昨天的實得結果，那麼今天的有效求將等於昨天的所得。所以，羅伯森所用方法雖然與我不同，但我們都想區別所得與有效需求②——在因果分析上，這是異常重要的區別。

---

①在這本書我認爲雇主對利潤的當前預期，決定於當前的實際利潤。

②參閱羅伯森先生〈儲蓄和貯藏〉一文，載《經濟學雜誌》1933 年 9 月號，第 399
　頁；以及羅伯森、郝特雷和我三人間的討論，載《經濟學雜誌》1933 年 12 月號，
　第 658 頁。

四

接下來我們討論一些與「強迫儲蓄」(forced saving)這一名詞有關的許多更爲含糊的觀念。在這些觀念中發現任何明確意義了嗎？在《貨幣論》(第一冊，第 171 頁注釋)中我曾提到這個名詞的早期用法，並認爲這些用法與我當時所說的投資與儲蓄的差別有點接近。現在我不再敢確言二者的接近性是否像我當時設想的那麼大。無論如何，我確信，「強迫儲蓄」和近來一些人（如海耶克教授或羅賓斯教授）所用類似名詞，與我在《貨幣論》中所講的投資與儲蓄的差，並無多少關係。雖然這些學者沒有明白說明其所用名詞的意義，但我們可以知道，他們所講的「強迫儲蓄」，是由貨幣數量或銀行信用的變化所直接導致的一種現象，而且就是以這種變化的大小來衡量強迫儲蓄的多少。

顯然，產量和就業量的改變，確實將導致以工資單位衡量的所得的變化；工資單位的變化將導致債務人與債權人之間的所得再分配，和以貨幣來衡量的總所得的變化。在以上任何一種情況下，都會有儲蓄量的改變。但是這種儲蓄量的改變，並不較之由於其他環境的改變所引起的儲蓄量的改變更有「強迫性」；而且我們也沒有辦法區別一種情況與另一種情況，除非我們用某種情況下的儲蓄量作爲標準。而且，正如我們將看到的，起因於貨幣量的給定改變的總儲蓄量的變化，是高度多樣化的，並依賴於許多其他因素。

因而，在我們規定一標準儲蓄量以前，「強迫儲蓄」沒有意義。如果我們以充分就業狀態下的儲蓄量爲標準(這似乎是合理的標準)，那麼上述定義將變成「強迫儲蓄是實際儲蓄減少長期均衡中充分就業狀態下的儲蓄量的差額。」這個定義很有意義，但按這個標準，儲蓄強迫得過量，將是非常稀少、非常不穩定的現象；強迫儲蓄**不足**倒是常態。

　　海耶克教授在其有趣的「強迫儲蓄學說的發展」③一文中指出，這是這個名詞的原義。「強迫儲蓄」或「強迫節儉」原是邊沁(J. Bentham)的概念。邊沁明確說明，他先假定「每個人都已就業，而且所就之業對於社會最有利」。然後設想：如果在這種狀況下，貨幣數量——相對於可以出售的商品數量而言——相對增加，那麼將發生什麼後果④。邊沁指出，在這種情況下，實質所得不會增加，結果，過渡時期的額外投資將引起「以犧牲國民幸福和國家正義爲代價」的強迫節儉。十九世紀所有討論到這一問題的學者，心中都有同樣觀念，雖然不一定明白說出來。不過要把這個非常清楚的概念推廣到非充分就業狀態，則有一些困難。當然，如果就業量增加，而基本設備不增加，那麼，由於報酬遞減律，已就業者的實質所得將會減少；但是想把這種損失與就業量增加時可能有的投資增加聯繫起來，恐怕不會有多大結果。無論如何，我還不知道對「強迫儲蓄」有興趣的現代學者曾嘗試把這個概念推廣到就業增長時的情況。一般說來，他們似乎忽視了一個事實：要把邊沁的強迫節儉概念推廣到非充分就業的情景，需要有一些解釋和說明。

五

　　根據儲蓄與投資的明瞭意義而認爲它們相互有別的觀念十分盛行，我認爲這一點可以用光學上的錯視來解釋：存款者與銀行的關係實際上是一種兩面的交易，而這一點常被誤認爲一種單面交易。人們以爲存款者與其銀行可以互相串通、變一手法，從而使儲蓄消失於銀

---

③《經濟學季刊》1932 年 11 月號，第 123 頁。

④同上，第 125 頁。

行體系之中，不再用於投資；或者以爲銀行體系可以使投資發生而沒有儲蓄與之相應。但是，一個人要儲蓄，他不可能不取得一項資產，不論是現金、債權或資本；一個人要取得一項以前沒有的資產，也不外乎來自兩個途徑：要嘛社會上新產了一件資產，價值與他的儲蓄相等；要嘛有人把他原有的、價值相等的一件資產脫手。在第一種情況下，有儲蓄就有新投資與之相應；在第二種情況下，有人儲蓄，有人負儲蓄，二者價值相等。第二人之所以損失其財富，一定是因爲他的消費超過了所得，而不是因爲他的資本蒙受了資本帳上的損失。因爲現在的問題並不在於他資本的原有價值是否受了損失，而是於他依當前價值出售資產後，並不以此轉購其他財富，卻用於消費；這就是說，他的當前消費超過了當前所得。而且，如果銀行體系把一資產脫手，則一定有人把現金脫手。因此第一個人與他人的儲蓄總量，必等於本期新投資。

認爲銀行制度可以創造信用、產生投資，而沒有眞正的儲蓄與投資與之相應的觀念，只看到了銀行信用增加時所產生的後果的一部分，而未見到其全部。假設銀行體系並不減少其現有信用量而創造額外信用授與一個雇主，這個雇主因之而增加本期投資；而且如果沒有這項額外信用也就沒有額外投資，那麼，所得一定增加，在正常情況下其增加量常**超過**投資增加量。而且，除非在充分就業情形下，否則實際所得與貨幣所得都同時增加。公衆可以「自由選擇」，如何把所得增量分配於儲蓄與消費；而且雇主實現其借債以增加投資的願望的速度也不可能快於公衆決定增加其儲蓄的速度（除非這項投資是對其他雇主已作投資的替代）。而且，這樣產生的儲蓄與任何其他儲蓄一樣眞實。沒有人會被迫持有由銀行新信譽所帶來的新增貨幣，除非他是有意要持有更多的貨幣而不是其他形式的財富。但就業量、所得和價格不能不變動，以互相適應，所以在新情況下有些人確實選擇持有這種新增

貨幣。確實，在一特定方向的投資與未曾預料的增長，可能會給總儲蓄率和總投資率帶來不規則性，但如果這一點已被充分預料到，那麼它也就不會發生。我們還承認，當銀行信用增加時，可以引起三種趨勢：(1)產量增加，(2)邊際生產品的以工資單位計算的價值增加（由於報酬遞減律的關係，這只是產量增加時必有的現象），以及(3)以貨幣計算的工資單位的增加（因為這是就業改善的經常伴隨物）；而且這些趨勢可以影響到實質所得在不同集團間的分配。但這些趨勢都是產量增加這一狀態本身的特徵，如果產量的增加並非由於銀行信用的增加而由於其他動力，那麼以上趨勢仍然存在。要避免這些趨勢，只有避免任何可以改善就業的行動過程。然而，以上許多內容都是以後討論所要得出的結論，這裡提前應用了。

這樣，主張儲蓄總是引起投資的舊觀點，雖然不夠完全或易被誤解，但在形式上比主張可以有沒有投資的儲蓄或沒有「真正」儲蓄的投資的新觀點要健全一點。舊觀點的錯誤在於由此可推出這樣的看法：當個人作了儲蓄時，總投資也將作同量增加。個人儲蓄可以增加個人財富，這一點是不錯的；但由此推論說個人儲蓄也可以增加總財富，則忽視了這樣一種可能性：個人的儲蓄行為可能會影響到其他人的儲蓄，從而影響其他人的財富。

儲蓄與投資相等，而個人似乎又擁有選擇儲蓄的「自由意志」——不論他自己或別人可能投資於什麼，這二者的和諧一致主要基於儲蓄——和消費一樣——是一個具有兩面性的事。因為，儘管他自己的儲蓄量不可能對其所得有任何重大影響，但他的消費量卻會對他人的所得產生影響，這使得每個人都同時儲蓄一特定數目成為不可能。任何通過減少消費而達到企圖必定自招失敗。自然，社會全體的儲蓄也同樣不能**低於**當前投資量，因為這一企圖將必然把所得提高到這樣一種水平，在這個水平上，個人願意儲蓄的量的總和等於投資量。

　　以上內容非常類似於這樣一個命題：每人都有隨時改變其所持貨幣量的自由權，但各人所持貨幣量的總和又正好等於銀行體系所創造的現金量。在這後一者情況下數量的相等是由這樣一個事實所引起的：人們自願持有的貨幣量並非與他們的所得或商品（主要是證券）價格無關，購買商品即不持有貨幣。因而，所得與物價必然改變，達到一個新的水平，使得個人自願持有的貨幣量的總和，正好等於銀行體系所創造的貨幣量。確實，這是貨幣理論的基本命題。

　　這兩個命題都僅僅來自這樣一個事實，不可能存在沒有賣主的買主或沒有買主的賣主。其交易量在市場上十分微小的個人，儘管可以安全地忽視需求的雙面性，但當我們涉及到總需求時，忽視這一點就是荒謬之舉了。這正是總體經濟行為的理論與個體經濟行為的理論的重大區別，在後者我們可以假定：個體自身的需要的改變並不影響其所得。

【第三篇】
消費傾向

第八章　消費傾向：㈠客觀因素

一

現在我們可以回到我們的主題，因為在第一篇結束時，為了討論若干關於方法和定義的問題將主題打斷了。我們分析的最終目的是要發現什麼決定就業量。到目前為止，我們只建立了一個初步的結論，即就業量決定於總供給函數與總需求函數之交點。然而，總供給函數主要是取決於供給的物質狀況，其中的理由大都已眾所周知。函數的形式，人們也許並不熟悉，但是函數的主要因素並不新奇。在第二十章中，我們還將回到總供給函數，用就業函數這個名稱來討論它的反函數，不過，一般而論，總需求函數所起的作用為人們所忽視，因此，我們將在第三篇和第四篇中專門討論總需求函數。

總需求函數論及與任一給定就業水平相關聯的預期可獲得的「收益」。這一「收益」是兩個數量之和──其一為給定的就業量下的消費量，其二為該就業量下的投資量。決定這兩個數量的因素是截然不同的。本篇將討論前者，即當就業在某特定水平時，決定消費量的因素是什麼？第四篇則進而討論決定投資量的因素。

我們在這裡涉及的問題是，當就業量為某一特定水平時，用於消費的為多少？嚴格地說，我們討論的函數應當把消費量(C)與就業量(N)聯繫起來。但是為了方便起見，們可以用一個稍為不同的函數來表示，

即用 C_w（以工資單位計算的消費量）來表示 C，用 Y_w（以工資單位
計算的、相當於某就業水平的所得）來表示 N。無論在什麼情況下人
們都可以指責爲一種方法，即 Y_w 並不總是 N 的唯一函數。Y_w 和 N 兩
者之間的關係可能要受到就業性質的影響（儘管程度不深）。就是說，
給定總就業量 N，由於各職業中不同的分配方法（因爲各職業的就業
函數的形狀不同——這一點在以下第 20 章中再討論）可能得出不同的
Y_w 值。在可能的情況下，我們要特別考慮這個因素。但一般而論，可
大致把 Y_w 看作是由 N 唯一決定的。因此我們將消費傾向定義爲 Y_w
（以工資單位計算的特定所得水平）和 C_w（該所得中用於消費支出
量）之間的函數關係 X，寫成

$$C_w = X(Y_w) \text{ 或 } C = W \cdot X(Y_w)$$

一個社會的消費量，顯然取決於下列因素：（ⅰ）所得量；（ⅱ）其
他客觀環境；（ⅲ）該社會組織者的主觀需要、心理傾向、個人習慣以
及所得在他們之間的分配的原則（當產量增加時，分配辦法也許會有
變動）。鑒於消費的各種動機相互作用，試圖按其進行分類，難免有失
眞的危險。然而爲了廓清思路，我們可以把它們劃分爲主觀因素和客
觀因素兩大類分別加以考察。主觀因素（我們將在下一章進行更詳細
的考察）包括人性的心理特徵、社會習俗與社會體制。後兩者雖然可
以變動，但除非在非常時期或革命的情況下短時期內是不太可能有重
大變化的。當進行歷史的研究，或以一種社會制度與另一種不同類型
的社會制度進行比較時，我們就必須注意到主觀因素的變化是如何影
響消費傾向的，但在下文中，我們一般將主觀因素看成是已知的，假
定消費傾向僅隨著客觀因素的變化而變化。

二

影響消費傾向的客觀因素，主要有如下幾個方面：

(1)工資單位的變化／消費量(C)與其說是貨幣所得的函數，不如說是（在某種意義上的）實質所得的函數更爲確當。假如技術水平、興趣愛好以及決定所得分配的社會條件不變，一個人的實質所得，將隨著他擁有的勞力單位(lobour—units)的增減而增減，換言之，隨著用工資單位計算的所得的增減而增減，雖然當總產量變化時，由於報酬遞減規律的作用，他的實質所得的增加，不如他以工資單位計算的所得增長得快。因此，我們大體上可以有理由假設，假如工資單位變化，就業量不變，其消費支出——與物價一樣——將與工資單位的變化成正比例變化。雖然在某種情形下，我們必須考慮到，由於工資單位的變化引起的在企業家與食利階級之間特定的實質所得的分配的變化對總消費量可能會有的影響。除此之外，我們已經考慮到工資單位的變化這個因素，因爲在給消費傾向下定義時，消費和所得都是用工資單位來計算的。

(2)所得與淨所得之間差別的變化／以上已經指出，消費量與其說取決於所得，還不如說取決於淨所得。因爲按照定義，一個人在決定消費多少時，他想到的主要是淨所得。在一個特定的狀況下，兩者之間也許有一穩定的關係，在某種意義上也就是說，有一種唯一的函數，聯繫著所得與淨所得兩者。但如果情況不是這樣，所得的變化並不影響淨所得，則該部分所得的變化必須略而不計，因爲它對消費不產生影響。同理，當淨所得的變化並不在所得中反映出來時，我們就必須考慮到淨所得的變化，然而，除非在例外的情況下，我懷疑這個因素的實際重要性。在本章的以後部分我們將回過頭來更充分地討論所得

與淨所得的差別對消費的影響。

(3)在計算淨所得時未加考慮的資本值的意外變化／這些意外變化，在改變消費傾向時，比所得與淨所得之間的差別重要得多。因爲這些所得量之間不存在著穩定的或規則性的關係。財富擁有階層的消費，也許對於財富貨幣值的意外變化格外敏感。這個應該被看成是在短時間內引起消費傾向變化的重要因素之一。

(4)時間貼現率（即現期物品與未來物品的交換比例）的變化／時間貼現率與利率是不完全相同的。因爲在可以預期的範圍內，它會考慮到貨幣購買力未來的變化，也必須考慮到各種各樣的風險，例如對壽命不長，不能享受未來物品或沒收性的賦稅等等的估計。然而作爲一個近似值，我們可以用利率替代貼現率。

這個因素對於特定所得中的消費比例到底有多少影響，確實很值得懷疑。古典學派認爲①，利率是使儲蓄供需相等的因素。我們容易推論出，假設其他條件不變，消費支出與利率的變動方向相反，即利率增加時，消費量會明顯減少。不過長期以來大家已有這樣的共識，利率的變動對於現期消費量的影響是複雜而不確定的，須看幾種相反力量的大小強弱而定。例如當利率提高時，一些人會儲蓄得更多，因爲利息所得增加，而另一些人反而會減少儲蓄，因爲較少的儲蓄已經可以得到一定的利息所得。長時期中，如果利率變動較大，可能導致社會習慣改變很多，從而影響主觀的消費傾向──除非有實際經驗，否則對影響消費傾向的方向到底如何，很難下結論。通常在短期內，利率的變動大致不會直接影響消費，既不會使其增加，也不會使其減少。假如總所得與以前相同，許多人不會因爲利率從 5 釐跌到 4 釐就改變自己的生活方式。雖然方向不盡相同，但間接的影響也許要多些。

───────────

①參閱以下第十四章。

對於特定所得的消費量，最重要的影響也許是，當利率改變時，證券及其他資產會有增值或貶值的現象。設當一個人的資本值有意外的增值時，他自然想增加他目前的消費。反之，假如他蒙受資本損失時，雖然就所得而言不比以前少，他還是會減少當前的消費，而這種間接的影響，我們已在(3)中論及。除此之外，我認為，經驗告訴我們的主要結論是，如果所得不變，短期內利率的變動超乎尋常地大，它對個人消費產生的影響是次要的、微乎其微的，當利率確實跌得很低時，一筆款項所可購得的年金與由該款項所可吸取的利息（年息）兩者比例增大，這時人們情願購買年金，以作防老之用，這也許就是負儲蓄的重要源泉。

也有一種反常情況，由於未來發展的極度不確定或將來不知會發生什麼事情，這時消費傾向的影響極大，也許應該歸在本類中。

(5)財政政策的變化／就個人的儲蓄動機而言，確實取決於他所預期的未來收益，但很明顯，個人的儲蓄動機，不僅取決於利率，而且還取決於政府的財政政策。所得稅（尤其是他們鄙視「不勞而獲」的所得）、資本利潤稅、遺產稅等都和利率一樣，與儲蓄有關。在一般人心目中，財政政策的可能變化範圍，至少要比利率自身大。如果財政政策被政府蓄意作為更平均地分配所得的手段時，那麼財政政策對消費傾向的影響肯定會更大。②

我們還必須注意到，政府從平常的賦稅中，用償債基金(sinking funds)償還國債，這會對總消費傾向產生影響。這些償債基金是集體儲蓄的一種。因此大量的償債政策改為相反的償債基金政策（或以後者改前者），從而引起有效需求劇烈縮減（或顯著增加）。

---

②我們可能附帶提到，財政政策對財富增加所具有的影響，許多人有重大誤解。因此在第四篇利率論之前，我們不能充分地討論它。

(6)個人就其當前所得與預期未來所得進行比較時，預期這個因素發生變化／爲形式上完備起見，我們必須把這個因素考慮進去。這個因素對特定的個人消費傾向會產生很大的影響，但對於整個社會，大概會互相抵銷。而且，一般而論，這個因素太不確定以致於不可能產生什麼影響。

因此我們得出這樣一個結論：在一給定的情況下，假如我們取消工資單位（用貨幣表示）的變化，則消費傾向大概是一個相當穩定的函數。資本價值的意外變化將使消費傾向產生變化，利率和財政政策的重大變動也將使消費傾向發生變化，但除此以外，其他可以影響消費傾向的客觀因素雖然不可忽視，但在通常情況下很可能不至於有多大的重要性。

事實上，假定一般經濟條件不變，則消費支出(以工資單位計算)基本上取決於產量和就業量，這是爲什麼可以用一個籠統的「消費傾向」函數來概括其他因素的比較恰當的理由。與此同時其他因素可能改變(這一點不能忘記)，但在通常情況下，總需求函數中的消費部分是以總所得（以工資單位計算）爲其主要變量的。

三

假定消費傾向是一個相當穩定的函數，那麼在通常情況下，總消費量多取決於總所得量(二者都以工資單位計算)。如果消費傾向自身的變化可能看成是次要的影響因素，那麼消費傾向函數的正常形狀是什麼呢？

無論是從先驗的人性，還是從經驗中的具體事實看，有一條基本心理規律，我們可以確信不疑。在通常情況下並且平均而論，人們的消費隨著所得的增加而增加。但消費的增加不如所得的增加來得多。

這就是說，用 C_w 代表消費量，用 Y_w 代表所得（兩者皆以工資單位計算）。$\triangle\, C_w$ 與 $\triangle\, Y_w$ 符號相同，但小於 $\triangle\, Y_w$，換句話說，$\dfrac{dC_w}{dY_w}$ 是函數，但小於一。

尤其是我們的研究對象爲短時期時，以上所述很適用。例如在短期內，假如就業量發生周期性變化，但人們的習慣——與較持久的心理傾向不同——還沒有足夠的時間，去適應客觀環境的變化。一個人爲了維持他所習慣的生活標準，通常首先要求得到所得，然後才願意將他的實質所得與維持習慣標準的費用之差額儲蓄起來。即使他由於所得的變化而調整消費支出，但在短期內，不會做得如此完美。這樣，所得增加時，儲蓄也增加；所得減少時，儲蓄也減少。前者比後者的增減幅度更大。

但是，除了所得水平的短期變動之外，還有一點是很明顯的，在通常情況下，所得的絕對量越大，所得與消費之間的差額也就越大。因此一個人滿足他個人及家庭的眼前基本需要的願望比他積累錢財的願望強烈得多，除非他的生活已達到相當的舒適程度，並留有餘力，才有可能積聚錢財。一般而論，我們可以得出這樣的結論，即如果實質所得增加時，那麼儲蓄在所得中所占的比例也將隨之增加。但是無論儲蓄所占的比例是否增加，我們都認爲，任何現代社會都適用這條基本心理規律：即當實質所得增加時，其消費量不會以同一絕對量增加，所以絕對量增大的必定是儲蓄，除非同時其他的因素發生了異常的、重大的變化。我們以後還將知道③，經濟制度的穩定主要取決於這條規律的實際作用。也就是說，就業量（即總所得）增加時，不必用所有的就業量去滿足消費增量。

另一方面，當所得因就業量而減少，並且減少的程度很大時，不

---

③參閱以下第 215 頁。

僅一些個人和一些機構將動用其情況較好時所積累的後備金作消費之用，使其消費超過所得，而且政府也能如此。因爲政府也可以自願地或非自願地陷入超支的境地，或通過舉債來提供失業救濟。當就業量降到一個低水平時，總消費的減少要比實質所得的減少來得小，這既可能是因爲個人習慣性行爲，也可能是因爲政府政策的導向。這就可以解釋，爲什麼新的均衡位置，在相當溫和的變動範圍內即可達到。否則就業量與所得的下降，一旦開始就可能繼續降到極端程度。

我們可以看到，這個簡單的原則可以得到與以前相同的結論，即：就業量只能隨著投資量的增加而增加，除非消費傾向確實有變化。而當就業量增加時，消費者支出的增加將小於總供給價格的增加，所以除非增加投資去填補這個差額，否則增加就業量將被證明無利可圖。

四

我們切不可低估這樣一個事實的重要性，這個事實在前面已經論及，這就是：就業量固然是預期消費與預期投資的函數。但是，假設其他條件不變，消費量就是淨所得的函數，即淨投資的函數（淨所得等於消費量加淨投資）。換句話說，設在計算淨所得時，被認爲必須提取的準備金越多，那麼一特定的投資量對消費量產生的積極影響就越小，從而對就業量的積極影響也越小。

當全部準備金(或補充成本)，在目前實際上用於維持現有資本設備時，這一點大概不會被忽視。但當準備金超過當前實際維修費用時，它對就業量產生影響的實際結果並不總是被人們充分瞭解。因爲超過的部分，既不會直接引起當前投資，也不會用於當前消費，因而，必須由新投資彌補。新投資的需求與當前舊設備的損耗完全沒有關係，而準備金則是爲當前舊設備的損耗而設的，其結果可用於產生當前所

得的新投資相應減少，因此，如果要維持一特定的就業量，那麼新投資需求就必須更強烈。而且，以上所述同樣適用於使用者成本的損耗，只要其損耗在實際上沒有得到補償。

設有一房屋，在沒有拆毀或棄置不用之前，可以繼續居住。如果從全年的租金中，提出一筆數目的基金用於房屋折舊，但房主既不用於維修房屋，又不把它作爲淨所得而用於消費。那麼這種基金，無論是 U 的組成部分還是 V 的組成部分，在整個房屋的壽命中，都將不利於就業。但在這房屋必須重建時，上述問題就立即完美解決了。

在靜態經濟中，所有這些都不值一提。每年舊房屋的折舊費恰好與新房屋的建造費完全相等，舊房屋壽終的速度等於新房屋的建造速度。但在非靜態經濟中，特別是在剛剛出現過對長壽資產的狂熱投資時期內，這些因素就可能十分嚴重。因爲在這種情況下：雇主由於現有資本設備必須維修和更新，需提出一筆準備基金，雖然隨著時間的流逝，這些設備會有損壞，但要花費接近全部準備基金去進行修理更新的日子還未到來，所以新投資中有很大一部分要爲準備金所吸收。結果所得不能提高，只能低得與低的總淨投資相適應。在舊設備需要重置（這是提出折舊基金的目的）之前的一段很長的時間內，折舊基金便將消費能力的消費者那裡抽去了。換句話說，折舊基金在這裡的作用是減少當前有效需求。只有在舊設備事實上進行更新時才增加有效需求。如果「財政穩健政策」，即提取折舊基金**遠遠**超過該設備的實際損耗，那麼忽視的影響可以非常重要。

例如美國，在 1929 年，由於資本在過去的五年中迅速擴張，償債基金和折舊基金都很大，而工廠的設備並不需要更新，儘管新投資的數量巨大，但極大部分被這些準備基金所吸收。幾乎沒有希望找出更多的新投資，爲人們在充分就業條件下的富裕社會中願意提供的新儲蓄提供出路。單是這個因素就足以引起不景氣。更進一步，在整個不

景氣時期,那些大公司還在盡自己的能力,繼續實行「財政穩健政策」:
這爲早日復興設立了一個嚴重的障礙。

　　再以現在(1935年)的英國爲例。戰後大量的住宅建築和其他新投
資,導致償債基金遠遠超過任何當前設備的維修費和重置費。這種傾
向因投資者曾是地方當局或公共機關而大爲強化,因爲他們遵循「健
全」財政的原則,往往要求在更新設備之日到來以前,就將原來的成
本全部提清。結果是,即使私人準備花費他的全部淨所得,要恢復充
分就業極其困難。因爲同時在另一方面,官方和半官方機關正依法提
出完全無新投資與之相應的大量償債基金。地方當局全年提出的償債
基金,我認爲④,是超過地方當局用於新發展投資的半數的⑤。不清
楚衛生部在生硬地堅持地方當局必須提出償債基金時,是否知道它會
使失業問題更加嚴重? 由建築協會(Building Societies)貸款給予人,
以幫助他建造自己的房屋 :房主的企圖是十分清楚的,他想在自己的
房屋還沒有破損之前償還債務 :刺激房主比平常更多的儲蓄。這個因
素被考慮,也許是因爲它直接減少消費傾向,而不是影響淨所得。在
建築協會的貸款償還數中,舉出幾個實際數字,在1925年爲24,000,
000鎊,到1933年增加到68,000,000鎊,而1933年的新貸款爲103,
000,000鎊。今天也許貸款償還數更大。由產量統計顯示的是投資而不
是淨投資,這一點,考林·克拉克(Colin Clark)先生在《國民所得1924
～1931年》一書中,就很有說服力地提出來了。他也指出:折舊等等,
通常在投資值中占很大的比例。例如他估計大不列顛1928年至1931

---

④由於認爲實際數字是無關緊要的,所以要在兩年或兩年以後才公佈。

⑤以1929年4月到1930年3月這一年中,地方當局花費的資本,共爲87,000,000
　鎊,其中償債基金占37,000,000鎊。在1932年4月到1933年3月這一年中,
　其相應數爲81,000,000鎊和46,000,000鎊。

年的投資與淨投資如下：⑥（雖然他講的毛投資，包括一部分使用者成本，也許比我講的投資大，他講的淨投資與我講的淨投資，到底是不是一致，也不清楚）：

	（百萬鎊）			
	1928	1929	1930	1931
毛投資－產量舊資本的折舊	791	731	620	482
	433	435	437	439
淨投資	358	296	183	43

　　庫茲涅茨(Kuznets)先生在統計美國 1919 年至 1933 年的毛資本形成(gross capital formation)（我稱之爲投資）時，也得到了相同的結論。事實上產量統計所得到的，一定是毛投資，而不是淨投資。庫茲涅茨也發現了從毛投資到淨投資的困難。他說：「從毛資本形成到淨資本形成的困難，在於改正現有耐用物品的消費量的困難：不僅僅是缺乏資料的困難。耐用品的年平均消費量的概念是十分模糊的。」⑦因此，他只能後退到：「假定廠商所簿記的折舊與損耗，能正確地表示已由廠商用掉的現有耐用物品的損耗量。」在另一方面，他根本不想方法去減少私人手中的房屋和其他耐用品的損耗量。有關美國，他得出的有趣結果概括如次頁。

　　上表清楚地告訴我們這樣的事實：在 1925～1929 年五年中，淨資本形成非常穩定，即使在經濟繁榮的後期，也只不過增加了 10%。雇

⑥參閱《國民收入》1924～1931 第 117 頁及第 138 頁。

⑦這些資料摘自國家經濟研究局(National Bureau of Economic Research)「公報」（第 52 號）。該公報摘錄了庫茲涅茨先生即將出版書中的主要結論。

主的服務、維修、保養、折舊與損耗的減少，即使在不景氣最嚴重的時期，也保持著很高的數字。但是庫茲涅茨的方法，肯定過分低估了折舊等的年增長。他認為年增長不到新的淨資本形成的 $1\frac{1}{2}$％。最重要的是，自 1929 年後，淨資本形成令人震驚地下跌，1932 年的數字，與 1925～1929 年五年的**平均**數比，不少於 95％。

在一定程度上，以上所述離題太遠。但我們強調這一點是重要的，假如一個社會擁有大量的資本，那麼在計算通常用於消費的淨所得時，必須從所得中扣除一大筆費用。倘若我們忽視這一點，即使公眾準備將淨所得中的很大部分用於消費，消費傾向還是遇到嚴重的障礙。

再重複一遍：消費是一切經濟活動的最終目的和唯一對象。就業機會必定受到總需求量的限制。總需求只可能來自現在消費或現在為將來消費作準備。我們能夠有利可圖地預先準備消費，不能推向遙遙無期的將來。作為一個社會要提供未來的消費，不能從理財的角度著眼，只能現在實實在在生產東西。鑒於我們的社會組織和商業組織，從財政上準備未來消費跟從物質上準備未來消費分割開來，以致使得前者的努力並不必然引起後者，在這場合，財政穩健政策容易使總需求減少，從而也損害了公共福利。這種例證舉不勝舉。而且，已經預先準備好的未來的消費越大，為尋找更多的未來消費作預先準備就越困難，我們對需求之源的現在消費的依賴程度也就越大。很不幸，所得越高，所得與消費之差距越大。我們將看到的是，如果想不出新辦法，這個難題將無法解決，除非讓失業足夠大，以致社會如此貧困，使得所得與消費的差額恰好等於在目前有利可圖的生產為準備未來消費所產生的產品價值。

問題又可這樣看。消費一部分由現時所產產品來滿足，一部分可以用以往所產產品來滿足，即由負投資來滿足。在消費由後者來滿足

	（單位：百萬美元）				
	1925	1926	1927	1928	1929
毛資本形成（商業存貨的淨改變，已考慮在內）	30,706	33,571	31,157	33,934	34,491
雇主的服務、維修、保養、折舊與損耗	7,685	8,288	8,223	8,481	9,010
淨資本形成（庫茲涅茨的定義）	23,021	25,283	22,934	25,453	25,481

	（百萬鎊）			
	1930	1931	1932	1933
毛資本形成（商業存貨的淨改變，已考慮在內）	27,538	18,721	7,780	14,879
雇主的服務、維修、保養、折舊與損耗	8,502	7,623	6,543	8,204
淨資本形成（庫茲涅茨的定義）	19,036	11,098	1,237	6,675

這一限度，當前消費需求就隨之減少，因爲一部分當前支出不再返回爲淨所得。反之，在這一時期生產的產品，如果生產它的目的是爲滿足繼後的消費，那麼當前需求就會增大。一切資本投資數字要變成負投資，所以怎樣使新資本投資總是大於負投資，以足夠充分地彌補淨所得與消費之間差額就成爲一個大問題，而且這個問題將隨著資本的增加而變得更困難。只有當人們預期**未來**消費支出會增加時，新資本投資超過負投資的情況下才會發生。其次我們都靠增加投資來維持今天的均衡，這便使得明日的均衡變得更困難。只有預料日後的消費傾向將增加，今天消費傾向的減少才符合公共利益。我們不禁想到「蜜蜂寓言」——明日的快樂，乃是今天可以嚴肅的必不可少的條件。

有一件奇怪的事情值得一提。如涉及到政府投資，例如政府建築道路或住宅等，一般人似乎認識到存在著這道最後的難關。人們之所以反對用政府投資來增加就業的理由，就是因爲這種計劃會爲將來增加麻煩。你會被問到:「當你把一個穩定的人口所期望得到的住宅、道路、市政廳、水電廠等等都建造起來以後，你還將做什麼呢?「不過一般人卻不大容易理解，私人投資或私人從事工業擴張會遇到同樣的困難。尤其是後者，因爲我們更容易看到，對廠房設備的需求，比對住宅的需求更容易滿足，它們只能吸收每個人很少一點錢。

妨礙我們清楚地瞭解這些問題的原因（許多有關資本的學術討論也是如此），在於我們沒有充分意識到，資本不能離開消費獨立存在。反之，如果消費傾向一經減低便成爲永久習慣，那麼，不僅消費需求將減少，資本需求也將減少。

第九章　消費傾向：㈡主觀因素

一

假如總所得（以工資單位計算）不變，上述客觀因素也不變，並給定一個所得，那麼影響其消費量的第二類因素就是那些決定消費多少的主觀的、社會的動機。然而，分析這些因素時，並沒有什麼新穎的觀點，我們只能列舉較重要的，不詳細討論。

一般有八種主要的，帶有主觀色彩的動機或對象。它們可能導致人們不把所得用於消費。它們是：

（ⅰ）建立一項準備金，以防意外事變。

（ⅱ）預防將來的個人或家庭的所得和需求與現在有所不同，如有關養老費、子女教育費、親屬扶養費等。

（ⅲ）享受利息和增值、即寧願現在少消費，以獲得將來較大的實物消費。

（ⅳ）享受逐漸增加的開支，因爲人的本能，是希望生活標準逐漸提高，而不是逐漸下降，即使享受能力也許會減低，也在所不惜。

（ⅴ）享受獨立感和能力感，雖然沒有清楚的想法、明確的目的和特殊的用途。

（ⅵ）獲得從事投機或從事事業的本錢。

（ⅶ）遺留財產給後代。

(viii) 滿足純粹的吝嗇欲，即雖然不合理，但卻一貫這樣抑制消費。

以上八種動機可稱為：謹慎、遠慮、算計、改善、獨立、管理、自豪與貪婪。相應的消費動機是享受、短見、慷慨、失算、炫耀和奢侈。

除了個人積累的儲蓄以外，還有大約占現代工業國家（如英國、美國）總儲蓄的三分之一到三分之二的所得，由中央、地方政府、各種社團及公司等儲蓄，它們的動機基本上類似個人儲蓄的動機，但不完全相同。主要有如下四點：

（ i ）管理動機——可以不必在市場上籌集資本而負債，就可以獲得從事將來投資的資本。

（ ii ）流動動力——獲得應付意外、困難和不景氣的流動資本。

（iii）改善動機——維持所得逐步增加。這樣可以使經理免遭責難，因為人們幾乎不能分辨，所得的增加到底是由於儲蓄，還是因為效率的提高。

（iv）謹慎動機——通過財政上推行穩健政策來解除對將來的擔憂，即使所提出的準備金超過使用者成本或補充成本，以便償還債務和註銷原成本的速度快於資產的實際損耗率的折舊率，而不是慢於它們。其動機的強度，主要取決於資本設備的數量與性質，以及生產技術變化的速度。

與這些動機相適應，人們常有一部分所得不用於消費的愛好，但也有些動機，常常使消費超過所得。以上所述的若干私人儲蓄的動機，在以後有負儲蓄與之對立。例如儲蓄是為家庭需要或防老，用舉債來進行失業救濟最好的被看成是負儲蓄。

這些動機的強度，將隨著我們所假定的社會經濟制度與經濟組織，隨著由種族、教育、成規、宗教及現行道德觀等原因所形成的習慣，隨著現在的希望與過去的經驗，隨著資本設備的多少與技術，隨著目

前財富的分配方法，以及建立的生活標準的不同，而發生重大的變化。
然而，本書的主題，除極個別的地方例外，不涉及長遠社會變革的後
果，不涉及長期社會進步的緩慢影響。我們將設主觀儲蓄動機和主觀
消費動機的主要背景不變。至於財富的分配，或多或少由在長時期內
相當穩定的社會結構所決定。它也被看成是一個因素。所以分配方法
只能在長時期內緩慢改變，在本書中被看成是已知的。

二

　　主觀的與社會的動機的主要背景變化得很緩慢，而在短期內利率
及其他客觀因素的變化影響不大，我們可以得出這樣的結論，在短期
內消費量的變化很大程度上取決於所得（以工資單位計算）的變化，
而不是取決於一特定所得量下的消費傾向的變化。

　　然而，我們必須防止這樣的誤解。以上的意思是利率的適度變動
對消費傾向的影響通常是很小的。但它不是說利率的變動對**實際**儲蓄
和**實際**消費量的影響很小。相反，利率的變動對實際儲蓄量的影響是
最重要的，但與人們通常設想的**方向相反**。即使提高利率會對減少消
費傾向有作用，會吸引大量的未來所得，我們也能肯定：利率提高，
將減少實際儲蓄量。因為總儲蓄由總投資決定，利率的提高（除非有
相對應的投資需要表的變動來抵銷）將減少投資，所以，利率的提高，
必定是將所得減少到儲蓄的減少與投資相等的水平。因為所得（絕對
量）的減少比投資量的減少來得大，所以我們確信，利率的提高，將
減少消費。但這並不是說儲蓄可以大幅度提高。相反的是儲蓄和消費
都將減少。

　　這樣，即使利率的提高可能引起一個社會在**特定所得**下的儲蓄量
的增加，我們也十分確信：利率的提高（假定投資需求表沒有發生有

利於投資的變動）將減少實際總儲蓄。根據同樣的推理，在其他情形
不變這個假設之下，我們還可以知道，利率提高時，所得將減少多少。
在這裡，所得必須減少（或被重新分配）到這樣的程度，即在現有消
費傾向下所得減少導致的儲蓄減少的數量恰好等於在現有資本邊際效
率下利率提高導致的投資減少的數量。這個問題將在下章詳細論述。

　　假如我們的所得不變，那麼利率的提高可能引誘我們更多地儲蓄。
但是，假如利率高得影響了投資，那麼我們的所得不會也不能不變。
這時所得必定下降，直到儲蓄的能力的減少足以抵銷高利率對儲蓄動
機的刺激。於是，越是有德行，越是有決心節儉，越是執行個人與國
家正統的財政政策，那麼當利率（相對於資本邊際效率來說）相對提
高時，我們的所得減少越大。頑固不化只能受到懲罰，而不會得到獎
賞，這是不可避免的。

　　這樣說，實際總儲蓄量與實際總消費量難道與謹慎、遠見、算計、
改善、獨立、管理、自豪及貪婪等動機毫無關係？難道美德與醜惡都
不相干？一切只取決於在計及資本邊際效率前提下，利率對促進投資
的有利程度的大小？①不，這未免言之過甚。例如利率調整到足以持
續地保持充分就業，美德將重新恢復其地位。——資本積累率取決於
消費傾向降低的速度。這樣我們可以再次發現，古典經濟學家們之所
以歌頌節儉的美德，是因為他們暗中假定：利率總是調整到保證持續
的充分就業。

---

①本書中有些段落，已經預先運用了本書第四篇的觀點。

第十章　邊際消費傾向和乘數

在第八章中，我們已經得出這個觀點：除非消費傾向變化，就業量只能隨投資的增加而增加。我們可以將這個思路進一步。在給定的條件下，我們可以在所得與投資之間，更簡單點，在總就業量與直接用於投資的就業量（我們將稱爲原就業量(primary employment)之間，建立一個確定的比例，稱之爲乘數(multiplier)。這一步是我們就業理論中必要的一步。因爲它可以使我們在消費傾向給定不變的條件下，在總就業量、總所得與投資量之間建立了一個確當的關係，乘數這個概念，最初是由孔恩(R. F. Kahn)先生引入經濟學理論的，見孔恩寫的〈國內投資與就業的關係〉一文(載《經濟學雜誌》〔*Economic Journal*〕1931 年 6 月號)。他這篇文章的基本觀點是：假設消費傾向在各種假設條件下（以及其他條件下）不變，我們設想金融機關及其他政府機關採取措施刺激或妨礙投資，那麼就業量的變化隨投資量的變化而變化。文章的目的是建立一般原則，用來估計淨投資的增量與由此引起的總就業增量之間的實際數量關係。但在引進乘數之前，爲方便起見，先引入邊際消費傾向這一概念。

一

在本書範圍內，實質所得變動的原因，僅限於在一特定資本設備上，就業量（即以勞動力單位計算）的變動，所以實質所得隨著勞動

力單位計算的就業量的增減而增減。假如，像我們一般假設的那樣，由於報酬遞減，設資本設備不變，就業量（以勞動力單位計算）增加時，所得（以工資單位計算）增加的比例將大於就業量增加的比例，而就業量增加的比例又將大於用實物（假如可能的話）計算的實質所得增加的比例。實質所得（以實物計算）和所得（以工資單位計算）將同時增加或減少（在短時期內，資本設備實際並未變化）。因此，用實物來計算實質所得，也許不能用數字來精確地表示它。用以工資單位計算的所得 Y_w 的變化來表示實質所得的變化，常常很方便。一般說來，在某種場合，我們絕不能忽視這樣的事實：Y_w 增加或減少的比例大於實質所得增減的比例。但是在另一些場合，我們也不能忽視這樣的事實：Y_w 和實質所得同時增減，可以互換。

當一個社會實質所得增加或減少時，其消費量也將隨著增減，但不如實質所得增減得那麼快。所以，標準的心理規律可以被譯成（的確不是絕對準確，還有些限制條件是明顯的，但為力求形式上的完整，列入這些限制條件也不困難）如下命題，$\triangle C_w$ 和 $\triangle Y_w$ 符號相同，但 $\triangle Y_w > \triangle C_w$，其中 C_w 是用工資單位計算的消費量。但只不過重複了本書中已經建立起的命題。讓我們定義 $\frac{dC_w}{dY_w}$ 邊際消費傾向。

這個數量相當重要。因為它告訴我們，再增加一個單位產量時，這個增量將如何在消費與投資之間分配。因為 $\triangle Y_w = \triangle C_w + \triangle I_w$，其中 $\triangle C_w$ 代表消費增量，$\triangle I_w$ 代表投資增量，所以我們可以寫成：$\triangle Y_w = k \triangle I_w$，其中 $1 - \frac{1}{k}$ 為邊際消費傾向。

我們稱 k 為**投資乘數**(investment multiplier)。它告訴我們，增加一個單位的總投資時，所得的增量將 k 倍於投資的增量。

二

孔恩先生的乘數與投資乘數有所不同，我們可以稱之爲就業乘數（employment multiplier），用 k′ 表示。因爲就業乘數是計算總就業量與投資行業一特定原始就業量增量之間的比率。就是說，假如投資增量爲 $\triangle I_w$，由此引起的投資業原始就業量增量爲 $\triangle N_2$，那麼總就業增量爲 $\triangle N = k′ \triangle N_2$。

在一般的情況下，我們沒有理由假定 $k = k′$。因爲我們不一定能夠假定各種不同的行業之間的總供給函數的有關部分的特徵是這樣的：一行業的需求增量與由它引起的就業增量的比例，與其他行業的比例相等。①確實，我們很容易想像這樣的情況，如：當邊際消費傾向與平均消費傾向完全不同時，則 $\frac{\triangle Y_w}{\triangle N}$ 不等於 $\frac{\triangle I_w}{\triangle N_2}$ 的假定成立。這時消費品需求與投資品需求的比例的變化完全背道而馳。假如我們希望考慮到，在兩個行業之間總供給函數的有關部分的特徵有可能不同，那不把以下的論證改寫成爲一般的形式，也沒有困難。光爲了闡明我們論

①更精確地，令 ℓ_e 爲整個行業的就業彈性，$\ell_e′$ 爲投資行業的就業彈性，N 爲整個行業的就業量，N_2 爲投資行業的就業量，則有

$$\triangle Y_w = \frac{Y_w}{\ell_e N} \triangle N$$

又　　$$\triangle I_w = \frac{I_w}{\ell_e′ N_2} \triangle N_2,$$

所以　　$$\triangle N = \frac{\ell_e}{\ell_e′} \cdot \frac{I_w}{N_2} \cdot \frac{N}{Y_w} k \cdot \triangle N_2$$

即　　$$k′ = \frac{I_w}{\ell_e′ N_2} \cdot \frac{\ell_e N}{Y_w} \cdot k$$

設我們無理由使整個行業的總供給函數的特徵與投資行業的總供給函數的特徵有很大的不同。那麼

$$\frac{I_w}{\ell_e′ N} = \frac{I_w}{\ell_e N}, \ 則 \frac{\triangle Y_w}{\triangle N} = \frac{\triangle I_w}{\triangle N_2}, \ 故 k = k′。$$

述的觀念，最好論述一個簡單的情況，令 k＝k′。

　　假如一個社會的消費心理是這樣的：人們將把所得增量的十分之九用於消費，②那麼 k＝10。設其他方面的投資不減少，由增加公共投資而引起的總就業量將十倍於由公共投資本身提供的最弱的就業量。只有在這樣的情況下，即儘管就業量增加而伴隨實質所得的增加，但一個社會應保持其就業量不變。就業量的增加才會被公共投資本身提供的最初的就業量所限制。另一方面，如果人們試圖把全部的所得增量都用於消費，那麼物價將無極限上漲而無穩定點。用正常的消費心理來推論，假如消費傾向也同時發生變化，那麼就業量的增加和消費量的減少將會同時並存。例如在戰爭時代，人們受宣傳影響而抑制個人消費。只有在這樣的情況下，增加投資業的就業量，才不利於生產消費品行業的就業量。

　　以下只是把讀者在這個總領域已經明瞭的觀念用專業用語總結一下。除非公眾準備增加其儲蓄（以工資單位計算），否則投資（以工資單位計算）的增加將無可能。一般說來，除非總所得（以工資單位計算）增加，否則公眾不會增加儲蓄。公眾想把所得增量的一部分用於消費的努力會刺激產量，增加所得，改變所得分配，直到所得及其分配的變化引致新的水平，儲蓄的增加量恰等於投資的增加量。乘數原理告訴我們，究竟要增加多少就業量，才能使實質所得的增加；足以引誘公眾依必要的超額儲蓄，所以說，乘數是公眾心理傾向的函數③。設儲蓄為藥丸，消費為果醬，則額外果醬的多寡必須與追加的藥丸大小成比例。除非公眾的心理傾向與我們設想的不同，否則我們已經建立一個法則：增加投資品工業的就業量，一定可以刺激消費品行業，

---

②以下所用數量，都以工資單位計算。

③如更推廣一步，則乘數也是投資品工業與消費品工業的生產情況的函數。

由此導致就業的總增量等於投資品工業自身初始的就業增加量的若干倍。

由上，如果邊際消費傾向趨近於一，那麼投資量很小的變化就會引起就業量很大的變化，同時，只要增加很小的投資就會達到充分就業。反之，假如消費傾向比零大不了多少，則因投資的小量變動也只引起就業的小量變動，所以，爲了達到充分就業，需求投資有很大的增加。在前一種情況下，假如非自願失業任其發展，固然帶來麻煩，還是容易醫治的。在後一種情況下，就業量可能變化很小，但停留在一個低水平，除非用最烈性的藥，否則這個頑症是很難醫治的。實際的事實是，邊際消費傾向似乎介於這兩個極端中間，但接近一的情況多，接近零的情況少。結果是，在某種意義上說，兩方面的壞處兼而有之：就業量的變化很大，同時，爲達到充分就業所需投資增量則太大，不易辦到。很不幸，其變動之大，使我們對疾病的性質不易瞭解。但除非我們對疾病的性質有所瞭解，否則疾病是這樣嚴重，我們無法對症下藥。

當達到充分就業後，再想增加投資，不論邊際消費傾向之值是大是小，都將使物價無極限上漲。換句話說，我們進入眞正通貨膨脹的狀態。④在到達該點之前，物價的上漲將伴隨著總實質所得的增長。

三

以上是就投資的淨增量而言。因此，假如我們不加限制地運用以上所論，那麼我們在討論政府增加公共投資的影響時，必須假設：別的方面的投資不減少。當然也假設一個社會的消費傾向沒有相應的變

---

④參閱本書第21章，第5節。

化。我們以上引用孔恩先生論文的意義在於，探討有什麼與上述假設相抵銷的因素比較重要，不應忽視，並對其數量進行估計。因為在實際情況中，決定最後結果的，除了特種投資有特別的增加外，還有其他因素。例如，設政府在進行公共投資時，增雇 100,000 人，又設乘數（如以上定義的那樣）為 4，我們不能貿然斷言，總就業量將增加 400,000 人。因為也許這個新公共投資對其他方面的投資有完全不同的影響。

看來如孔恩先生所指出，在現代社會中，以下因素很重要，不能忽視（前兩個因素在沒有讀本書第四篇之前，是不能充分理解的）：

（ⅰ）政府要為實行政策籌集資金，在物價隨著就業量增加而上漲的情況下，運轉資金(working cash)的需求增加，兩者都可能提高利率和妨礙其他方面的投資，除非金融當局採取相反的措施。同時，對私人投資者來說，增加資本物品的成本將減少其資本邊際效率。這將要求利率較前下降以抵銷資本邊際效率的降低。

（ⅱ）政府實施公共投資政策時，混亂易變的公眾的心理狀態往往發生，通過其影響公眾的「信心」表現出來，這時流動偏好(liquidity-preference)增加，資本邊際效率降低，除非設法抵銷它們，可能再次妨礙其他投資。

（ⅲ）在與外國有貿易關係的開放體制下，一部分投資增量的乘數作用，將有利於外國的就業量，增加的就業量的一部分將減少有利於我國的貿易順差。因此，假如只考慮本國的就業量而不考慮世界的就業量，那麼我們必須降低乘數值。另一方面，我們可以通過相互有利的值用來相互彌補。外國的乘數值用在增加該國經濟活動時，會對我國產生有利的影響。

再者，當投資量很大時，我們必須考慮到隨著邊際的位置逐漸移動，邊際消費傾向累積性變動，從而乘數之值發生變化。邊際消費傾

向並不是在任何就業量水平下都固定不變。作爲一條規則，它可能隨就業量的增加而呈現減小的趨勢。就是說，當實質所得增加時，一個社會願意把增加的實質所得用於消費的比例將逐漸減少。

以上所述是一般規則的運用。還有些其他因素可能會改變邊際消費傾向，乃至於改變乘數。一般而言，這些其他因素似乎是加強而不是抵銷一般規則的趨勢。因爲，第一，在短時期內由於報酬遞減規律的作用，就業量增加，企業家所得在總所得中的比例也增加，而企業家邊際消費傾向也許小於整個社會的平均邊際消費傾向。第二，某些地區的私人與公共的負儲蓄與失業有關，因爲失業者要維持生活，要嘛依賴自己或親友的儲蓄，要嘛依賴政府通過籌款而來的失業救濟金，鑒於失業者重新就業時，其負儲蓄將逐漸減少，因此，在這種情況下，邊際消費傾向的降低，要超過該社會非常情況下同量實質所得增量引起的邊際消費傾向的降低。

無論如何，當投資淨增量很小時，乘數大；當投資淨增量很大時，乘數小。因此，當投資的變化很大時，我們必須以乘數的平均值爲依據，而乘數的平均值又以在討論範圍內的平均值邊際消費傾向爲依據。

孔恩先生考察了在所設定的一些特定情況下這些因素之大概會有的數量。很明顯，不可能有一般性的結論，但卻有幾點可說，例如，一個典型的現代社會，大概會把實質所得增量不低於 80% 的部分用於消費，假如這個社會是在封閉的體制下，失業者的消費是把其他人的消費轉移給自己消費，在這場合，在考慮了抵銷因素之後，乘數之值不會還小於 5。然而，在一個與別國有貿易往來的國家中，外來消費品占消費的 20%，失業者以舉債（或其他方式）得來的消費，占其有工作時的正常消費的 50%。乘數可能下降，低至 2 倍或 3 倍於特定的新投資所提供的就業量。假如有兩個國家，一個國家國際貿易占很重要的地位，失業救濟金是靠政府大量的舉債而籌集的（例如 1931 年的

英國)，一國這些因素並不重要(例如 1932 年的美國)，那麼，投資量的變動引起的就業量的變動，前一國比後一國小得多。

有了乘數原理，我們就可以解釋：為什麼當投資量變動時，即使投資量在國民所得中只占很小的比例，總就業量與總所得的變化程度，遠遠超過投資量本身的變化。

四

以上討論都基於一個假定：即總投資量的變動事先為人所料及，故消費品行業可以與資本品行業同時增產，消費品價格的變動，僅限於當產量增加時，消費品行業也有報酬遞減現象，

然而我們必然考慮到，若資本品行業產量的增加並未為人們預料到。則很明顯，初始的投資增加對於就業量的影響，只有經過一長時間後才能充分發生。然而，我發現，這樣一種明顯的事實，在討論中卻被人把兩種情況混淆了：一是邏輯推理的乘數理論，這在任何瞬間都繼續有效，沒有時間滯後(time—lag)；一是資本品行業擴張所產生的後果受到時間滯後的制約，只有經過一段時期後，才能逐漸發生作用。

為弄清這兩者之間的關係，我們可以指出：第一，人們沒有預料到（或預料得不全面）資本品行業的擴張，則總投資的增加量並不立即等於資本品行業增加的產量，而是逐漸增加。第二，它可能使邊際消費傾向暫時偏離其正常值，然後逐漸回到正常值。

這樣，資本品行業的擴張若事先未為人充分料及，則在某一段時間內投資增量在各期之值，構成一列數，邊際消費傾向值在各期之值，亦構成一列數，此二列數之值，既與該資本品行業的擴張事先為人料及的情況下之值不同，也與該社會的總投資已經穩定於一個新水平以

後之值不同。在任何一段時間中，乘數原理都適用：總需求的增加等於總投資增量與乘數之積。乘數由邊際消費傾向決定。

　　有一種極端的情況，即人們完全沒有預見到資本品行業中就業量的增加，最能清楚地說明以上兩方面的事實：在這場合，消費品的產業在最初沒有增加，而資本品行業中的新就業者，將其一部分所得用於消費，於是消費品價格提高。消費品價格的提高將通過三條途徑使消費品的供給與需求達到暫時的均衡：其一是一部分消費暫時延期；其二，高價格引起利潤增加，所得重新分配，對儲蓄階層有利；其三，高價格引起存貨量減少。在均衡的恢復是借助於消費暫時延期的場合，邊際消費傾向降低，就是說乘數本身之值減少；在存貨量減少的場合，總投資的增量暫時小於資本品行業中投資的增量，就是說被乘數的增加小於資本品行業中的投資增量。隨著時間的推移，消費品行業自己逐漸適應新的需求，所以當延續下來的消費得到滿足時，邊際消費傾向的值暫時超過正常值，其超過程度恰恰補償了以前的不足程度，最後回到正常值。當存貨量恢復到原先的量時，總投資增量暫時大於資本品行業中投資的增量（當運用資本隨產量增加而相應增加時，暫時也有同樣結果。）

　　有件事實在某種場合非常重要：意料外的變化，只有經過一長時間後，才對就業量充分產生影響。——這一點在分析商業循環時尤其重要（像我在《貨幣論》中所依循的思路那樣）。但這毫不影響本章所述乘數原理的重要性，也不影響它的用途，它可以用來指示：當資本品行業的生產能力已經達到極限，要增加產量，就必須增加設備，而不能只有現有生產設備上增雇勞動力。否則，我們有理由說，只有經過很短的一段時間後，消費品行業的就業量，就將與資本品行業中的就業量同時增加，乘數值也接近其正常值。

五

我們在以上已經看到，邊際消費傾向越大，乘數的值也越大，設投資量的變化為已知，那麼與之相應的就業量的變化也就越大。由此似乎可以得出一個似是而非的結論：即在一個貧窮的社會中，儲蓄在所得中所占比例很小；在一個富裕的社會中，儲蓄在所得中所占的比例較大，因之乘數之值貧窮社會大於富裕社會，因而就業量的變動，前者也甚於後者。

但是這個結論忽視了邊際消費傾向的影響與平均消費傾向的影響之間的區別。設投資量變化的百分比為已知，那麼它的邊際消費傾向會引起較大的**相對的**影響；但是，假如**平均**消費傾向也高，那麼**絕對**的影響也將小。現以下列數字為例來說明。

讓我們假設了一個社會的消費傾向如下：只要實質所得不超過5,000,000人在現有資本設備上得到的產量時，則全部所得用於消費。在增雇第一個100,000人時，消費其增產量的98%；增雇第二個100,000人時，消費其第二批增產量的98%；增雇第三個100,000人時，消費其第三批增產量的97%；以下依次類推。當就業量為 $5,000,000 + n \times 1,000,000$ 人時，邊際上乘數為 $\frac{100}{n}$，投資量則占國民所得中的 $\frac{n(n+1)}{2 \cdot (50+n)}$%。

當就業量為5,000,000人時，乘數很大，等於50，但投資在所得中所占比例微乎其微，為0.06%，所以，假如投資量減少很大，大約 $\frac{2}{3}$，就業量將只減到5,100,000人，大約減少2%。另一方面，當就業量為9,000,000人，邊際乘數相當小，只是 $2\frac{1}{2}$，但是投資在所得中所占比例很大，為9%，結果是，假如投資量減少 $\frac{2}{3}$，就業量將減到6,900,000人，即減少了23%。如果投資量減為0，那麼就業量的減少，在前一

種情況下為 4%，在後一種情況下為 44%⑤。

在以上的舉例中，一國之所以比較貧窮，是因為就業不足。當貧窮源於落後的技藝、落後的生產技術水平、落後的生產設備時，上述論證同樣適用。儘管貧窮社會的乘數較大，但若當前投資在當前產量中所占的比例，富裕社會比貧窮社會大得多，那麼投資量的變化對於就業量的影響，富裕社會也比貧窮社會大得多⑥。

以上所述是顯而易見的：即增雇一特定量的勞動力服務於公共工程，它對總就業量的影響，在失業情況嚴重時，比幾乎達到充分就業時要大得多。以上舉例中，當就業量已降到 5,200,000 人時，如增雇 100,000 人服務於公共工程，可使總就業量增為 6,400,000 人。但如果就業量已為 9,000,000 人，增雇 100,000 人服務於公共工程，只能使總就業量增至 9,200,000 人。這樣，政府在失業最嚴重時三番五次的投資，即使導致公共工程本身的效用受到懷疑，但我們也能假定，當失業問題嚴重時，儲蓄在所得中所占比例較小，僅就節省失業救濟支出這一項而言，已遠超過公共工程的費用。但當逐漸到達充分就業時，公共工程是否值得舉辦，就令人懷疑。再者，假如我們可以假定，當接近充

---

⑤以上所謂投資量，是以投資品行業中的就業量計算的。假如勞動報酬遞減，當就業量增加時，若以勞動力計算，投資增加一倍，若用實物（假如可能的話）計算，將不到一倍。

⑥更一般地說，總需求的比例的變化與投資比例的變化所成之比率為：

$$\frac{\triangle Y}{Y} \bigg/ \frac{\triangle I}{I} = \frac{\triangle Y}{Y} \cdot \frac{Y-C}{\triangle Y - \triangle C} = \frac{1-\dfrac{C}{Y}}{1-\dfrac{dC}{dy}}$$

財富增加時，$\dfrac{dc}{dy}$ 減小，但 $\dfrac{C}{Y}$ 也減小，所以此分數的增減，要根據消費究增減比例的大小或大於所得的增減比例。

分就業時，邊際消費傾向將隨就業量的增加而穩定下降，那麼用進一步增加投資以保證就業進一步增加到一個特定量，將變得越來越困難。

從各時期的總所得量與總投資量的統計中（假如可以得到），編制一張圖表，以表示在商業循環的各階段中，邊際消費傾向的大小，這應該是不難的。但是我們現有的統計資料不夠正確（收集統計數字時並充分考慮這一目的）使我們只能使極其粗略的估計。據我所知，這方面最好的數字，當推庫茲涅茨先生關於美國的數字(在第八章，第三節中已經提及)，但也靠不住。從這些數字以及與之相聯的關於國民所得的估計，能夠得到的投資乘數之值，比我想像的要低、要穩定。假如把各年獨立起來看，結果有點不合情理。但若把各年配對看，則乘數似乎小於 3，而且固定在 2.5 左右徘徊。邊際消費傾向之值不超過 6% 到 7%——這個數字，在經濟繁榮時期還有可能，根據我的判斷，在經濟衰退期，有點低得出奇、不合情理。但是，如果美國公司在不景氣時期仍堅持其極保守的財政政策，那麼這是可能解釋以上的數字的。換句話說，如果因為不維修、不更新，而造成投資量大幅度下降，設備折舊準備金照常提出，結果是阻止邊際消費傾向上升，如果情況相反，則消費傾向勢必上升。我懷疑正是這個因素，加深了美國最近經濟衰退的程度。但在另一方面，統計資料過分誇大了投資的下降程度，這是有可能的。據說投資量，1932 年比 1929 年減少 75%，而淨「資本形成」則減少 95% 以上，這不免有些誇張。如果適當改變一下這些估計，那麼乘數值就會有很大的不同。

六

設有非自願失業存在，則勞動力邊際負效用，必定小於邊際產品效用，可能小得很多。設一個人已失業很長時間，他的勞動，沒有負

效用，還可能有正效用。假如我們接受這一點，可以由此推論：舉債
支出(loan expenditure)⑦雖然「浪費」，但總的說來，可以使一個社會
致富。如果我們的政治家受古典經濟學派的影響太大，想不出更好的
辦法，則建造金字塔、地農，甚至戰爭等天災人禍都可以增加財富。

這是很奇怪的，人們根據一般的經驗，想以古典學派的謬論中挣
扎出來，往往寧願選擇**全部**「浪費」的舉債支出，而不願選擇**部分**浪
費的舉債支出，因爲後者不屬全部浪費，所以要根據嚴格的「生意」
原則辦事。例如，人們比較容易接受用舉債來辦理失業救濟，但若政
府用舉債來興辦改良事業，其效益小於現行利益，人們就不太願意接
受了。在地上挖洞，稱之爲採金礦，對於世界的實際財富沒有任何的
增加，相反會引起勞動力的負效用，但這卻是在所有辦法中，最容易
使人接受的辦法。

假如財政部用舊瓶裝滿鈔票，然後再選擇適當的深度，把舊瓶埋
在廢棄的煤礦中，再用垃圾將煤礦填滿，採取自由放任的原則，讓私
人企業再把這些鈔票開採出來（通常的做法是，把產鈔區域的開採權
租給私人）。如果能夠這樣的話，失業問題將不存在。如果能夠這樣的
話，一個社會的實質所得與資本財富，大概要比現實的大得大。當然
建築住宅等更切合實際些。但如果有政治或實際上的困難使政府不能
運用這種辦法，那麼以上所研究的辦法，有總比沒有好。

---

⑦我們經常用「舉債支出」的名詞，包括政府用舉債的方式從個人手中籌集資金
舉辦公共投資行業，以及其他用舉債來維持的經常性政府開支。嚴格說來，後
者應當看成負儲蓄，但政府負儲蓄的動機，與私人儲蓄的動機，並不相同。所
以「舉債支出」是一個很方便的詞，它包括政府舉債的金屬淨數額，無論舉債
目的是爲舉債資本事業，還是爲彌補預算不足。前者增加投資，後者增加消費
傾向。

舉債支出的分析與現實世界中採掘金礦完全一樣。經驗告訴我們，當黃金的埋藏深度有利於開採時，世界上的實際財富增加得很迅速。但當不利於黃金開採時，財富或停止增長或下降。所以，金礦對於文明最有價值、最重要。正如戰爭，被政治家認爲是大量舉債支出的唯一正當用途。藉口開採黃金，在地上挖洞，是銀行家們認爲不違反穩健財政政策的唯一活動。採金和戰爭都對人類進步有重要的作用——沒有更好的辦法。有一個細節值得一提：在經濟衰落時期，黃金的價格（用勞動力和實物來衡量）有上漲的趨勢，這可幫助經濟復興，因爲金礦的深度加深，其礦石級別的營利性降低。

此外增加黃金的供給，也許會對利率產生影響。假如我們沒有辦法既增加就業，又同時增加有用財富，那麼開採金礦是進行投資最切實可行的形式。其理由有兩點：其一是，採金帶有賭博的色彩：所以淘金者並不關心現行利率。其二是，採金礦使黃金增加，但黃金與其他物品不同，它的邊際消費不減小。因爲房屋的價值取決於它的效用，所以多建一座房屋，房租將下降，除非同時降低利率，否則對將來類似投資的吸引力將減少。但是開採金礦就沒有這樣的缺點，只有當工資單位（用黃金計算）提高時，它才受到制約，除非就業狀況有相當大的改善，否則這種情況不致於發生。而且，不耐用物品，就要考慮在提出使用者成本的補充成本準備金的不利影響。採金也沒有這種缺點。

上古埃及是雙重幸運兒，這無疑歸功於這虛構的財富，它是人們進行兩種活動（建造金字塔和尋找金屬）的成果，其成果不能用於人類消費，所以不會太充裕。中古的埃及則建教堂、做道場。造兩座金字塔、做兩個道場，其好處比造一座金字塔、做一個道場大一倍。但是在倫敦和約克間造兩條鐵路就不是這樣。現在我們變得更切合實際了，把自己訓練得如此節制，儼然像個精明的理財家，在爲後代建造

房屋時，也會仔細考慮在後代身上的「財政負擔」，所以我們沒有那樣簡便辦法避免失業之痛苦。私人致富之道，應用於國家行爲上，失業成爲不可避免的結果。

【第四篇】
投資引誘

第十一章　資本邊際效率

一

當一個人購買一投資品或資本資產時，實際是購買取得它們未來收益的權利。設一資本資產的壽命為 n 年，在此 n 年中，該資產可以生產產品，在產品價值中減去為獲得它而花費的開支，則得到一組年金，以 Q_1，Q_2，……Q_n表示。我們把這組年金稱為**未來收益**(prospective yields)。

與投資的未來收益相對的另一面，是該資本資產的**供應價格**。所謂供給價格，並不是實際在市場上購買該資產所付的市場價格，而是恰好能引誘廠商每新增加一單位該資產產量所需的價格。所以資本資產的供給價格，有時也稱為該資產的**重置成本**(replacement cost)。我們可以從資本資產的未來收益與它的供給價格或重置成本之間的關係即從每新增加一個單位的資本資產的未來收益與生產新增加的一個單位的資本資產的成本之間的關係中，引出該類**資本的邊際效率**(marginal efficiency of capital)。更明確些，我定義的資本邊際效率，等於一貼現率，這個貼現率把該資本資產的未來收益折合成現值，而該現值正好等於該資本資產的供給價格。用以上的方法，我們可以得出各種類型的資本資產的邊際效率，其中最大的邊際效率被看成為一般資本的邊際效率。

　　讀者應該注意到，在這裡資本邊際效率當用資本的預期收益與當前供給價格來定義的。所以資本邊際效率取決於：用錢投資於新生產的資產預期可獲得的報酬率；而不是在該資產壽命結束以後，回顧以往，原投資成本所賺得的報酬率。

　　在任何一個時期內，假如某類型資本的投資增加，則該類資本的邊際效率將隨著投資的增加而減少。其中原因：一部分是因為當該類資本的供給增加時，其預期收益將下跌，一部分是因為，就通常情況而言，當該類資產的產量增大時，其生產設備承受的壓力強大，因而其供給價格提高。這些因素中通常第二類因素對短期內達到均衡更重要些。但如果時間愈長，則第一類因素的重要性越大。因此我們可以為每一類資本建立一個表，顯示：在第一時期內，為了使其邊際效率下降到一個指定數，該類基本的投資要增加多少。我們可以把各類表格加起來，設計一個總表格，它顯示總投資量與總投資相應並由其建立的一般資本的邊際效率之間的關係。我們稱它為投資需求表，或稱資本邊際效率表。

　　顯明可見，當前實際投資量將達到一點，使得各類資本的邊際效率都不超過現行利率。換句話說，投資量將達到投資需求表上的一點，在該點上，一般資本的邊際效率等於市場利率。①

　　同一事實可以換一種說法。設 Q_r 為一資產在 r 時的預期收益，d_r 為 r 年後的一鎊按當前利率折算的現值，則 $\Sigma Q_r d_r$ 為投資的需求價格。投資量將會達到一個點，在這一點上，$\Sigma Q_r d_r$ 等於該投資的供給價格

①為行文簡單起見，我將忽略以下一點：當資本資產的壽命不同時，為實現各類資本的未來收益所需的時間就不同，利率和貼現率也不同。換句話說，不是只有一個利率及貼現率，而是有一個利率體系及貼現率體系。但我們不難將以上論證略加修改，包括此點。

（定義見上）。假如 $\Sigma Q_r d_r$ 小於供給價格，當前對該資產將沒有投資。

投資引誘（inducement to invest）一部分取決於投資需求表，一部分取決於利率。只有在本篇結束時，才可能對決定投資量的因素在實際上如何複雜有全面的瞭解。然而，我請求讀者立刻注意：假如僅僅知道一項資產的預期收益或邊際效率，我們無法推演出利率或該資產的現值。我們必須從其他方面決定利率。然後按該利率把該資產預期的收益還原（capitalising）計算它現在應有的價值。

二

上述「資產邊際效率」的定義，與通常的用法有什麼關係呢？資本的邊際生產力（the marginal productivity），或邊際收益（yield），或邊際效率（efficiency），或邊際效用（Utility），都是我們非常熟悉而又經常使用的名詞。但是，要在經濟文獻中，尋找出很清楚的表述，說明經濟學在用這些概念時一般指什麼，卻不容易。

至少有三點模糊不清之處必須加以辨別。第一，我們究竟是討論產品的物質（physical）增量呢？還是討論產品的價值（value）增量呢？前者是由於每單位時間內，資本使用量每增加一個物質單位而引起的。後者是由於資本使用量每增加一個價值增量而引起的。但前者遇到了如何定義「資本的物質單位」的困難。我們相信這些困難是無法解決的，也是沒有必要的。當然我們可以說，假如十個人耕種的土地面積不變，當他們增用一些機器時，他所生產的麥子必然增多。但如果不引進價值概念就無法將這種說法化成算術比例。然而許多有關這方面的討論，都在某種意義上涉及到了資本的物質生產力，而作者又不說明什麼是資本的物質生產力。

第二，資本邊際效率，究竟是一個絕對數呢？還是一個比例數？

從使用邊際效率一詞的上下文來看，以及資本邊際效率的難度相同，我們可以推論，資本邊際效率應該是一個比例。但是想像中的這個比例的兩項究竟是什麼呢？通常缺乏清楚的說明。

第三，我們要區分兩種不同情況：其一是在現有條件下，增用少許資本而獲得的價值增量；其二是在新添資本資產的整個壽命中，預期可以獲得的一系列價值量。即區分為 Q_1 與整個 Q_1，Q_2，……Q_n 數列兩者。忽視這種區分是引起混亂和誤解的主要原因。這就引起了預期在經濟學理論中的地位問題。大多數人討論資本邊際效率時，除了 Q_1 以外，完全忽略了整個數列的其他各項。但是。除非在靜態理論中，否則這就是不正確的，因為在靜態理論中，所有的 Q 是相等的。正統的分配理論假定：資本在目前得到的報酬，等於其邊際生產力（在某種意義上或在另一種意義上的）這種說法，只有在靜止狀態才正確。資本的目前收益之和與資本的邊際效率並沒有直接的關係。而在生產的邊際效率上，資本的目前收益（即資本收益在產品的供給價格中的含量），等於該資本的邊際效率使用者成本。邊際效率使用者成本也與邊際效率無緊密的聯繫。

正如我們以上所說的，關於這類問題，以往很少有清楚的說明。同時，我相信，我以上所下的定義非常接近馬歇爾(Marshall)使用此名詞的意思。在說明生產的因素時，馬歇爾有時用資本的「邊際淨效率」一詞，有時又用「資本的邊際效率」一詞。以下引文是與問題最有關係的幾段，選自《經濟學原理》（第 6 版，第 519～520 頁）。為了表達馬歇爾觀點的要點，我把原文中不相接的幾句連接在一起。他說：

「設某一工廠，可以增用價值 100 鎊的機器，而不增加其他額外開支，這樣在除去自身的折舊和損耗後，該工廠每年平均淨產量之值，將增加 3 鎊。假設投資者把資本投入很可能得到更大

利益的地方；當這一切進行到達均衡時，投資者仍覺得值得
——僅僅值得——增用這些機器。我們從這個事實可以推論，年
息是 3% 釐，但這種舉例，只是指出了決定價值的一部分因素。若
以此舉例作爲利息理論或工資理論就會陷入循環推理的錯誤……
假設在完全沒有風險的情況下，利率爲年利 3% 釐，製帽業的吸收
資本 100 萬鎊，這表示製帽業能夠很好地運用這 100 萬鎊的資本，
寧願爲之付 3 釐的年利息，而不願不用此資本。假設年息爲 20%
時，也許仍有若干機器製帽業不能不用；當年息爲 10% 時，使用
機器增多；年息爲 6% 時，更多；4% 時，更多；最後，因年息爲 3%
而使用還要更多的機器。當他們使用這麼多數量的機器時，機器
的邊際效用，即恰爲值得使用的那個機器的效用爲 3%。

　　很明顯，以上所述證明馬歇爾是清楚的。假如我們想沿著以上思
路來決定實際利率，就陷入了循環推理的錯誤。②在這一段話裡，馬
歇爾似乎接受了上述觀點：假如給定一個資本邊際效率表，則利率決
定新投資的數量。假如利率爲年息 3%，除非每年淨產值可以增加 3 鎊
（在扣除成本與折扣之後），沒有人願意出 100 鎊去購買一台機器。但
我們可以看到，在第十四章的另外幾段中馬歇爾就不夠小心了，但每
當他的論證露出破綻時，他就往後退。

　　費雪(Ining Fisher)教授在其著作《利息論》中 (1930 年出版) 中，
雖然沒有用「資本邊際效率」這個名詞，但他定義的「收益超過成本
率」(rate of return over cost)，與我定義的「資本邊際效率」完全一
致。費雪教授在書中寫道③：「所謂收益超過成本率，是一種利率，用

---

②他假定工資由邊際生產力決定，不是也犯了循環推理的錯誤嗎？
③參閱《利息論》第 168 頁。

這種利率來計算所有成本及所有收益的現值，將正好使兩者相當。」他進而說明，任何一方的投資量的多少取決於利益超過成本率與利率的比較，要引誘新投資，「收益超過成本率必須大於利率。」④「這個新因素，在我們所研究的利息論的投資機會方面，占有中心地位」。⑤所以費雪教授使用的「收益超過成本」，與我所使用的「資本邊際效率」一詞，不僅意義相同，而且目的相同。

三

如果我們不認識資本的邊際效率，不僅取決於資本的現在收益，而且取決於未來收益，我們就難以理解資本邊際效率的意義與重要性。這將由指出以下點而得到最好的說明：在人們的預期中，或由於勞動力成本（即工資單位）的變化，或由於新技術發明新生產的引進，未來生產成本有所變化時，資本邊際效率所受到的影響。現在機器設備所生產的產品競爭，將來的機器設備，或是勞動力成本低，或是生產技術改進。所以不得不與其產品的低價格競爭。現在機器設備所生產的產品將增加其數量，直到它的產品價格跌到較低的數字，使之能與後來設備所生產的產品相競爭為止。而且，企業家從新舊設備中所得的利潤（以貨幣計算）也將減少。只要關於這種發展趨勢的預測是或然的，甚至只要人們預測這種發展是可能的，那麼現在生產的資本邊際效率也將適當的減小。

以上是由這個因素決定的：人們對貨幣價值變動的預期影響了當前產量。如果預期幣值下降，將會刺激投資，一般地增加就業，因為

---

④參見《利息論》第 159 頁。

⑤參見上引書，第 155 頁。

它提高了資本邊際效率表，即提高了投資需求表。如果預期幣值上升，將降低投資需求減少就業，因為它降低了資本邊際效率表。

　　費雪敎授之所以最初將自己的理論稱之爲「增值與利息論」(theory of appreciation and interest)，其眞實用意也在於此。爲區別貨幣利率(money rate)與實質利率(real rate)，後者等於前者矯正貨幣價值變動後的利率。要通過費雪敎授的區別就瞭解其理論的意義是困難的。因爲他沒有說淸楚，貨幣價值的變動，到底是在人們預料之中呢？還是出乎人們的意料呢？這裏擺脫不了一個悖論：假如出乎意料，那麼對當前事件沒有任何影響。假如是在意料之中，現有物品的價格將即刻調整，以致於貨幣持有者與物品持有者所得到的好處再次相等。利率的變動對貨幣持有者來說已經太晚了，因爲貨幣持有者，無從因貸款期間幣值的變動而得到好處或遭到損失。皮古有一個權宜之計，他假定對幣值變動的預期，爲一部分人所預料，而爲另一部分人所料不及，但這並不能成功地從這個兩難非境地中逃避出來。

　　其錯誤，是由於他們假定貨幣價值的變動將直接影響利率。事實上它只影響一特定量的資本邊際效率。現有資產的價格，總是隨著對未來幣值的預期的改變而調整自己。這種預期變動的重要性，是在於可以通過對資本邊際效率的影響，而迅速影響**新**資產的生產。人們預期價格上漲會刺激生產，不是由於提高利率（提高利率同時刺激產量是荒謬的，若提高利率，則刺激作用因而削弱），而是由於提高一特定量資本的邊際效率。**假如**利率的上升隨著資本邊際效率的上升而上升，則預期物價上漲對產量沒有刺激作用。因爲對產量的刺激，取決於一特定量資本的邊際效率與利率比較相對較前提高。的確，費雪敎授的理論最好用「實質利率」的定義進行重寫，實質利率是這樣一種利率，在該利率下，人們對未來貨幣價值的預期變化，對當前產量沒有任何影響。⑥

有一點值得注意：當人們預期將來到利率將下降時，會降低資本邊際效率表。因爲這意味著，現在的機器所生產的產品，在該機器未來的一部分壽命中，將與未來機器生產的產品競爭，而未來機器的生產可以保持低收益。然而這種預期不會有太大的不良影響。因爲其預期，一部分會反映在現在的利率體系中，一部分反映在將來的利率體系中。不過總是有點不良影響，因爲現在機器，在其壽命接近終結所生產的產品，可能必須與大量新機器所生產的產品競爭，新機器生產只要求較低的收益，因爲在現在機器壽命告終以後，還有一個較低的利率。

瞭解一特定量資本的邊際效率與預期的改變有關這一點是重要的。主要是因爲有這種關係，資本邊際效率才會出現某些激烈變動，才能說明商業循環。在第二十二章中，我們將指出，繁榮後之所以有不景氣，不景氣後所以又有繁榮，可以用資本邊際效率的變動與利率的變動的比較來分析和說明。

四

有兩類風險影響投資的數量。這兩類風險通常沒有加以區分，但區分開來是十分重要的。第一類風險是企業主或借債人的風險，是由於他心目中懷疑，他是否能眞正得到他所希望得到的預期收益，以及得到的可能性有多大。假如一個人拿他自己的貨幣去冒險，只需考慮與此相關的風險。

但是如有借貸制度存在——所謂借債制度，我的意思是指出借人

---

⑥參見參見 Robertion, 〈產業波動與自然利率〉(*Industrial Fluctuations and the Natural Rate of Interest*)一文，載《經濟學雜誌》，1934 年第 12 月號。

根據若干動產或不動產的保證金而放款——則有第二類風險，也與投資的量有關，我們可以稱之爲出借人風險。這可能由於：(1)偶然出現的不道德行爲，即，借債人不願意履行債務或用其他方法進行逃避，從履行契約來說可能是合法的；(2)可能沒有足夠的擔保品，即不是故意不履行債務，而是因爲對預期的失望。此外，還有第三類風險，即幣值的變動可能對出借人不利，所以罰款不如眞實的資產安全。這第三類風險的全部或大部分，應該已經反映在而且包含在耐用品資產的價格之中了。

現在第一類風險，在一定意義上說，是實際社會成本(real social cost)，雖然它容易由平均分攤以及增加正確的預見來減小。然而，第二類風險則不同，它是投資成本以外的額外增加，假如借方與貸方爲同一個人，它就不存在了。而且，部分貸方與部分借方的風險，互相重複。所以在計算引誘投資的最少預期收益時，這一部分貸方的風險，會在純利率(pure rate)上，複計**兩次**。假如有一個風險很大的事業，從借方來說，他希望在他的預期收益與利率之間存在很大的差距，他要考慮是否值得借款。同樣的理由，從貸方來看，他要求在實際利率與純利率之間存在很大的差距，以引誘他放款（除非這個借債人是如此的強大和富有，在某個方面可以提供特殊的擔保）。如果借方希望得到一人有利於他的結果，則可以消除借方心目中的風險，但無法安慰貸方。

有一部分風險會被複計兩次，這一點據我所知，常常被人忽視，但在某種情況下，也許很重要。在經濟繁榮時期，一般人容易變得冒失，不正常，往往對借方風險與貸方風險都估計過低。

五

資本邊際效率表是非常重要的。因爲它主要通過這個因素（比通過利率這個因素的影響大得多），人們對未來的預期才能影響現在。把資本邊際效率看成是資本設備的當前(current)收益這種錯誤看法，只有在靜止狀態才是正確的，因爲靜止狀態沒有變化的，但是這種錯誤看法，卻打斷了今天與明天的理論上的聯繫。甚至，利率實質⑦上是現時現象(current phenomenon)。假如我們把資本邊際效率也變成現時現象，在我們分析目前均衡狀態時，無法直接考慮未來對現在的影響。

現代經濟理論常以靜止狀態爲前提，沒有現實性。引入使用者成本和資本邊際效率這兩個概念（定義見上）所產生的影響，我認爲是使經濟理論又有了現實性，同時又把經濟理論需要修改的地方減少到最低限度。

由於有耐用品設備存在這個原因，把未來經濟與現在經濟連接起來了。因此，人們對未來的預期，通過影響耐用品設備的需求價格而影響現在。這種說法，與我們的一貫思路是一致的。

---

⑦不完全如此，因爲利率部分反映了未來的不確定性。而且，兩種利率會因爲期限的不同而不同，其兩者之間的關係，取決於對未來的預期。

第十二章　長期預期狀態

一

前章已經說明，投資量的大小，取決於利率與資本邊際效率表之間的關係，有一個當前投資量，就有一個資本邊際效率與之對應。同時，資本邊際效率取決於資本資產的供給價格與預期收益之間的關係。在這一章中，我們將就決定資產預期收益的各種因素，作更詳細的討論。

人們推測預期收益的根據有兩部分：一部分是現有事實，這部分我們可以假定或多或少知道得較確定；另一部分爲未來事件，這只能根據信心的大小進行預測。前者涉及的因素有：現有各類資本資產以及一般資本資產的數量；爲滿足現有消費者的需求，要求利用相對較多的資本把所需消費品有效率地生產出來。後者可列舉的因素有：資本資產的類型和數量、消費者的嗜好、有效需求的強度以及工資單位（以貨幣計算）等等在目前考慮中的投資品壽命這段時間以內可能發生的變化。我們可以把這些心理預期狀態（後者所概括的）總稱爲**長期預期狀態**(the state of long—term expectation)，以別於短期預期。所謂短期預期是生產者的一種估計，即估計他今天用現有設備生產產品商品製成後，其售價爲多少。這在第五章中已經進行了考察。

二

當我們進行預期時，把非常不確定①的因素看得過重是荒唐的。假如有些事實雖然與我們面臨的問題關係較少，但我們感到十分有把握，有些事實雖然與我們關注的問題關係較大，但我們知道得很少、很模糊，那麼，用前一種事實作為我們行動的指南，是合理的。基於這個原因，現有事實對長期預期的影響，在某種意義上說，與其重要性不成比例，我們通常的經驗是，以現在推測將來，除非我們有相當明確的理由預期到未來的變化，否則，我們只能按經驗行事。

我們據以作出決策的長期預期狀態，並不僅僅取決於其可能性最大的預測，也取決於我們對預測的**信心**，也就是說，我們自己對自己作出的預測的可靠性有多大把握，或者換句話說，我們自己判斷預測完全失誤的可能性有多大。假如我們預期未來有很大的變化，但這種變化會採取何種形式很不確定，則我們的信心很弱。

這就是工商業界所謂的**信任狀態**(state of confidence)，實際從事工商業的人對此都十分關注。但經濟學家迄未進行過仔細分析，通常只作廣泛討論。特別是沒有搞清楚，信任狀態之所以與經濟問題發生關係，是因為它對資本邊際效率有重大影響。信任狀態不能和資本邊際效率表並列為影響投資量的兩個獨立因素。信任狀態之所以與投資量有關，是因為信任狀態是決定資本邊際效率表的重要因素之一，而資本邊際效率表與投資需求表是同一回事情。

然而，關於信任狀態，從先驗方面，是沒有多少話可說的。我們

---

① 「非常不確定」(very uncertain)與「或然性很小」(very improbalete)並不是同樣的意思。參見拙著《或然率》，第六章，「論證的意義」。

的結論主要是基於對市場的實際觀察與商業心理。所以以下所述不像本書其他部分那樣抽象。

　　爲說明方便起見，我們在以下討論信任狀態時，假定利率不變；我們在以下各節一直假定，投資品價值發生變化只是因爲預期的投資品的未來收益的預期發生了變化，而不是因爲用來把資本的未來收益還原爲資本的現值的利率發生了變化。然而把信任狀態與利率同時變動所產生的影響加在一起，也是非常容易的。

三

　　顯而易見，我們據以估計預期收益的知識，其基礎是極其脆弱的。我們對若干年後決定投資收益的因素實在是知之甚少，少得微不足道。坦率地說，我們不得不承認，如果想估計 10 年以後，一條鐵路、一座銅礦、一家紡織廠、一件專利藥品的商譽、一條大西洋油船、一座倫敦市中心區的建築物的收益到底是什麼，我們所根據的知識實在很少，有時完全沒有。即使把時間縮短爲五年以後，情況也是這樣。事實上，眞正認眞地試圖作如此估計的人，常常是極少數，其行爲不足以控制市場。

　　以前，當企業主亦由創始人及好友自行經營時，投資量往往取決於個人的樂觀性格、創業的衝動，以及將事業看成是謀生手段，而不是依靠精打細算未來的利潤。這種事有點像買彩票，雖然最終結果很大程度是由經營者的才能和性格是在平均之上還是平均之下而決定。有些人會失敗，有些人會成功。即使在事後，沒有人能夠知道所有投資相加起來的平均結果，到底是超過、等於或低於通行利率。假如我們除去開發自然資源和壟斷，即使是在進步繁榮時期，投資實際上的平均收益，大概會使他們有點失望。企業家是在玩一種旣靠本領又靠

運氣的混合遊戲。其平均結果如何，參加者也無法知道。假如人性不喜歡碰運氣，或者對建設一座工廠、一條鐵路、一座礦或一個農場，除利潤以外別無樂趣，僅僅靠冷靜的算計，那可能不會有多少投資。

舊式的私人投資，一經決定大多數不可改變，這不僅對全體社會而且對個人都是如此。今日盛行的情況是，所有者與經理是分開的，並創立了投資市場。這些非常重要的新因素的進入，有時會使投資更為方便，有時也在經濟體系中增加了不穩定成分。如果沒有證券市場，那麼經常把我們已經進行的投資重新估計，沒有什麼意義。但證券交易所卻每天重估許多投資，這使得個人（但不是社會全體）常有機會變更自己的投資。這好像是個農夫，在早餐後看氣候表，並決定在上午 10 時與 11 時之間是否把資本從農業中抽回來，然後再考慮要不要在本周內把投資再投入到農業中去。雖然證券交易所的每日行情，原本在於便利舊的投資在不同個人之間進行轉讓，但不可避免地亦對當前投資量產生重大影響。假如新建一個企業的成本要比購買一個相同的舊企業的成本大，那建造新企業當然是沒有意義的。同時，如果有一個新項目，所需投資費用過高，但只要它的股票在證券交易所拋出去即刻獲利，這也可以從事②。這樣，某一類的投資，與其說是由職業企業家的真正預期決定，還不如說是由股票價格決定（股票價格代表證券市場的平均預期）③。那麼，這些如此重要的現有投資的每日行市，甚至是每小時行市是怎樣決定的呢？

---

②在《貨幣論》（第二卷，第 19 頁）中，我指出，當一個公司的股票市價很高時，這個公司可以利用其有利條件，用增股的方法募集資本，其效果與該公司獲得低息貸款相同。這種說法，我現在可以描述為：現有證券的市價高，則表示該類資本的邊際效率增大，其效果與利率降低相同（投資量取決於資本邊際效率與利率的比較）。

四

一般而言，人們在實踐中默默地遵循一條原則：按成規辦事。這條成規的要旨是(實際適用起來，當然沒有如此簡單)：除非我們有特殊理由預期未來有變化，否則我們將假定現存狀況將無限期地繼續下去。這並不意味著我們眞正相信現存狀況會永遠繼續下去。我們從大量的經驗中知道，這是最靠不住的，在很長的一段時期中，投資的實際結果極少與最初預期相一致。我們也不能依靠這樣的論據使我們的行爲是合乎理性的：當一個人對事態處於無知狀態時，預期在正反兩個方向失誤的可能性各占一半，所以存在著以相等的概率爲基礎的反映事態的平均狀態預期。因爲可以很容易證明：對無知的事態存在著算術上相等概率的預期這一假設導致荒謬的結論。因爲這等於假定，現有市場估價不管是怎樣形成的，就我們的現有知識（關於影響投資收益的事實）而論，是唯一**正確**的市場估價，並且只能隨著知識的變化而同比例變化。但從哲學上說，這個市場估計不能是唯一正確的，因爲我們現有的知識不足以提供充分的基礎來計算出一個數學的預期。事實上，決定市場估計的各種各樣的因素有許多是與預期收益毫無關係的。

不過，**只要我們信賴這條成規會維持下去，** 上述按成規行事的辦法倒使我們的經濟有了相當的連續性和穩定性。

因爲，假如有一個有組織的投資市場存在，加上我們信賴這個常規會維持下去，那麼投資者可以合理地自信，他的唯一風險乃是**不遠**

③這當然不適用於這類企業：其不容易轉手，也沒有可以轉讓的證券與之對應。但是這類企業的範圍現在逐漸縮小，在新投資總值中的比例，也迅速減小。

的未來(over the near future)，形勢與信息確有真正的變化；然而這種變化極可能不會太大，至於這個變化發生的可能性，他可以作出自己的判斷。假定大家都按成規辦事，則只有這種變化才會影響其投資的價值，他就無需僅僅因為他全然不知道 10 年以後他的投資將值多少而失眠。對個人投資者來說，只要他完全相信這個成規不會被打破，他就常有機會在時間過得不多、改變還不太大的時候修改其判斷，變換其投資，這使得他的投資在短時期內變得相當「安全」，因此在一連串短時期內（不論有多少）都變得相當「安全」。於是，對社會來說是「固定的」(fixed)投資，在個人來說卻是「流動的」(liquid)。

我確信：幾個具有領導地位的投資市場，是按這個過程發展而來的。但是按常規辦事，從絕對的觀點看是如此專斷，因而難免也有弱點，這是不容置疑的。如何保證足夠充分的投資，這個當前問題，一大部分正是由於這條成規的變幻無常造成的。

五

有幾個因素加強了這種變幻無常，簡述如下：

⑴有些企業所有者自己並不經營其業務，對情況（不論是現在的還是未來的）不瞭解，對業務不熟悉，隨著這些人的投資量在社會總量中所占的比例逐漸增大是已經投資於企業的投資者或正考慮購買企業的投資者，在估計投資價值時，有關投資的實際知識的成份嚴重減少。

⑵現有投資的利潤不免隨時變動，雖然這種變動顯然是一時的、無關緊要的，但對市場確有過度的甚至荒謬可笑的影響。例如，美國製冰公司的股票，在夏天由於季節的影響利潤較高，所以股票市價也高，在多天沒有人需要冰，所以股票市價也低。又如，美國各鐵路公

司，遇年節假日時，其證券市價可以提高幾百萬鎊。

(3)按成規行事所得市價，是一大群無知者的群衆心理的產物，自然容易受到群衆觀點的突然變化而發生劇烈的變化。而使得群衆的觀點發生變化的因素，並不必須與投資的預期收益有關；因爲群衆從來就不堅信市場會穩定，尤其在非常時期，大家比平常更不相信目前狀態會無限期地繼續下去，這樣，即使沒有具體理由可以預期未來會發生變動，市場容易一會兒受樂觀情緒支配，一會兒受悲觀情緒衝擊。這是不合理的，但在某種意義上也可以說是合理的，因爲沒有事實作根據，也就無法進行合理的計算。

(4)有一特徵尤其值得我們注意。也許有人認爲，職業專家（他們所有的知識與判斷能力超出一般的私人投資者）之間的競爭，可以矯正無知者自己從事而帶來難以預測的市場變化。然而，事實並非如此。這些職業投資者和投機者的精力和能力主要用在別的地方。事實上，這些人中的大多數所關切的預測某一投資品在其整個壽命中的權益可能有多少，並不在於比一般人高一籌，而在於比一般人稍爲早一些，預測決定市價的成規本身會有什麼變化，也就是說，他們並不關心，假如一個人購買一投資，不再割讓，該投資對此人眞正值多少。他們關心的是，在 3 個月或 1 年以後，在群衆心理影響下，市場對此投資的估價爲多少，而且，他們之所以如此行事，並不是因爲他們性格怪癖，而是投資市場的組織方式之不可避免的結果。假如有一投資，你相信其未來收益值 30，你也相信 3 個月以後在市場只值 20，如果你現在出 25 購買此投資，顯然是很不明智的。

根據以往的經驗，有幾類因素，例如某種新聞或某種氣氛，最能影響群衆心理，這樣，職業投資者不能不密切注意的是，預測這類因素在最近將來會發生什麼變化。這是以「流動」爲目的組織起來的投資市場之不可避免的結果。在所有正程的理財原則中，以「流動性」

崇拜(fetish of liquidity)對社會最不利。這個學說認為，投資機構應把資源集中於持有流動性高之證券(liquid secucities)。可是它忘了，對社會全體來說，投資不能有流動性。從社會的觀點看，高明的投資是增加我們對未來的瞭解。從個人的觀點看，最高明的投資就是先發制人（to best the gun）。像我們前面所說的美國人那樣，智取群眾，把壞的讓給別人。

智力的戰鬥，在於預測幾個月以後按慣例所得市價，而不是預測投資在未來好幾年中的收益。甚至這種鬥智，也不需要外行參加為職業投資者提供魚肉，他們相互之間就可以玩起來。參加者也不需要真正相信，因循成規從長期來看有什麼合理根據。從事職業投資，好像是玩「叫停」、「遞物」、「占位子」等遊戲，是一種消遣，誰能不先不後說出「停」字，誰能在遊戲終了之前把東西遞給鄰座，誰能在音樂結束時占到一個座位，誰就是勝利者。這些遊戲，可以玩得津津有味、高高興興，雖然每個參加遊戲的人都知道，東西總是傳來傳去，音樂結束總有人占不到座位。

換一種比喻，職業投資好像是報紙上的選美中獎賽，報紙上刊登一百張照片，參賽者選其中最美的六個，誰的選擇最接近全體參賽者的平均愛好，誰就得獎。所以每個參賽者都不選他自己認為最美的六個，而是選他認為別人認為最美的六個。每個參賽者都用同一觀點看問題，都不選他自己認為最美的，也不選一般人真認為最美的，而是運用我們的智力推測一般人認為最美的。這已經到了第三層推測。我相信，還有人會運用到第四層、第五層，甚至更高層。

讀者也許要插話：假如一個人運用自己的才能，不受這種盛行遊戲的干擾，根據自己所作的真正長預期繼續購買投資，那麼，在長時期中，他肯定能從其他遊戲者手中獲取大利。我們的回答是，的確有如此嚴謹的人，不管他們對市場的影響是否超過其他遊戲者，都會使

投資市場發生巨大的變化。但我們必須補充一點：有幾個因素使得這種在現代市場上不能占統治地位。基於眞正的長期預期進行投資在今天實在太困難，以致極少現實可行性。試圖這樣做的人，肯定比那些只是想在猜測群衆行爲方面比群衆更好的人，費力更多，風險更大。假定二人智力相等，前一種人更容易犯大錯。經驗沒有明顯的資料證明：凡是對社會有利的投資政策是與利潤最大的投資恰巧吻合。戰勝時間和消除我們對未來的無知所需智慧要超過先發制人所費精力和才智。而且，人生有限，人性總是喜歡速效，所以人們對迅速致富有特殊的興趣，而一般人對將來所能得到的總要打很多的折扣。玩這種職業投資者所玩的把戲，對於賭博毫無興趣的人，固然覺得煩膩，太緊張；但有此興趣的人則趨之若鶩。還有，投資者如果打算忽視市場波動，爲安全起見，必須擁有大量資本，並且不能用全部借來的資金進行如此大規模的投資。這是爲什麼二人智力相等、資本相等，從事消遣遊戲的人反而可以得到更多報酬的又一個理由。最後，從事長期投資的人固然最能促進公共利益，但若投資基金由委員會、董事會或銀行經管，那麼這種人將受到最多的批評。④因爲他的行爲在一般人眼裡，一定是怪癖，不守成規，過分膽大。假如他幸而成功，一般人便說他魯莽膽大。假如他短期內不幸而不成功(這是可能的)，不會得到多少憐憫與同情。處世之道昭示，寧可讓令譽因墨守成規而失，不可讓令譽因違反成規而得。

(5)到目前爲止，我們心目中還是以投機者或投機性投資者的信任狀態爲主。這似乎可以不言而喻地假定：假如他對前景滿意，他就可

---

④在實踐上，人們通常認爲這是很謹愼的：投資信託公司或保險公司，不僅經常計算投資的所得，而且還計算該投資在市場上的資本值，也可能過分注意投資資本值的短期變動。

以根據市場利率無限制地借款。當然，事實並不是如此。我們也必須考慮到信任狀態的另一方面，即罰款機構對借貸者的信心，有時描述為信任狀態。證券價格的崩潰，會對資本邊際效率產生不利影響。證券價格崩潰，可以起因於投機信心減弱，或者起因於信用狀態的減低。但要證券價格回轉，必須**兩者**一起復甦。因為信用的減低雖然足以引起崩潰，但信用的提高，只是復甦的必要條件，而不是充分條件。

六

以上論述，經濟學家都不應忽視，並應歸類於恰當的範圍予以考慮。假如我能用**投機**一詞代表預測市場心理這種活動，用**企業**一詞代表預測資產在其整個壽命中的預期收益這種活動，則投機並不總是支配企業。但投資市場的組織愈進步，投機支配企業的危險性也愈大。世界上最大投資市場之一——紐約，投機（依以上所下定義）的勢力非常大。但即使在理財領域之外，美國人也過分喜歡猜測一般人對於一般人的看法，這個民族性弱點也表現在證券市場上。據說，美國人極少為「所得」而投資（許多英國人現在還如此），除非他希望以後資本會增值，否則他不會十分願意購買一個投資。這就是說，當美國人購買一項投資時，他所希望的，主要不在於該投資未來的收益，而是因循成規所定的市價變動對他有利，換句話說，他就是以上所說的投機者。投機也許沒有害處，就像企業洪流中的小小泡沫。但如果企業變成投機漩渦中的小小泡沫，那問題就嚴重了。當一個國家資本的發展變成賭場活動的副產品，大概事情也做不好。如果認為華爾街的正當社會功用是在引導新投資進入最有利的途徑(用將來權益表示)，那麼，華爾街的成就，不能算是自由放任資本主義的輝煌勝利。這是不足為怪的。因為，假如我的看法是正確的，華爾街的最佳智力，事實

上並不在此，而是用在另一方面。

　　只要我們已經成功地組織起「流動的」投資市場，那麼這種趨勢幾乎是不可避免的。大家都同意，為公衆利益著想，遊戲賭博場所應當收費昂貴，不容易進去。恐怕證券交易所也應如此。倫敦證券交易所的罪孽之所以少於華爾街的罪孽，可能主要不是由於國民性的不同，而是因為前者對於一般英國人，比華爾街對一般美國人，收費昂貴，不容易進去。要在倫敦證券交易所交易，須付介紹費和高額經紀費，還要向英國財政部繳納轉手稅，稅額很重，凡此種種，都足以減少該交易所的流動性（雖然每兩星期結帳一次，在另一方面增加了該市場的流動性），所以很大一部分華爾街的交易，在倫敦證券交易所裡沒有。⑤在美國，由政府對一切交易徵收高額轉手費可能是不讓投機的優勢超過企業的最切實可行的辦法。

　　現代投資市場的奇觀，使得我有時會得出這樣的結論：使購買投資像結婚一樣，除非有死亡或其他正當理由，否則是永久的和不可解除的。這可能是消除當代種種罪惡的補救辦法。因為，這可以迫使投資者專注心思在預測長期收益上。這個辦法也會使我們陷入二難境地，因為投資市場的流動性，雖然有時會阻撓新投資，但也常常便利新投資。因為，假如每一個投資者都自認為他的投資有「流動性」（雖然對投資者全體而言這是不可能的），他便可以高枕無憂，並且願意多冒風險。只是個人還可採取別的方法以保持他的儲蓄，假如一旦購買投資便喪失流動性，這時嚴重阻礙新投資。困難就在這裡：只要個人的財富可以採取貯藏貨幣的形式或者用以貸款，除非有投資市場，可以把這些資產隨時脫手變成現錢，否則購買眞正的資本資產對誰都沒有足

---

⑤據說當華爾街活動時，至少有半數投機買資者**當天**就想脫手。商品交易所也如此。

夠的吸引力，那些不自己管理資本資產，或者對資本資產知道得很少的人更是如此。

信心崩潰對現代經濟生活打擊很大。要醫治此病，唯一根除的辦法，是讓私人只有兩種選擇，要嘛把所得消費掉，要嘛選擇他認爲前途最有希望，同時他又有能力購買的特殊資本資產，向別人訂貨。當然，有時他可能對未來疑慮重重，無所適從，只能多消費，少投資。即使這樣，要比當他疑慮重重時，既不消費又不投資爲好，因爲這對經濟生活，會產生重大的、累積的、深遠的影響。

有人曾經強調貯藏貨幣對社會的危害，不用說，他們心目中的理由如上所說。但是他們忽視這一可能性：即使貯藏的貨幣數量不變，或變化很小，這種現象仍然會發生。

七

除了由於投機引起的不穩定以外，還有其他不穩定因素起因於人性特徵。我們積極行動中的一大部份，與其說是取決於冷靜計算（不管是道德方面，苦樂方面或經濟方面），不如說是取決於一時衝動的樂觀情緒。大概可以這樣說，假如做一件事情的最終結果要經過許多日子才顯示出來，人們的絕大多數行動決策只能看作是動物的情緒(animal spirits)的產物，即一種一時衝動的想動不想靜的驅策的產物，而不是根據預期收益的加權平均乘以可得到的概率的結果。不管企業的創業說明書如何坦率誠懇，說它自己主要受到企業創立計劃書中內容的驅使，那只是自欺欺人。這與南極探險基於對未來利益的精確計算相比，只是略勝一籌。這樣，一旦動物的情緒衰退，一時衝動的樂觀情緒動搖，一切都根據冷靜的計算，那麼企業將枯萎而死。雖然畏懼損失並不比希冀利潤具有更合理的根據。

　　一般而論，假如創辦企業是基於對未來抱有希望會有利於全體社會，但是假如企業要靠私人來創辦，私人的創始性除了合理的計算以外，還要有動物的情緒補足和支持，有了這種精神，雖然以往的經驗無可置疑地告訴我們和企業家們，一件事業終究要虧本，但企業創辦人視而不見，就像一個健康人對死亡視而不見一樣。

　　不幸得很，這意味著不僅加深了不景氣的程度，而且使經濟繁榮過分依賴社會政治氣氛。要經濟繁榮，社會的政治氣氛必須與工商業意氣相投。假如害怕工黨政府和實施新政會使企業不景氣，這倒不一定是由於理智的算計或政治陰謀，而是因為一時衝動的樂觀情緒很脆弱，容易顛破。因此在估計未來投資前景時，我們必須考慮到那些打算投資的人神經是否健全，甚至他的消化是否良好，以及對氣候的反應如何，因為這種種都可以影響一個人的情緒，而投資又大部分決定於油然自發的情緒。

　　我不應由此而得出結論，認為一切都取決於非理性的心理因素。相反，長期預期狀態常常是穩定的，即使當它不穩定時，也有其他因素發揮穩定作用。我們只是要提醒我們自己，人影響未來的現在的決策，不管是個人的、政治的或經濟的，不能完全取決於嚴格的冷靜計算，因為並不存在進行這樣計算的依據；正是我們內在的驅策驅使社會的車輪運轉不息，我們的理性則盡其所能在各種可能的方案中挑選出最優的方案，能夠計算的地方也計算一下，但在需要原動力時，我們只能依賴於想像、情緒或機會。

八

　　還有某些重要的因素消弭了我們實際上對未來的無知。由於複利關係，一些資本設備隨著時間的消逝已逐漸過時，許多個人投資者在

估計預期收益時，只計算比較近的幾項也是合理的。房產是極長期投資中最重要的一類，但房產投資者常常把風險轉讓給住戶，或至少用長期契約的方式，在兩者間分擔，住戶也樂於如此，因為在住戶心目中，分擔風險以後，使用權有了保障，不會隨時中止。公用事業又是長期投資中重要的另一類。因為有壟斷特權的存在，又可在成本與收費之間保持一規定的差額，所以投資者的預期收益得有實際保障。最後，還有一類日趨重要的投資，由政府從事，由政府承擔風險。從事這類投資時，政府只考慮對社會未來的好處，在很大程度上不考慮商業利益，所以也不要求這種投資的預期收益率（計算的）至少等於現行利率——雖然政府出多少利率能借到款，對於投資規模有決定性的影響。

這樣，我們在重視了長期預期狀態在短期內的變化（有別於利率的變動）後，我們還可以說，任何利率的變動，在正常的情況下，對投資量有很大的、但不是決定性的影響。然而，只有經驗能證明，到底多高的利率能繼續刺激適當的投資量。

就我自己而言，我們現在有點懷疑，反而貨幣政策控制利率到底有多大成就。我希望看到，國家從長期觀點出發，從社會福利著眼，計算資本物品的邊際效率，對直接組織投資負更大的責任。因為各種不同類型的資本邊際效率的市場估計(計算的主要方法如上所述)，其變化太大以致於不能抵銷利率的任何實際變化。

第十三章　利率一般理論

一

我們在第十一章中已經指出：有一種力量迫使投資量上升或下降，以保持資本邊際效率等於利率，但資本邊際效率本身並不是通行的利率。用資本邊際效率代表用借款來進行新投資借方願付代價，利率代表貸方所要求的代價。為完善我們的理論，我們必須知道，利率由什麼決定？

在第十四章及其附錄中，我們將討論歷來有關這個問題的答案。總而言之，我們將發現，他們使利率取決於資本邊際效率表與心理上的儲蓄傾向二者相互作用的結果。他們的觀點是，現行利率取決於兩個因素：一是儲蓄的需求，由特定利率下所有新投資決定，二是儲蓄的供給，由社會心理的儲蓄傾向決定。但只要我們發現，儲蓄的供求平衡不能得出利率，這個觀點就會不攻自破。

然而，對於這個問題我們自己的答案是什麼呢？

二

個人心理上的時間優先觀(time preference)，要求兩組不同的決定，才能全部完成。第一組與時間優先觀相關的，我稱之為**消費**傾向。

決定消費傾向的種種動機，已經在第三篇中講過了。在此種種動機的影響下，決定消費傾向的是，個人將其所得的多少用於消費，以某種方式保留多少對於未來消費的支配權。

這個決定做了以後，還有另一個決定等待著他。即，他到底以**什麼**方式，持有他以當前所得或過去儲蓄中保留下來的對於未來消費的支配權。是持有即期的、流動的（例如貨幣或其相等品）的支配權呢？還是準備將這即期支配權放棄一段時間（定期或不定期的），讓未來市場情況決定：假如必要的話，他可以根據什麼條件，把對於一類特定物品的延期支配權（deferred command），變成對一船物品的即期支配權呢？換句話說，他的**流動性偏好**（liquidity preference）的程度如何？──個人的流動性偏好，可以用表格表示，表中列出：在不同的情況下，一個人有多少資源（用貨幣或工資單位計算的）將希望用貨幣的形式來保持？

我們將發現，以前接受的有關利率的理論，其錯誤在於他們試圖從心理上時間優先觀的第一組因素得出利率，而忽視了第二組因素。這個忽視我們必須盡力彌補。

利率不能是對於儲蓄本身或等待本身的報酬，這應該是明顯的。因為假如一個人以自己持有現金的形式進行儲蓄，他雖然可以像以前一樣儲蓄，但賺不到利息。相反，就字面來講，利率的定義告訴我們，利率就是在一特定時期內，放棄流動性的報酬。利率是一比例關係，分母為一定量的貨幣，分子為一特定時期內，放棄貨幣控制權所換取的債券①能得到的報酬②。

這樣，利息率為在任何時間內放棄流動性的報酬，它衡量持有貨幣的人不情願放棄貨幣流動性的支配權的程度。利率不是使投資資源的需求量，與目前消費的節約量，趨於均衡的「價格」。它是公眾希望用現金形式保持的財富與現有現金量，趨於均衡的「價格」。──它蘊

含著：假如利率低於均衡點，即假如放棄現金所得的報酬減少，那麼公眾願意持有的現金量超過現有供給量；假如利率高於均衡點，則有一部分現金變成多餘的，沒有人願意持有它。假如這種解釋是正確的話，那麼貨幣數量和流動性偏好，是在特定情況下決定實質利率的兩大因素。流動性偏好是一種潛在的可能性或一種函數關係，當利率已知時，它決定公眾願意持有的貨幣量。所以，令 r 為利率，M 為貨幣量，L 為流動性偏好函數，則有 M＝L(r)。這就是貨幣數量與經濟組織發生關係的地方。

　　然而，在這一點上，讓我們再回頭想一想，為什麼會有流動性偏好這種東西存在呢？這種關係，我們可以用在已有之的區別來表示：貨幣可以用作現在交易，也可以用作貯藏財富。就第一種用途而言，很明顯在一定點上，為流動方便而犧牲一些利息是值得的。但是利率絕不可能是負數。為什麼有人願意用不產生利息或產生很少利息的方式，而不用可以產生利息的方式，來持有財富呢（暫且假定，銀行倒帳的風險與債券倒帳的風險相同）？要充分說明，是十分複雜的，必須

───────────

①沒有這個定義也沒有關係，我們可以區分「貨幣」與「債券」的界限，可就處理一特定問題的方便而隨意劃定。例如，我們可以把**貨幣**作為對一般購買力的支配權，此購買力的所有者，從未放棄支配權超過 3 個月以上。凡是對一般購買力的支配權，不能在 3 個月以內收回的則為**債券**。我們也可以用 1 個月、3天、3 小時或任何一長時期來代替 3 個月。我們可以把到期不合法的償付不算作貨幣。但為實際方便起見，我們常把銀行定期存款包括在貨幣以內，偶然地，甚至把短期國庫券等票據也包括在內。通常，我還是用我《貨幣論》中的辦法：所謂貨幣就是銀行存款。

②一般論證不同於討論特殊問題時，可以把債券的期限明確規定。為方便見起，在一般討論中，利率是指各種利率所組成的利率體系。債務的期限不同，利率也隨之不同。

等到第十五章。但有一個必要條件：如果沒有它，人們也不會有對貨幣的流動性偏好存在，也不會有用貨幣持有財富存在。

這個必要條件是由於人們對利率的前途不確定而引起的。即：人們不能確知將來各種利率體系。假如能準確地預見將來任何時期的各種利率，那麼如果調整現在各種利率與未來各種利率，以現在利率可以推知未來利率。例如，設 1 d_r 為 r 年以後的 1 鎊在今年的值，設在 n 年時，以 n 年算起 r 年以後的 1 鎊值為 $_nd_r$，則

$$_nd_r = \frac{_1d_{n+r}}{_1d_n};$$

接著，以現在開始 n 年以後，任何債券轉換成現金的貼現率可以以當今的利率體系中的兩體率得出。假如不管債券何時到期，利率都是正數，那麼購買債券貯藏財富比持有現金貯藏財富更有利。

相反，假如未來利率是不確定的，那麼我們不能肯定地推斷到時 $_nd_r$ 一定等於 $\frac{_1d_{n+r}}{_1d_n}$。在 n 年到期前，也可能需用現金，這就必須出售以前購買的長期債券，將之轉換成現金，這可能有蒙受損失的風險，相比較持有現金風險就小。按現有可能性準確計算出的實際利潤或正確預期（是否能如此計算，還值得懷疑），必定足以彌補失望的風險。

假設有一個有組織的市場，可以從事債券買賣，將來利率又是不確定的，這使得流動性偏好又增加了一個新理由。因為各人對將來的估計不同，任何人假如他對於由市場報價表示出來的在市場上占支配地位的觀點，持有不同看法，他就有很好理由持有現金以便賺取利潤。假如他是正確的，則現在各 $_1d_r$ 之間的關係，必與將來事實不符，他可從中獲利。③

這與我們討論的資本邊際效率的某些方面極其相似。恰像我們知道的那樣，資本邊際效率不是由「最好」的意見決定，而是由群眾心理決定的市價所決定的。同樣，對未來利率的預期也是由群眾心理所

決定的，它們又影響流動性偏好。——但是，要加一點，凡是相信未來利率高於現在市場利率的人，有理由願意保持現金④；當一個人不相信這一點時，在其他方面他將有短期借款來購買長期債券的動機，市場價格將定於「空頭」(bears)賣出與「多頭」(bulls)買進相平衡的那一點。

我們可以把以上三種流動性偏好的理由進行分類，說明它們取決於：（i）交易動機，即需要現金，以便個人或業務上作當前交易之用；（ii）謹愼動機，即希望保障一部分資源與未來的現金等價；以及(iii)投機動機，即認爲自己比市場一般人對未來所要發生的，知道得更清楚，並想從中獲利。像我們討論資本邊際效率一樣，有一個問題使我們進入兩難境地：要不要有一個非常有組織的市場來進行債券買賣？因爲，如果沒有有組織的市場，由謹愼動機引起的流動性偏好將可能大大增加。但假如存在有組織的市場，由投機動機引起的流動性偏好又可能變動很大。

這可以說明：如果假定由於交易動機與謹愼動機引起的流動性偏好所吸收的一定數量的現金，對利率本身的變化（除開它對所得水平的影響以外）影響不大，那麼，貨幣總量減去這兩種動機所吸收的貨幣的餘額，可以用來滿足由投機動機引起的流動性偏好；利率與債券的價格，必須定在一個水平，在這一水平下，意願持有貨幣的那部分

---

③這裡所討論的，與我在《貨幣論》中的兩種觀點及「多頭空頭」(bull－bear)是一致的。

④也許有人會認爲，根據同樣的理由，有人相信投資的預期收益將低於市場預期的收益，他就有充分的理由持有現金。但是，實際上不是這種情況。他雖然有充分的理由持有現金或債券，而不願持有股票。但除非他也相信未來利率將高於市場假設之利率，否則購買債券比持有現金更有利。

人持有的貨幣量正好等於可用於投機動機的現金量。他們之所以願意持有現金而不持有債券，是因爲他們對債券未來價格看跌，即空頭。這樣，貨幣數量每增加一次，債券價格必須提高，使它超過一些「多頭」的預期，讓它賣出債券，換成現金，變成「空頭」。然而，假如除短暫的過渡時期外，由投機動機引起的現金需求是微不足道的，那麼，每一次貨幣數量增加時，利率幾乎立即降低，不管程度怎樣都必然引起就業量的增加和工資單位的提高，使得增加的貨幣數量被交易動機與謹愼動機吸收去。

在通常情況下，流動性偏好表（貨幣數量與利率的函數關係）可以用一條平滑的曲線表示：當利率下降時，貨幣數量增加。因爲有幾個不同的原因導致這個結果：

第一，假如利率下降，由交易動機引起的流動性偏好，將隨利率的下降而吸收更多的貨幣。因爲利率的下降可使國民所得增加，爲方便交易而保持的貨幣量將隨著所得的增加而增加（雖然比例或多或少）。同時，爲方便爲取得此種方便而持有充足的現金的成本(即利息的損失) 也將減少。除非我們用工資單位而不用貨幣（在某種場合它是方便的）來計量流動性偏好，否則會產生相似的結果如下：當利率下降時，就業量增加，工資也增加，即工資單位的貨幣價值增加，交易動機所需的貨幣也增加。第二，利率每降低一次，像我們所看到的那樣，某些人希望持有的現金量，將由於對將來利率的觀點不同於市場的一般觀點而增加。

雖然如此，情況是不斷變化的。即使貨幣數量大幅度增加，但對利率的影響很小。因爲貨幣數量的大量增加會引起：對未來非常不確定，從而使由安全動機引起的流動性偏好的加強；對利率的未來意見如此一致，以致於現行利率哪怕有一點變化，就會有一大群人願意持有現金。有一個很有趣的現象：經濟體系的穩定，以及它對貨幣數量

變化的靈敏性，可能是基於有許多不同意見的存在。我們最好能預知未來。但是，假如不能，我們還想用貨幣數量的變化來控制經濟體系，那麼對未來的看法意見應該不統一。這樣，這種控制方法，在美國比在英國更靠不住，因爲在美國，人們通常在同一時間保持同一意見，而在英國，意見不同是很平常的。

三

我們現在把貨幣引進因果關係中，這還是第一次。我們將首先瞥見：貨幣數量的變動是怎樣影響經濟體系的。不過，我們可以由此斷言：貨幣是一種飲料，它會刺激經濟體系進行活動，但我們必須記住：在杯子和嘴唇之間還有一些距離。假如其他條件不變，我們期望貨幣數量的增加可以降低利率，假如公眾流動性偏好的增加比貨幣數量的增加快，利率不會降低。設其他條件不變，利率的降低可以增加投資量。但假如資本邊際效率表比利率下降得快，投資量不會增加。設其他條件不變，投資量的增加可以增加就業量，但假如消費傾向也下降，就業量不會增加。最後，假如就業量增加，物價就上漲，其上漲程度一部分由生產函數的形狀所控制，一部分由工資單位(以貨幣表示的)上漲的傾向決定。當產量增加時，價格也上漲，對流動性偏好的影響又必須增加貨幣數量，以保持既定的利率。

四

由投資動機引起的流動性偏好，相當於我在《貨幣論》中所謂的「空頭狀態」(the state of bearishness)，但兩者絕不相同。因爲「空頭狀態」不是被定義爲利率（或債券價格）與貨幣數量之間的函數關

係，而是資產和債券兩者的價格與貨幣數量之間的函數關係。然而，這樣處理，把由於利率的變動的結果與由於資本邊際效率變動的結果混淆起來了。我希望我在這裡可以避免這一點。

五

貯錢(hoarding)這個概念，可以被看成是流動性偏好這個概念的第一近似值。的確，假如我們用「貯錢傾向」(proponsity to hoard)代替「貯錢」，兩者是相同的。但是，假如我們所謂的「貯錢」，是指現金持有額的實際增加，則這是一個不完整的想法。假如我們認為「貯錢」與「不貯錢」是兩種簡單的選擇，那將引起嚴重的誤解。因為在決定貯錢與否時，不能不反覆權衡放棄流動性偏好所能得到的利益——是權衡各種利益後的結果。因此，我們必須知道另一方面的利益。只要我們定義「貯錢」為實際持有現款，那麼貯錢的實際數量，因隨公眾的決定而改變是不可能的。因為貯錢量必須等於貨幣量（或者——要根據定義——貨幣數量減去滿足交易動機的貨幣量），這個貨幣量不是由公眾決定的。所有公眾的貯錢傾向能達到貯錢目的的，只是決定一個利率，使公眾願意貯錢的總數量正好等於現有現金。利率與貯錢關係被忽視之習慣，也許能部分地解釋：為什麼利率通常被看成是對不消費的報酬，而事實上利息是不貯錢的報酬。

第十四章　古典學派的利率理論

一

　　什麼是古典學派的利率理論呢？我們都是由此教育而來，並且直至最近沒有很多保留地接受這個理論。然而我卻發現要將其表達準確很困難，也很難在現代古典學派的重要著作中找到對此理論的明確說明。①

　　有一點是完全清楚的：傳統的看法認爲利率是使投資需求與儲蓄意向趨於均衡的因素。投資表示對投資資源的需求，儲蓄表示資源的供給，而利率是使投資資源的需求與供給趨於相等的價格。就像商品的價格必然固定在這一點上一樣：該商品的供需相等。所以，市場力量也必然使利率固定在使得在該利率下投資量等於該利率下的儲蓄量這一點上。

　　在馬歇爾的《原理》中，我們沒有發現以上的這些說法。但是，他的理論似乎是這樣的，我自己怎樣被教育，我也怎樣教育別人這麼多年。例如，以下是《原理》中的一段：「利息是在市場上使用資本所付的價格，所以利息趨於一均衡點，使得在市場上該利率下對資本的總需求量，等於該利率下資本的總供給量」。②又如卡賽爾（Cassel）教

――――――――――――――
①凡是我能找到的，都節錄在本章的附錄中。

授在所著《利息的性質與必然性》一書中所說，投資構成「等待的需求」，儲蓄構成「等待的供給」。這隱含著，利息是二者趨於相等的價格。雖然在這裡我找不到原文來引證。卡沃(Caroer)教授在《財富的分配》第六章中，清楚地認爲利息是使等待的邊際負效用與資本的邊際生產力趨於相等的因素。③夫洛克斯(Alfred Flux)先生在《經濟學原理》第 95 頁中寫道：「……假如我們一般討論的論點是正確的，那麼它必定允許儲蓄與利用資本的機會之間自動調整……。只要淨利率大於零，儲蓄不會沒有用處」。陶希格(Taussig)教授在《原理》第二卷第 29 頁中畫了一條儲蓄的供給曲線和一條需求曲線，需求曲線表示「當資本的數量增加時，資本的邊際生產力減小」。在前面第 20 頁中說到「利率會定於一點，在這一點上資本邊際生產力足以引起儲蓄的邊際數量」。④華爾拉斯(Walras)在其《純經濟學》「附錄 I　(III)　中，討論「儲蓄與新資本的交換」時，爭論道：相對於每一個可能的利率，有一個把各人願意儲蓄之數相加的總數，又有一個把各人願意投資(投資於新資產)之數相加的總數，二者趨於相等。利率則是使這兩者相

---

② 在以下附錄第一節中，我們還將討論這一段。

③ 卡沃教授對利息的討論很難讓人理解，(1)他前後不一致，不知道他講的「資本邊際生產力」，是指邊際產品的數量呢？還是指邊際產品的價值呢？(2)他也沒有試圖說明到底怎樣計算資本的數量。

④ 關於這些問題，奈特(F. H. Knight)教授最近進行了討論，在〈資本時間和利率〉(載《經濟》，1934 年 8 月號)中，對資本的性質，有很多有趣的、深刻的觀察。這證實馬歇爾傳統的健全，龐巴維克(Bohm-Bawerk)分析的無用。但他的利息論，卻標準是傳統式的、古典式的。根據奈特教授的說法，所謂資本生產的均衡狀態，是這樣一種利率，使得儲蓄流入市場的時間速率，正好等於儲蓄流入投資的時間速率，而投資所產生的淨收益率，正好等於爲使用其儲蓄而付給儲蓄者的代價。」

等的變數。所以利率被固定在這一點，在這一點上，儲蓄量（新資本的供給）等於儲蓄的需求量。這樣他完全沒有超出古典學派的傳統。

確實，普通人——銀行家、公務員或政治家——都受過傳統理論的教育，訓練有素的經濟學家也是如此，他們都有一個想法，認為，當一個人有儲蓄行為時，會自動使利率下降。利率的下降，又會自動地刺激資本的生產。而且利率下降得正好必定刺激資本的生產那麼多，使得資本的增產量，恰好等於儲蓄的增加量。進一步地說，這是自動的調節過程，不需要金融機關進行特別的干預或給予慈母般的照顧。同樣——甚至今日還有一個很普遍的觀念——投資量每增加一個單位，假如沒有儲蓄意願的變化進行抵銷，那麼，利率一定會提高。

現在前幾章的分析，已使我們明白，這種觀點是錯誤的。我們要追本溯源，探討意見不同的理由。但現在還是讓我們先說明共同點。

不像新古典學派那樣相信儲蓄與投資可能實際上不相等，古典學派相信兩者是相等的。例如，馬歇爾就確信，雖然他沒有明確地表述，總儲蓄與總投資必定相等。的確，大多數古典派學者把這個觀點推得太遠了，因為他們持有這樣的觀點：每當個人增加儲蓄量時，必然會帶來投資量的相應增加。而且，與這上下文相關的，在我的資本邊際效率表或投資需求表與以上所引許多古典學派所謂的資本需求曲線之間，沒有什麼本質的區別。當我們進而討論消費傾向和它的推論儲蓄傾向時，我們的意見逐漸不一致，因為他們強調利率對儲蓄傾向的影響。但是我設想他們也不會否認所得水準也會對儲蓄量產生重要的影響。而我也不會否認，當所得不變時，所得中關於儲蓄的那部分也許會受到利率的影響（雖然影響的方法與他們想像不同）。把這些共同點集中起來組成一個共同的命題，古典學派與我都能接受，即，假如所得水準假設是給定的，我們能推斷：當前利率必定位於這一點：資本的需求曲線與儲蓄曲線相交之點。這樣儲蓄量與資本需求量，都隨利

率的改變而改變。

從這一點以後，錯誤就悄悄進入古典學派的理論中。假如古典學派僅從以上的命題推論：假如資本需求曲線不變，人們在一特定量的所得願意中多少用於儲蓄，確實受到利率的影響，但影響方式不變。所得水準與利率之間，必存在著唯一的關係，這是沒有什麼可爭論的。而且，由此命題，還可以推論出另一個命題，也包含重要的眞理，即：假如利率不變，資本的需求曲線不變，又設人們在特定所得中願意用於儲蓄的數量受利率的影響也不變，則所得水準一定是使儲蓄量與投資量二者相等的因素。但是，事實上，古典學派不僅忽視了所得變動的影響，而且也犯了形式上的錯誤。

古典學派，像以上命題所能看到的那樣，假定可以進一步討論：資本需求曲線的移動對利率的影響，不必中止或修改這個假定，以便確定一特定量所得有多少用於儲蓄。古典學派關於利率理論的自變量是：資本的需求曲線和一特定量所得中受利率影響用於儲蓄的數量。例如，當資本需求曲線移動時，根據這個理論，其新利率是由於新資本的需求曲線與在一特定量所得中隨利率的變化而變化的儲蓄量曲線的相交點所決定。古典學派的利率理論似乎假設：假如資本需求曲線移動或一特定所得量在利率影響下的儲蓄曲線移動，或兩條曲線都移動，就利率則由兩條曲線的新位置的相交點決定。但是這個理論是毫無意義的。因爲假定所得不變，與假定兩曲線之一可以自己移動而不影響另一曲線是矛盾的。一般情況下，兩曲線之一移動，所得將改變。整個基於所得不變這個假定設計的結果都將粉碎。要補救這一點，必須用一些很複雜的假定：如兩曲線之一移動或兩曲線移動時，工資單位會自動變化，其改變程度足以影響流動偏好建立一個新利率，抵銷曲線移動，保持產量與以前相同的水平。事實上，在以上所引的各種論點中，找不出一點線索，認爲這種假定是必要的。表面上最講得通

的，也只能與長期均衡有關，而不能作為短期均衡理論的基礎。即使在長時期中，這種假定也不一定完全適用。事實上，古典學派沒有意識到，所得水準的變化是一個有關因素，更沒有想到，所得水準實際上可能是投資量的函數。

以上所說，可以用下圖表示：⑤

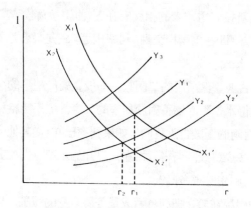

在上圖中，投資量（或儲蓄量）L 用縱坐標表示，利率 r 用橫坐標表示。X_1X_1' 為投資需求表的原來位置，X_2X_2' 為該曲線移動後的位置。曲線 Y_1 表示，當所得水準為 Y_1 時，儲蓄量與利率的關係，曲線 Y_2、Y_3 等的意義相同，只是所得水準相應改成 Y_2、Y_3 而已。讓我們假設，在 Y 曲線組中，曲線 Y_1 是唯一與投資需求表 X_1X_1' 與利率 r_1 不相衝突的曲線。現在假如投資需求表從 X_1X_1' 移至 X_2X_2'，一般而言，所得水準也將移動。但上圖沒有足夠的**數據**(elata)告訴我們新所得將定在什麼水準，因此，我們不知道哪一條 Y 曲線合適，也不知道哪一點上新投資需求曲線將與之相交。然而，假如我們引進流動性偏好狀態和貨

---

⑤本國是哈羅德(R. F. Harrod)先生給我的，羅伯特(D. H. Robertson)先生亦用過
　類似的設計。參見《經濟學雜誌》，1934 年 12 月號，第 652 頁。

幣數量，又假設決定這兩者的利率為 r_2，則整個位置就被決定了。因為在 r_2 點上與 X_2X_2' 相交的 Y 曲線(即 Y_2 曲線)，將是合適的曲線。這樣 X 曲線組與 Y 曲線組不能告訴我們利率是多少。它們僅能告訴我們：假如我們能從其他方面知道利率是多少時，所得水準將是多少。假如流動性偏好狀態和貨幣數量沒有發生什麼變化，那麼利率是不變的。Y_2' 曲線與新投資需求表的相交點在 Y_1 曲線與舊投資需求表的相交點的垂直下方，即在這兩相交點，利率相等。Y_2' 是最合適的 Y 曲線，Y_2' 將是新所得水準。

因此，由古典學派所用的二函數，即投資對於利率的反應，以及在一特定量所得水準下，儲蓄對於利率的反應，這不能給利率理論提供材料。但是這兩個函數告訴我們：如果利率已知(從其他方面知道)，所得水準將是多少。或，所得維持在一已知的水準（例如充分就業下的所得水準），利率必須多高？

其錯誤的根源在於：把利息看成是等待本身的報酬，以其代替利息是不貯錢的報酬。實際上就像各種貸款各種投資的收益都會有風險，只是程度的不同。因此由貸款或投資得到的收益，不被看成是等待本身的報酬，而看成是冒風險的報酬。事實上，由貸款或投資得到的報酬，與所謂「純」利潤之間，沒有明顯的界線，所有這些都是甘冒這一種風險或那一種風險的報酬。只有當貨幣用於交易，而不用於貯藏價值時，其他的理論才會合適。⑥

但是，有兩處很熟悉的地方，也許應警告古典學派他們在有些方面錯了。第一，大家都同意，自從卡賽爾教授的「利息的性質與必然性」出版以後，一特定量所得的儲蓄量，不一定隨利率的增加而增加。同時，也沒有人懷疑，投資需求表隨利率的提高而減少。但是，假如

_____

⑥參見以下第十七章。

X 曲線組和 Y 曲線組都隨著利率的提高而下降，那麼一特定 Y 曲線與一特定 X 曲線不一定有交點。這就意味著，不能只是 Y 曲線和 X 曲線決定利率。

　　第二，古典學派常常假設，當貨幣數量增加時，至少在開始及短期內，利率有降低的趨勢。但是他們沒有說明理由，為什麼貨幣數量的變化會影響投資需求表，或影響一特定量所得的儲蓄量。這樣古典學派有兩種完全不同的利率理論，在第一卷價值論中是一種，在第二卷貨幣論中又是一種。他們似乎不因為兩者有矛盾而不安，也不做任何嘗試去協調兩者，據我所知。這是說古典學派自身。一些新古典學派試圖去協調這兩者，結果搞得糟糕透頂。因為新古典學派推斷：一定有**兩個**供給來源，來滿足投資需求表，即，正常儲蓄，就是古典學派所謂的儲蓄；以及由於增加貨幣數量而產生的儲蓄(這是對公衆「徵課」的一種特別形式，可稱為「強迫儲蓄」或類似的名稱)。這種想法是產生於「自然」(natural)利率，或「中立」(neutral)利率⑦，或「均衡」(equilibrium)利率等觀念。即，這些利率是使投資與古典學派的正常儲蓄 (而沒有任何外加的「強迫儲蓄」) 相等的利率。最後我們假定古典學派在開始時是沿著正確的路線前進，他們得出這樣一個淺顯的解決辦法：假如在任何情況下，貨幣數量都能保持不變，那麼所有複雜的情況都不會產生。因為假如貨幣數量不變，由投資超過正常儲蓄所產生的惡果就不可能出現。但是，到了這裡，我們跌入陷阱不能自拔。「野鴨已潛入水底——深到不能再深——迅速咬住水底下的野草、蔓莖，以及垃圾，現在需要一隻特別聰明的狗跳下去，重新把野鴨撈上岸來」。

---

⑦當代經濟學所謂的「中立」利率，與龐巴維克所謂的「自然」利率以及與威爾賽爾(Wicksell)所謂的「自然」利率不同。

傳統分析之所以錯誤，是因爲他們不能識別經濟體系的自變量是什麼。儲蓄與投資是經濟體系的被決定因素，而不是經濟體系的決定因素，其決定因素是消費傾向、資本邊際效率以及利率，儲蓄與投資只是這些決定因素的孿生兄弟。的確，這些決定因素本身是複雜的，而且可以相互影響。但是它們各自保持著獨立，這意思就是說，它們中的任何一個值不能從其他數值中推出來。傳統分析也知道儲蓄取決於所得，但是他們忽視了這個事實：所得取決於投資。用這樣的方式可得：當投資變化時，所得也一定會變化，所得變化的程度，是必須使儲蓄的變化恰好等於投資的變化。

還有一些理論，試圖使利率取決於「資本邊際效率」，但也不太成功。可以確信，在均衡狀態下，利率將與資本邊際效率相等。因爲，如果兩者不相等，可以通通增加（或減少）當前的投資量，直至二者相等爲止，必然有利可圖。但是把這些作爲利率理論，或由此推出利率，則犯了循環推理的錯誤。例如馬歇爾想沿着這條路線解釋利率時，中途就犯了錯誤。⑧因爲「資本邊際效率」，一部分取決於當前投資量的多少，而我們在能計算當前投資量之前，必須先知道利率爲多少。有重大意義的結論是：新投資的產量將達到這一點，使資本邊際效率等於利率。資本邊際效率表告訴我們：不是利率將定於哪一點，而是利率爲已知，新投資的產量將達到哪一點。

讀者很容易意識到：我們所討論的問題，不僅有重大的理論意義，而且有重要的實踐意義。以往經濟學家在對實際問題有所主張，都無例外地基於這一經濟學原理。這個原理假定：假如其他條件不變，則減少消費會使利率趨於下降，增加投資可以提高利率。但是，假如儲蓄意願與投資兩者決定的不是利率，而是總就業量。那麼我們對經濟

---

⑧見本章附錄。

體系結構的看法會完全改變。在其他條件不變時，不是增加投資，而是減少就業，我們對這個因素的看法將完全不同。

附　錄

馬歇爾「經濟學原理」，李嘉圖「經濟原理」
以及其他利率理論

一

　　在馬歇爾、艾其佛斯(Edgeworth)或皮古敎授的著作中，對利率都沒有系統的論述，只是附帶的提到。除了以上所引的一段外（見上第十一章第二節），馬歇爾對於利率問題的重要線索，只能以《原理》（第六版）第六篇第 534 頁及第 539 頁中去找。所引要點如下：

　　　　「利息既然爲任何市場上使用資本的代價，那麼利息常趨於一均衡點，使得該市場在該利率下對資本的總需求量，正好等於在該利率下即將到來的資本的總供給量。①如果我們討論的市場是一個小市場，例如一城或進步國家中的一業，則當該市場對資本的需求增加時，可以從鄰區或他業中抽調資本，增加資本的供給，而迅速滿足它。但是如果我們把全世界或一個大國當作資本市場，我們就不能認爲，資本的總供給量，因利率的改變，而有

---

①這是値得注意的，馬歇爾用「資本」一詞而不用「貨幣」，用「資本供給量」而不用「貸款」。但是利息是借錢的代價，「資本的需求」在上下文中的意思應該是「爲購買資本品而對貸款的需求」。但使資本品的供需相等者，是資本品的**價格**，而不是利率。利率使貨幣貸款的供需相等。換句話說，使債券的供需相等。

迅速和大量的增加。因爲資本的一般財源是勞動和等待的結果，利率提高，固然可以引入作額外的勞作②和額外等待，與現有資本中的勞動和等待相比，不會很多。所以在短期內，對資本的需求大量增加時，滿足這種需求的增加，出於供給的增加者少，出於利率的上漲者多。③因爲利率既然上漲，所以有一部分資本將從它的邊際效率最低的使用中逐漸退出。提高利率，只能慢慢地、逐漸地增加資本的總供給量」。（第 534 頁）

　　『我們不能不反覆申述，「利率」一詞，用在舊資本投資品上，意義非常受限制。④例如，我們也許可以說，投於本國工商業的資本，約爲 70 億鎊，年得淨利 3 釐。不過這種說法雖然方便，在

---

②這就假定所得不是不變。但是，爲什麼提高利率會引起「額外勞作」這一點不明顯。難道是說，提高利率可以被看成是增加爲儲蓄而工作的吸引力的理由，所以可以看成是一種實行工資的增加，可以使生產產業願意接受較低的(貨幣)工資而工作嗎？我認爲這就是羅伯森先生在類似文章裡心目中所有的意思。當然，這種額外勞作「在短時間內不會太多」。試圖用這個因素來解釋實際上投資的變動，可以說是最不近情理，的確荒謬。我將下半句重寫成：「假如一般資本的需求大量增加是由於資本邊際效率表的增加，而且其增加**沒有**被利率的上漲所抵銷。就業量增加，所得水準提高，使得資本品的生產增加，導致額外等待。而且額外等待的貨幣值，正好等於當前資本品的增產量，因此前者正好提供後者。」

③爲什麼不用資本品供給價格的提高呢？例如，假如一般資本的需求增加是由於利率的**降低**，那麼資本品的供給價格將上漲。我將這一句改寫成：「資本的需求增加不能立刻以資本的供給增加予以滿足，則需求的未滿足部分，將暫時因資本的供給價格上漲而受到抑制。」價格上漲的程度，使投資量不會有本質上的變化，而資本邊際效率已等於利率。同時(亦永遠如此)，生產要素適合資本品產品，將使用以生產在新環境下邊際效率最高的資本品。

許多場合也是容許的，但並不正確。我們應當說，如果在各工商業中新投資本所得的淨利率約為年利 3 釐，則各工商業舊投資的所得，若以 33 倍乘之(即用 3 釐利率，以所得還原為資本，則約等於 70 億鎊。因為資本一經投資於改良土地，建造房屋、鐵路和機器，則該資本的價值是它預期的未來淨所得（或準地租）折合成現值之和。如果該資本在未來產生所得的能力減低，則它的價值相應減少，它的新價值可以從較小所得中減去折舊，再加以資本還原化求得。」(第 593 頁)

皮古教授在《福利經濟學》(第三版第 163 頁) 中寫道：「『等待』的服務性質一直受到人們極大的誤解。人們有時說，等待即是提供貨幣，有時說，等待即是提供時間。根據這兩種說法，人們推斷：等待對於國民所得毫無貢獻。其實這兩種說法都不正確。所謂『等待』，只是把現在可以即刻消費的東西暫時延期不消費，這樣使本來可能被毀滅的資源變為生產工具。⑤……因此，『等待』的單位，是一特定量的資源⑥——例如勞動力或機器——使用一特定的時間……更籠統地說，等待的單位是一個年價值單位(year－value－unit)，或簡單地也較不準

---

④事實上，我們根本不能那樣說。我們只能說，利率是為購買新的資本投資品(或為其他目的) 借錢所付的代價。

⑤這裡的用詞十分含糊，到底是說，延期消費**一定**會產生這種效果呢？還是說，延期消費不會節約資源，至於這資源是用於投資還是不用於投資造成失業必須根據情況而定呢？

⑥注意，並不是所得持有者的錢可以用於，但並沒有用於消費。所以等待的報酬，不是利息而是準地租。這句話似乎隱含著這樣的意思：節約的資源必須用作投資。因為假如節約了資源也導致了失業，那麼等待還會有什麼報酬呢？

確地用卡賽爾(Cassel)先生的語言，等待的單位是一個年鎊(year-
pound)……我們一定要留心這種通俗的觀點：認爲在任何一年中所
積累的資本，必定等於該年的『儲蓄』量。即使我們把儲蓄解釋爲淨
儲蓄(不計一個人借給別人，以增加別人消費的儲蓄)，也不計暫時存
入銀行**沒有動用**的服務支配權的存數，這個觀點還是不對。因爲許多
儲蓄，本來是要變成資本的，但因錯入浪費之途，事實最後沒有達到
這個目的。」⑦

　　我認爲，皮古教授唯一論述什麼決定利率的地方，在其著作《工
業變動》(第一版)第251～253頁中可以找到。在書中他批駁：利率是
由實質資本的需求與供給來決定，它不在中央銀行或其他銀行的控制
之下這一觀點。他提出了反對意見：「當銀行家爲工商界創造更多信用
時，他們是爲自己的利益向公衆強迫徵課實物(見前第一篇第十三章是應
該說明之處)⑧，這樣可以擴大實質資本的供給源流，引起所有實質利
率下降。總之，銀行長期貸款利率，雖然機械地追隨實質利率，但不
是說，實質利率的決定條件，完全不在銀行家的控制之下」。

　　我對以上各家的評論，見脚注。我之所以對馬歇爾的學說困惑不
解，其基本原因是因爲「利息」這個概念是屬於貨幣經濟範圍，但不
應進入不討論貨幣的著作中。在馬歇爾的《經濟學原理》中實在不應
該出現「利息」這個概念，它屬於經濟學的另一個分枝。皮古教授在
《福利經濟學》中，實際上從未提到利息，他讓我們感到：等待的單
位，就是當前投資的單位，等待的報酬就是準地租，這完全和他暗中

---

⑦皮古教授在這一段裡，沒有告訴我們：假如我們忽略使用不當的投資，但我們
　考慮「暫時存在銀行，未被利用的服務支配權」存款，那麼淨儲蓄是否與資本
　增量相等，但在《工業變動》第22頁中，皮古教授明確說明，這種存款對於它
　稱爲「實質儲蓄」並不產生影響。

假定相一致。但是這些學者並不討論非貨幣經濟（假如有這種東西的話），他們清楚地假定有貨幣的使用，有銀行制度的存在。而且，利率所占的地位，在皮古教授《工業變動》一書（主要是研究資本邊際效率的變動）中和在《失業理論》一書（主要是研究，假如沒有非自願失業，什麼決定就業量）中，並不比在《福利經濟學》中所占的地位更重要。

二

以下引文，是李嘉圖在《政治經濟學原理》（第 511 頁）中有關利率理論的主要內容：

「決定貨幣利息的不是銀行貸款時的利息率，不論是 5 釐、3 釐或 2 釐，而是使用資本所能得到的利潤率，這種利潤率與貨幣的數量或價值完全無關。無論銀行貸出一百萬、一千萬或一億，都不能永遠

---

⑧在這裡(前引書第一版第 129～134 頁或第二版 146～150 頁)，皮古教授關心的是：當銀行創造新信用時，可供工商界所用的實際資本品資源將擴大多少。他的方法是:「從銀行創造出來交給工商界的流動信用中，減去如果沒有銀行也會產生的流動資本。」自從討論扣除後，各章論證非常晦澀。亦如固定所得者的所得為 1,500，其中 500 用於消費，1,000 用於儲蓄。在銀行創造信用後，所得減為 1,300，其中用於消費品為 500-X，用於儲蓄 800＋X。皮古教授總結道:「這裡的 X 是銀行創造信用而淨增的資本。企業家的所得到底增加多少？是等於銀行所借之數（進行了以上扣除）呢？還是等於固定所得者所得減少之數──即 200 呢！不管哪一種情況，是不是他們把全部增加數都儲蓄起來呢？投資量的增加是否等於銀行使用**減去**以上扣除？還是等於 X 呢？皮古教授的論證似乎停留在成品開始之處。

地改變市場利率，而只能改變這樣發行出去的貨幣的價值。在一種情形下經營同一種企業所需的貨幣也許會比另一種情形下大 10 倍或 20 倍。因此，向銀行申請借款的多少取決於運用這筆借款所能得到的利潤率和銀行貸款時所索取的利率之間的比較。如果銀行索取的利率低於市場利率，那麼貸款不論有多少都可以借出去；如果高於市場利率，那麼願意向銀行借錢的人只有奢靡浪費的紈袴子弟了」。

李嘉圖刻畫得如此清楚，在討論時比以後學者的理論更容易理解。以後的學者，實際上並沒有脫離李嘉圖學說的要旨，但又覺得李嘉圖的說法欠妥，只能含糊其詞予以掩飾。以上引文，當然應該被看作爲一種長期學說，著重點放在文中「永久」二字上。李嘉圖總是討論長期情況。要證實這種假定是有趣的。

再一次需要假定的是古典學派通常的假定：總是存在著充分就業。所以，假定用產量表示的勞動力供給曲線不變，則長期均衡下的就業量只有一個是可能的。根據這個假定，再加上其他條件不變，即各心理傾向不變，預期不變（由貨幣數量的改變所引起者除外）這兩個假定，則李嘉圖學說可以成立。這意思是說，在這些假定下，只有一個利率，與長期充分就業不矛盾。但是李嘉圖和他的繼承者忽視了這個事實：即使在長期，也不能達到充分就業，就業量也可能改變。每一個銀行政策都有一個不同的長期就業水平與之對應。所以長期均衡的位置，也隨金融當局的利息政策而改變。

假如李嘉圖的學說要成立，必須假定金融當局在維持一特定的貨幣量，還要正確假定貨幣工資有很大的伸縮性。這就是說，假如李嘉圖認爲，不論金融當局所決定的貨幣數量爲一千萬或一億，利率不因之有永久的改變，這個看法還是能成立的。但假如金融政策，是指金融當局增減貨幣數量的條件，即是指金融當局用貼現或公開市場交易

等方法，增減其資產時所要求的利率（李嘉圖在以上引文中明確說明這就是他所謂的金融政策），那麼金融當局的金融政策，既不是不起作用的，又不是只有一個政策與長期均衡相協調。但假如非自願失業現象存在時，失業者之間爲就業將展開無益的競爭，結果使貨幣工資無限制下降，在這種極端情形下，事實上只有兩個可能的長期均衡位置：充分就業，或利率達到偏好可以無限制地吸納貨幣即流動性偏好可以變成絕對的就業量(在這種情況下，就業量小於充分就業量)。假定貨幣工資有很大的伸縮性，貨幣數量本身的確不發生作用，但是金融當局將改變貨幣數量的條件，確是經濟體制的一個決定因素。

從以上引文的最後幾句來看，有一點是值得強調的，李嘉圖忽視了：資本邊際效率可以隨投資量的改變而改變。但這是一個最好的例子，能說明李嘉圖的學說體系比他的繼承者更嚴謹、前後更一致。因爲假如一個社會的就業量不變，其社會心理傾向也不變，那麼只有一個可能的資本積累率，也只有一個可能的資本邊際效率的值。李嘉圖充滿智慧的偉大成就，非弱者所及。他可以把一個離現實遙遠的世界看成是一個現實世界，然後始終生活在其中。而李嘉圖的大部分追隨者，則不能不兼顧常識，於是其學說在邏輯上的一致性受到破壞。

三

密賽斯(von　Mises)教授有一個奇特的利率理論，爲海耶克(Hayek)和（我想）羅賓斯(Robbins)教授所採用。這個理論認爲：利率的變化，能和消費品物價水準與資本品物價水準的相對變化是一致的。⑨我們不清楚這個結論是怎樣得出來的。其論證好像是這樣的：

---

⑨《貨幣與信用論》第 339 頁及全書，尤其是第 363 頁。

先用一些假定，使問題極其簡單化，然後根據這些假定，說明資本邊際效率是由新消費品的供給價格與新資本品的供給價格之比來計量的。⑩這個比例就是利率。我們要注意這樣一個事實，利率的降低有利於投資。所以消費品的供給價格與資本品的供給價格的比例降低時，也有利於投資。

　　用這種方法，可以建五個人儲蓄的增加與社會總投資的增加之間的聯繫。因爲一般人認爲，若個人儲蓄增加，那麼消費品的價格下降，而且下降的程度大於資本品價格的下降程度，是十分可能的。根據以上的理由，推斷利率的降低將刺激投資。但是，一特殊資本資產的邊際效率降低，會使一般資本邊際效率表降低，其效果與以上的假設完全相反。因爲刺激投資的既可能是資本邊際效率表的提高也可能是利率的降低。混淆資本邊際效率與利率的結果，是密賽斯教授及其信徒所得的結論與事實相反。遵循這種思路所引起的混淆，可用漢森(Alvin Hansen)教授的一段話，作爲例證⑪：「有些經濟學家認爲，減少消費的淨效果，將使消費品的價格比沒有減少消費時低，所以投資於固定資本的動機也因此趨於削弱。然後，這個觀點是不正確的。因爲這種觀點把以下兩者混淆起來了：(1)消費品價格的高低對資本形成的影響；(2)利率的改變對資本形成的影響。事實上，減少消費和增加儲蓄，可以使消費品價格相對低於資本品價格。但是這意味著利率的降低，而利率的降低可以刺激投資，即刺激在以前高利率下無利可圖的投資」。

---

⑩假如我們是在長期均衡狀態，也許會想出特別的假定，使這種說法成立。但是當我們討論的價格，是在不景氣情況下的價格，那麼簡單化地設想企業家在進行預測時，假定現有價格會永久地維持，這肯定與事實不符。而且，企業家眞如此預測，那麼現有資本品價格，將與消費品價格同比例下降。

⑪《經濟復興》(*Economic Reconstruction*)第 233 頁。

第十五章　流動性偏好的動機

一

　　現在我們必須詳細分析在第十三章中初步介紹過的流動性偏好的動機。這實質上與有時討論的貨幣的需求相同，也與貨幣所得流通速度關係非常密切。因爲貨幣所得流通速度，只衡量公衆願意以所得的多少用現金來保持。所以，貨幣所得流通速度的增加可能是流動性偏好減低的徵兆。然而，這不是相同的事情。因爲個人在流動與不流動之間進行選擇，只限於其積累的儲蓄，而不是全部所得。而且，「貨幣所得流通速度」這一名詞，把人們列入歧途，認爲全部貨幣需求都與所得成比例，或與所得有一定的關係。而實際上像我們將看到的那樣，只有**一部分**貨幣的需求才與所得成比例，或與所得有一定的關係。其結果是忽視了利率的作用。

　　在拙著《貨幣論》中，我用所得存款(income—deposits)，業務存款(business—deposits)，以及儲蓄存款(saving—deposits)三個標題，研究貨幣的總需求。我不必重複該書第三章中所作的分析。但爲這三個月的所持有的貨幣，總滙在一起，持有者不必分成三個水洩不通的部分。即使在持有者的心目中，也未必劃分得非常清楚，同一筆款項，可以兼爲兩個月的（主要的和次要的）而持有。我們能把個人在一特定情況下對貨幣的總需求，看成是一個單獨的決定，也未嘗不可，也

許更好。但這單獨的決定，是許多不同動機的綜合結果。

　　然而，在分析動機時，爲方便起見，可以把它分成幾類。第一類大致相當於我以前所講的所得存款以及業務存款。第二類第三類相當於我以前講的儲蓄存款。在第十三章中，我們這三類稱爲交易動機、謹愼動機以及投機動機。交易動機又可再分成所得動機與業務動機。

　　(i)所得動機——持有現金的一個理由是要渡過從所得的進款到支付這一段時期。誘使人們持有一特定量現金的動機的強度，主要取決於所得的大小，以及所得支出之間的正常長度而定。貨幣所得流通速度這一概念，只適用於爲此目的所持有的貨幣。

　　(ii)業務動機——同樣，持有現金，是爲渡過業務上以成本支出到銷售所得這一段時間。商人持有的貨幣，用以渡過從進貨到售貨這一段時間的，也包括在這個動機之下。這個需求的強度，主要取決於這兩個因素：當前產品的價值(當前所得)，以及這個產品必須經過幾道手才到達消費者。

　　(iii)謹愼動機——由這動機持有的貨幣，是爲防止有意外的支出，或沒有預見有利購買的機會。持有貨幣這種資產，若以貨幣本身爲計算單位，其價值不變。若負債也以貨幣爲計算單位，那麼持有貨幣是爲償付將來債務這個動機。

　　這三類動機的強度，一部分要取決於：當需要現金時，用暫時借款（尤其是透支）等方法，取得現金所付的代價是否便宜，可靠性如何。因爲當實際需要現金時，可以沒有困難立即獲得現金，那麼沒有必要爲渡過這一段時間，而持有現金不用。這三動機的強度，也取決於我們持有現金的相對成本。假如現金的保持，是放棄了購買一有利可圖的資產，選擇持有現金的成本增加，減弱了持有一特定量現金的動機。假如存款可以生息，或持有現款可避免給銀行付費，那麼成本減少，動機加強。然而，除非持有現金的成本有很大的變化，否則這

可能只是一個次要的因素。

　　(iv)另外還有投機動機——這種動機，比其他的幾個動機更需要進行詳細的考察。其理由有：第一，人們對此動機的瞭解比對其他動機的瞭解少。第二，在傳播由貨幣數量的變化產生的影響方面，這個因素尤其重要。

　　在正常的情況下，爲滿足交易動機以及謹愼動機所需要的貨幣數量，主要取決於經濟體系的一般活動和貨幣所得水準。但是由於有投機動機的作用，所以貨幣數量的變化（不管是有金融管理還是缺乏金融管理）會影響整個經濟體制。因爲用貨幣去滿足前兩個動機的需要，除非一般經濟活動和所得水準有什麼實質性的變化，否則大體不受其他任何因素的影響。但是經驗告訴我們，用貨幣去滿足投機動機的總需求，通常隨利率的變化而逐漸變化，即：可以用一條連續曲線(continuous curve)表示。而利率的變化，又可以用長期或短期債券的價格變化來表示。

　　確實如此。假如情況不是這樣，「公開市場操作」(open market operations)將無法進行。我之所以說，經驗告訴我們，存在著以上所述連續關係，是因爲在正常情況下，銀行系統實際上可以把債券價格稍爲提高一點，用現金來購買債券，也可以把債券價格稍爲壓低一點，出賣債券換取現金。銀行系統用買（賣）債券的方法，來得到（或放棄）現金的數量越大，則利率的降低（提高）的程度也越大。然而（正像 1933～1934 年的美國一樣）公開市場操作只限於購買極短期的證券，其影響當然主要限於極短期利率，而對於非常重要的長期利率，影響很小。

　　然而，在討論投機動機時，重要的是區別兩種利率的變化，第一類是流動性偏好函數不變，但是由於用來滿足投機動機的貨幣供給量變化，引起利率變化。第二類是因爲預期的改變影響到流動性偏好本

身，從而影響到利率的變化。公開市場操作可能確定是通過以下兩個渠道來影響利率的，因爲他們不僅可以改變貨幣的數量，而且可以改變人們對政府或中央銀行未來政策的預期。如果流動性偏好自身的變化，是由於情報改變引起預期的改變所致，那麼這種變化往往是不連續的，由此引起的利率的變化也是不連續的。但是，只有在各人對情報的改變解釋不同，或情報的改變，對各人利益所產生的影響不同這種情況下，債券市場上的交易將增多。假如情報的改變，使每個人的想法與做法作相同的變化，那麼不必有任何市場交易存在，利率（以債券價格表示）將立即與新情況相調整。

這樣，在最簡單的情況下，每個人的性情相同，處境也相同，環境的改變或預期的改變，不能使貨幣易主，只能簡單地改變利率，其改變程度，必須打消每人在舊利率下，處於新環境或新預期之中，想要改變現金持有量的願望。因爲如果利率改變，各人願意持有的貨幣量隨之改變，但改變的程度相同，所以沒有進行任何交易。每一組環境或每一組預期，就有一適當的利率與它對應。任何人都不需要改變平時持有的現金。

但是，一般而言，環境或預期的改變將引起個人持有貨幣量的重新調整。因爲，事實上，各人的處境不同，持有貨幣的理由不同，對新形勢的認識和解釋不同，所以各人的想法也不同。這樣，貨幣持有量的重新分配將與新均衡利率相關。雖然如此，我們主要關心的是利率的變化，而不是現金的重新分配。後者只是各人不同出現的偶然現象。而且主要的基本現象在上述最簡單的場合已經論述。而且，即使在通常情況下，在對情報變化的反應中，利率的變化是最顯著的。在報紙上常常看到這樣的話：債券價格的變動，與市場上交易量完全不成比例。如果想到各人對情報的反應，相同處多於不同處，那麼應該有這種現象。

二

　　個人爲滿足交易動機和謹愼動機而持有的現金量，與他爲滿足投機動機而持有的現金量，不是完全沒有關係的。但是作爲第一近似值，我們可以把這兩組持有現金量看成是沒有關係的。因此，在以後的分析中，讓我們把問題分成兩部分。

　　令 M_1 代表爲滿足交易動機和謹愼動機而持有的現金量，M_2 代表爲滿足投機動機而持有的現金量。與這兩部分現金量相對應的，我們有兩個流動性偏好函數 L_1 和 L_2。L_1 主要取決於所得水準，而 L_2 主要取決於當前利率和預期狀態的關係。即有：

$$M = M_1 + M_2 = L_1(Y) + L_2(r)$$

　　其中 L_1 代表 Y 與 M_1 之間的函數關係，L_2 代表利率 r 與 M_2 之間的函數關係。以下我們有三個問題要研究：(i)當 M 變化時，Y 和 m 將起什麼變化？(ii)L_1 的形狀由什麼決定？(iii)L_2 的形狀是由什麼決定的？

　　(i)當 M 改變時，Y 和 r 將發生什麼變化，這首先取決於 M 的改變是怎麼發生的。假設 M 是由金幣組成，那麼 M 的變化，只能是增加開採金礦，而採礦工人又是屬於我們考察的經濟系統。在這種情況下，M 的變動首先直接引起 Y 的變化，因爲新產金的增長就成爲某個人的所得。假如 M 的變化是由於政府印發紙幣以應付當前的開支，情況也完全相同。在這種情況下新紙幣也成爲某些人的所得。然而，這新的所得水準，還不足以高得使所有 M 的增加都吸收在 M_1 之中。所以一部分貨幣要另尋出路，去購買證劵或其他資產，直到利率降低以致於 M_2 加大。同時，利率的降低刺激了 Y 的提高。而利率的降低，Y 的提高，使所有新貨幣，或吸收在 M_2 中，或吸收 M_1 中。這種情況只

比另一種情況多了一步。在另一種情況下，要發行新紙幣，首先必須由銀行系統放鬆使用條件，以便引誘一些人賣掉銀行債券兌現新現金。

因此，我們不妨把後一種情況，當作典型的情況。假定：M 的改變，要先改變 r，而 r 的改變將導致一部分 M_2 的變動和一部分由 Y 的變化引起的 M_1 的變動的新的均衡。在新的均衡條件下，現金增量在 M_1 和 M_2 之間的分配，取決於投資對於利率降低的反應，以及所得對於投資增加的反應。①因為 Y 的一部分取決於 r，所以當 M 改變一特定量時，引起 r 一定程度的變化，而 r 改變到，使 M_1 及 M_2 的改變相加起來，等於 M 一特定量的變化。

（ii）所謂貨幣所得流通速度，到底定義為 Y 與 M 之比，還是 Y 與 M_1 之比，一般討論總是論述得不清楚。然而我建議使用後一種定義。這樣，假如 V 代表貨幣所得流通速度，則有

$$L_1(Y) = \frac{Y}{V} = M_1$$

當然，我們沒有理由假定 V 是一個常數。它的價值，取決於：銀行及工業組織的性質、社會習慣、所得在各階層之間的分配以及持有閑置貨幣的成本。但是假如我們所討論的是一短時期，我們不妨假設以上各因素沒有重大性的變化，也可以把 V 看成是幾乎不變的。

（iii）最後，我們要討論 M_2 和 r 之間的關係。正如我們在第十三章中所看到的那樣：人們對利率的前途感到**不確定**是導致人們持有現金 M_2 的流動性偏好 L_2 的唯一合理的解釋。因此，並不是對於任一給定的即有一確定的 M_2 與其相應。人們在這裡關心的，並不是 r 的絕對水平，而是在已經考慮到可能發生的概率之後的 r 的絕對水平與一般認為 r 的相當**安全**水平之間的差別程度。雖然如此，有兩個理由可以預料，在任一給定的預期狀態下，r 的降低會引起 M_2 的增加。第一，假

①至於什麼因素決定新均衡的性質，我們必須留到第五篇進行討論。

如一般人認爲 r 的安全水平不變,則 r 每降低一次,市場利率與「安全」
利率比較,市場利率相對減少,由此使得放棄周轉的流動性的風險增
大。第二,放棄周轉的流動性的報酬,可以看成是一種保險賠償金,
用來抵補資本帳上遭受損失的風險。利率每降低一次,放棄周轉的流
動性的報酬就減少一次,其減少程度等於舊利率的**平方**與新利率的平
方之差。例如,設現在長期債券的利率爲年息 4%,若未來利率的增
加速度爲現在利率的 4%,即每年增加 0.16%,則利息所得與資本帳
上的損失約略相抵,故除非人們根據或然律估計結果,覺得未來利率
每年上漲速度會大於現在利率,否則,他們將寧願放棄周轉的流動性
而賺取利息。然而,假如現在利率已降到年息 2%,則利息所得所能
抵補的資本的損失,只是長期利息每年增加 0.04%。這也許就是利率
不能降至很低的主要障礙。除非有理由相信將來的經驗會與過去的經
驗大不相同,否則當長期利率降到 2 釐時,利率上漲的可能性大,下
降的可能性小。而且利息所得所能抵補的利率上漲程度也極小。

利率現象中的心理成分很大,這是明顯的。在以下第五篇中,我
們將看到,在均衡狀態時,利率不能低於相當於充分就業的利率水平。
因爲,假如出現這種情況,即將產生眞正的通貨膨脹,於是現金量可
能繼續增加,但 M_1 可以完全吸收。但在這水平以上,長期市場利率不
僅取決於金融當局的當前政策,而且取決於市場對未來政策的預測。
短期利率容易被金融當局控制,因爲第一,金融當局不難使人相信,
它的政策在不久的將來不會有很大的變化。第二,除非利息所得幾乎
等於零,否則利息所得總大於可能的資本損失。但若長期利率已降到
一個水平,人們根據過去的經驗和現在對將來金融政策的預測,認爲
這個水平「不安全」,此時金融當局便很難控制長期利率。例如,設一
國爲國際金本位制的一員,若該國利率比其他各國的利率低,則該國
人民自然對本國利率無信心。但是,如果把本國利率提高到與國際金

本位體系中的**最高**利率（除去風險因素以後）相等，則又嫌太高，因為這會與國內充分就業相矛盾。

因此，若公衆認爲，某種金融政策只是試驗性質，很容易改變，則該金融政策恐怕不可能把長期利率降低很多。因爲當 r 降低到某一水平以下時，M_2 將無限制地增加。另一方面，假如公衆認爲，這一政策是合理的，切實可行的，於公衆是有利的，認爲政府推行此政策有堅定的信念，不會隨便改弦易轍，那麼該政策很容易成功。

也許，設利率是一種非常因循成規的現象，要比設利率在很大程度上是一種心理現象，前者要來得更正確些。因爲今天實際利率大多數是根據人們對未來利率的預測而決定的。任何利率水平，只爲人們充分相信它很可能繼續維持下去。當然，在一個變化的社會中，利率會因爲各種理由，而圍繞預期的正常水平上下波動，特別是，當 M_1 增加得比 M 快時，利率將上漲，反之利率將下降。但是圍繞其上下波動的那個利率水平，可能經過幾十年，始終太高，使得充分就業不能實現。尤其是當人們普遍認爲，利率是自動調整的，以致其於成規建立的利率水平，被視爲植根於比因循成規更強有力的客觀理由，這樣一來，在公衆或當局心目中，都不會聯想到，就業量之所以不能達到最適度水平，是因爲流行的利率不適當造成的。

有效需求很難維持在一個高水平，足以提供充分就業是由於長期利率基於成規，相當穩定，而資本邊際效率則變化多端，非常不穩定。這一點，我想現在讀者應該明白了。

從樂觀考慮，我們可以聊以自慰的是：因爲成規不是基於確切的知識，我們可以希望，假如金融當局堅持貫徹一項溫和的措施，就不一定總會受到不恰當的抵抗，公衆輿論能夠很快地習慣於溫和的利率下降，基於因循成規對未來利率的預期可能會相應地作出修正，這樣，金融當局將可以進一步行動，把利率再降低一次，如此繼續下去一直

到某一最低限度。英國放棄金本位制後長期利率的下降，爲我們提供了一個很有趣的例證。這一巨大的變動是通過一系列不連續的跳躍式步驟完成的，就是說，每當公衆的流動性偏好函數已經變得習慣於新利率時，就會準備對情報的一些新的刺激或當局的政策作出反應。

三

我們可以用一個命題把以上的觀點總結起來：在任一既定不變的預期狀態下，除了交易動機或謹愼動機以外，在公衆心目中，還有某種潛在的勢力想要持有現金。至於在什麼程度內，這個潛在勢力會變成實際持有現金，則要看金融當局願意創造現金的條件如何而定。流動性偏好的函數 L_2 所總結的就是這種潛在勢力。

因此，假如其他條件不變，那麼只有一個利率. (更嚴格點說，對不同的債券只有一個利率體系, 與金融當局所提供的貨幣數量相對應。但這不僅限於貨幣，把經濟份子中任何一個因素單獨提出來，都和利率有一定的關係。因此，只有貨幣數量的變化與利率的變動有某種特別直接的或有意義的聯繫，把貨幣與利率單獨提出來分析才是有用的和有重要意義的。我們之所以認爲兩者之間有特殊的關係，是基於這樣一個事實：概括地說，銀行系統和金融當局是進行貨幣和債券買賣的商人，而不是進行資產或消費品買賣的商人。

假設金融當局肯根據一定的條件，進行期限不同的各種債券的買賣，甚至更進一步假設，進行風險很大的債券的買賣，那低利率體系與貨幣數量之間的關係是直接的。利率體系無非是表達銀行系統準備買賣債券所提出的條件, 貨幣數量只是個人願意保持在身邊的現金量。後者是人們在考慮了所有相關情況後寧願保持流動性最大的現金，而不願依據市場利率，把現款脫手去換取債券。在貨幣管理技術上，當

前最重要的切實可行的改革，或許是讓中央銀行依照一組規定價格買賣各種期限的優良債券(giltedged bonds)以取代只依照一個銀行利率買賣短期票據。

然而，就今日實際情況來說，銀行系統控制市場上債券的實際成交價格的「有效」程度，各銀行系統並不相同。有時銀行的控制能力，在一個方向比在另一個方向更有效，這就是說，銀行可能只願意按照一定價格購買債券票據，而不一定願在買進價格上加一點經手費，定出一個與買價相差無幾的賣價，然後按此賣價賣出債券票據，雖然沒有什麼理由，為什麼不能利用公開市場操作，使得銀行所定價在兩個方向都有效。除此以外，還有一個更重要的限制，即在一般情況下，金融當局不願對期限不同的各種債務票據都一視同仁，願意買賣，而往往集中於買賣短期債券票據，讓短期債券票據的價格影響長期債券票據的價格。當然，這種影響不會立竿見影，即使生效也不完全。和上述一樣，在這裡，沒有理由為什麼非如此不可。假如有了以上的限制，那麼利率和貨幣數量之間就沒有什麼直接的關係了。在英國，當局故意控制的範圍好像在擴大。但要把這種理論運用於實際，還必須考慮到金融當局實際使用方法的特徵。如果金融當局只買賣短期債券票據，那麼我們必須考慮，短期票據的價格(現在的或預期的)，對於期限較長的票據的價格影響如何。

因此，假如金融當局要為期限不同，風險不同的各種債券票據建立一特定的利率體系，則要受到以下種種限制：

(1)有些限制是金融當局自己加上去的，因為金融當局只願意買賣某種特殊類型的債券票據。

(2)根據上述理由，存在著這樣一種可能性，這就是當利率降到某種水平時，流動性偏好可能變成幾乎是絕對的；就是說，由於利息所得太低，幾乎每人都寧願持有現金而不願持有債券。在這種情況下，

金融當局無力控制利率，這個極端的情況，在將來可能會變得有實際重要性。但到目前為止，我還不知道有這種實例。這的確是由於，金融當局不願大膽進行長期債券的買賣，所以也沒有許多機會來作試驗。而且，假如真有這種情況出現，那就意味著政府自己可以只出極低的利率向銀行系統無限制地借款。

(3)最顯著的例子是因為流動性偏好函數變成了一條直線，以致利率完全失去了穩定性，這曾經在極度不正常的情況下發生過。戰後的俄國和中歐曾經有過通貨危機的經驗，人們都要逃避通貨，無論什麼條件，人們都不願持有現金或債券。由於人們預測幣值會繼續下跌，即使利率繼續提高，還是趕不上資本（尤其是國貨）邊際效率的上漲。美國在 1932 年的某些時期，有過一個情況相反的危機——金融危機或清算危機。這時無論條件怎樣合理，幾乎沒有人願意把現金脫手。

(4)最後，我們遇到了第十一章第四節所遇到的困難：把實際利率降到某一水平，以此證明低利率時代是主要的。即：要把借方與最後的貸方召集在一起，必須有中間人費用，而且貸方會要求在純利率之上再加一點，以抵補風險，尤其是道義上的風險。純利率降低時，中間費及保險費不一定同時下降。因此一典型的借款人必須付出的利率，比純利率下降得慢，而且在現有銀行和金融組織下，恐怕不能低於某一最低水平。假如貸方對於道義上的風險估計得很高，這一點尤其重要。因為假如產生風險的原因是由於貸方懷疑借方不誠實，那麼即使借方並不想不誠實，也無法使利率不高。在短期貸款（即銀行貸款）費用大情況下，這裡的論點也很重要。即使貸方的純利率等於零，銀行可能還是要求企業家付出 1.5%～2% 的利息。

四

在這裡，把本章與貨幣數量說的關係先提一提（雖然這個題目應當在第二十一章討論），是很有趣的。

在一個靜態社會中，或因為任何其他理由沒有人感到未來利率非常不確定，則在均衡狀態下，流動性偏好函數 L_2 或貯錢傾向（我們也可以用這表示）總是等於零。因此，在均衡狀態下，$M_2 = 0$，$M = M_1$。當 M 變動時，將引起利率的變動，直到所得達到一個水平，使 M_1 的變化，恰好等 M 的變化。故有 $M_1 V = Y$，其中 V 代表貨幣所得流通速度（定義見上），Y 代表總所得。如果我們衡量本期產品的數量用 O 表示，其價格用 P 表示，則有 $Y = OP$，所以有 $MV = OP$。這與傳統形式的貨幣數量說是相同的。②

就現實世界而言，貨幣數量說的錯誤在於沒有分清：由產量的變化引起的物價變化與由工資單位變化而引起的物價變化之間的差別。③所以有這種疏忽，或許是因為假定了無貯錢傾向的存在和假定總能保持充分就業。在這種情況下，O 為常數，M_2 等於零。設 V 也為常數，那麼工資單位和物價水平都與貨幣數量成正比。

---

②假如我們定義 V 不等於 Y/M_1，而等於 Y/M，當然，貨幣數量說適用於任何情況，雖然沒有重要意義。

③這一點在第二十一章中還將進一步討論。

第十六章　關於資本性質的幾點觀察

一

　　一個人在決定儲蓄時，就比如他今日決定少吃一頓飯。但他不一定要決定把省下的錢，留到一星期或一年後吃一頓、買一雙鞋，或者留到某個時期消費某個物品。因此，飲食業不景氣，製造未來消費品行業也得不到刺激。個人儲蓄行為，不是以將來的消費需求來代替現在的消費需求，而只是減少現在的消費需求。而且，人們在預測未來消費時，大部分根據現在實際消費量，所以如果現在實際消費量減少時，大致會使未來消費量受到不景氣的影響。個人的儲蓄行為不只是降低了消費品價格和使現有資本邊際效率不受影響，而是很可能使後者趨於下降。在這種情況下，既減少現在消費需求，也減少目前投資需求。

　　例如，儲蓄不僅只是現在不消費，而且同時為未來的消費預先提出一份訂貨單，其影響可能大不一樣。在這種情況下，投資於將來的預期收益將增加，資源可以不再從事現在消費品的生產，而可能轉向從事未來消費品生產。即使這樣，二者也不一定要相當。因為未來消費的時間與現在尚有一段距離，也可能要求所需生產方式的「迂迴」程度太長，以致使得這項投資的邊際效率低於現行利率，於是預定的消費對就業的有利影響，不能立即產生，而要留到以後產生，所以儲

蓄立即產生的影響，還是不利於就業。然而在任何情況，個人決定儲蓄時，並沒有給未來消費提出一份具體的定單，而只是撤銷了一張現在定單。又因爲雇用工人的唯一理由是在於滿足消費，所以在其他條件不變的情況下，邊際消費傾向減少，就業量遭受不景氣的影響，這應該是沒有什麼奇怪的。

因此，這裡的麻煩是因爲儲蓄行爲並不隱含著事先具體規定的消費來代替現在消費，而且即使如此，從事未來消費品生產現在所需的經濟活動，在數量未必恰等於以此儲蓄用於現在消費品生產所需的經濟活動。儲蓄只是意願持有「財富」本身，掌握一種潛在的能力，可以在沒有事先規定的日子裡消費沒有事先規定的物品。有一種謬論(雖然一般人都是這樣) 認爲，從有效需求來看，個人儲蓄行爲與個人消費行爲是一樣好的。這種謬論來源於一個看起來比結論更貌似有理的觀點：持有財富欲望的增加，就是持有投資欲望的增加，後者必定增加投資的需求，從而刺激投資的生產。所以當個人儲蓄時，當前投資的增加量正好等於現在消費的減少量。

要從人們心目中把這個謬論全部清除是非常困難的。因爲這個謬論是來自人們相信：財富擁有者希望得到的是資本資產**本身**，而實際上他希望得到的是該資產的**預期收益**。現在，預期收益全部取決於預期未來有效需求與未來供給情況的關係，因此，儲蓄行爲完全不能改善預期收益。而且，個人儲蓄要達到擁有財富的目的，也不必有新資本資產的產生才能滿足。上文已經告訴我們，個人的儲蓄行爲是**兩面**的(two-sided)，他強迫別人轉移給他某種財富(新的或舊的)，這種強迫的財富轉移是不可避免的，是與儲蓄行爲同時而來的。雖然他自己也因爲別人儲蓄而蒙受不利影響。的確，正如我們看到的那樣，這些財富轉移並不需要新財富的創造，反之，可能對它非常不利。因爲新財富的產生完全取決於新財富的預期收益達到了現行利率的確立的標

準。邊際新投資的預期收益，不會由於有人希望增加其財富這一事實而增加。因為邊際新投資的預期收益取決於在一特定的時期，對一特定物品之預期的需求。

我們也不能認為：財富擁有者希望得到的，並不是一特定的預期收益，而是最佳可能的預期收益，所以當持有財富的欲望增加時，新投資生產者所認為滿意的預期收益也隨之降低。這種說法忽視了一個事實：我們總是可以在擁有實際資本資產或擁有貨幣和債務票據中任選一種方式來持有財富。因此新投資生產者認為滿意的預期收益不可能低於現行利率所規定的標準。但是，我們已經知道，現行利率並不取決於持有財富欲望的強度，而是取決於用流動的或不流動的形態來持有財富欲望的強度，以及財富在各形態（流動的或不流動的）的供給量。假如讀者還疑惑不解，請他們捫心自問：為什麼當貨幣數量不變，在現行利率下，當人有新儲蓄行為時，人們企望用流動形態來保持財富的數量會有減少呢？

如果還有某些更深的疑問，我們還可以繼續追問為什麼和什麼理由，那要留到下一章討論。

二

我們最好說，資本在其壽命中，會產生一個收益超過其最初的成本，而不說資本是有生產性的(productive)。因為只有一個理由說明資產在其壽命中，會提供服務，而服務產生的總價值大於原來供給價格，是因為資本稀少。資本之所以稀少，是因為有貨幣利率與之競爭。假如資本減少其稀少性，那麼收益超過原成本的數量減少。但資本生產力未必減低，至少就物質意義而言。

因此，我同情古典學派以前的學說，他們認為，一切都是由勞動

力生產的。幫助勞動力的有：(1)過去習慣稱工藝(art)，現在稱技術
(technique)。(2)自然資源，若自然資源豐富，則無代價使用，若自然
資源稀缺，則需付地租。(3)過去的勞動力具體化於資產中，其價格也
根據稀缺性或豐富性而定。我們最好把勞動力（當然包括企業家及助
手的個人服務在內）看作是生產的唯一要素，在一特定的生產技術、
自然資源、資本設備以及有效需求等環境下工作。這可以部分解釋，
爲什麼除了貨幣單位和時間單位以外，我們可以用勞動力單位作爲經
濟制度的唯一物質單位。

　　事實上有些長的或迂迴的生產過程，固然物質效率(physical effi-
ciency)較高，但有些短的過程也是這樣。長過程並不因爲長效率就高，
有些長過程（可能是大部分）的物質效率很低，因爲有些東西時間長
了會有損耗①。設勞動力不變，那麼體現在迂迴過程中的勞動力，能
用於有利處，有一定的限度。除了其他的理由，還有一個理由是利用
勞動力製造機器與利用勞動力使用機器之間有一個適當的比例。當所
採用的生產過程變得越來越迂迴時，即使物質效率還在增加，但最後
價值量相對於勞動力使用量來說，不會無限制地增加。假如延緩消費
的欲望強到足以產生這種情況：若要充分就業，投資量就要擴大到能
使資本邊際效率成爲負數，這時生產過程才僅僅因爲長而變得有利。
在這種情況下，我們應該使用物質**效率低**的生產過程，只要這些過程
長到能使延緩消費的好處超過低效率帶來的壞處。事實上還有這種情
況：短的生產過程必須保持一定的稀少，使物質效率高的好處超過其
產品早熟的壞處。因此，一個正確的理論應該是兩方面都可以運用的，
不論與資本邊際效率相對應的利率是正是負，都包含在內，我認爲，
只有以上所述的稀少性理論有能力做到這一點。

――――――――――――――

①參見《原理》第 583 頁，馬歇爾對於龐巴維克的脚注。

　　而且，有很多理由可以解釋：爲什麼有些服務及設備會稀少，以致於其價格（相對於勞動力數量而言）昂貴？例如，空氣產生污染的生產過程，人們得到的報酬很高，否則他們不願從事這種工作。有風險的生產過程也是如此。但是我們並不特別創立一種理論，認爲空氣嚴重污染的生產過程或有風險的生產過程本身具有生產力。總之，並不是所有勞動力的工作環境都同樣輕鬆愉快的，在均衡狀態下，不輕鬆愉快環境（可能是空氣污染、風險大或時間上的間隔長）裡生產出來的物品必然相當稀少，以保持較高的價格。但假如時間間隔變成了一種輕鬆愉快的環境（這是十分可能的，許多人都持有這個觀點），那麼正如我以上所說的那樣，短的生產過程倒反而要保持相當的稀少性。

　　設最適度的迂迴程度爲給定，我們當然會選擇一個能夠找到的效率最高的迂迴生產過程。所謂最適度迂迴程度本身應該是在適當的時期，滿足消費者的延期需求。就是說在最適度情況下，生產的組織方式，應該先推測在什麼時期消費者的需求會變得有效，然後依此時日，用效率最高的方法去生產。設交貨日期與此時日不同，雖然改變交貨時日可以使物質產量增加，也無濟於事。——除非（比方說）消費者因受飯菜更豐富的引誘，願意提早或延遲開飯時間。假如消費者在聽取各種晚餐時間可能有的飯菜的詳細情況後，決定在晚上八點開飯，廚師的職責在於在那時刻提供出最好的飯菜。雖然如果不管時間，只就提供絕對最好的晚餐而論，廚師認爲最合適的時間也許是 7:30，或 8:00，8:30。在社會的一些階層中，如果把平時晚餐時間延遲一些，則飯菜可能更好些。但也同樣有可能，在有些階層，時間提早一些反而內容更好。正如我以上所述那樣，我們的理論必須適用於這兩種情況。

　　假如利率等於零，要使勞動力成本最小，那麼任何一種商品，從它的平均進貨期（average date of input）到消費期，可能有一個最適度的時間間隔。一個較短的生產過程可能技術上效率較低，而較長的生

產過程，也可能因爲儲存費及損耗而效率較低。然而，假如利率大於零，則又多了一個成本因素，而且這個新因素隨生產過程的加長而增大，於是最適度的時間間隔因之縮短，而爲準備未來交貨的當前進貨量也隨之減少，其減少程度是使未來價格的提高足以彌補成本的增加，而成本之所以增加是因爲：利息負擔和生產過程縮短引起的效率減低。例如利率小於零（假設這在技術上是可能的），則情況完全相反。設未來消費需求不變，當前投入必須與以後的投入相競爭，後者因爲技術效率高，或未來生產要素的價格會改變，故成本較低；所以除非此種生產成本的降低，不足以抵銷小量負利息的所得，否則生產過程不值得從今天開始，而應該留到以後再開始。在這種情況下，大多數物品，只能在離預期消費期不太遠以前開始生產，如果離得太遠，則在技術上缺乏效率。這樣，即使利率等於零，對未來消費需求可以預先準備而且有利可圖的比例有一個嚴格的限制。隨著利率逐漸上漲時，今天就值得爲未來消費而生產的比例也隨之縮減。

三

我們已經看到，在長時期中，資本必須保持足夠的稀少以致於使其邊際效率至少等於長期（該資本壽命這一段時間）利率。而利率是由心理的和制度的條件決定。假如有一社會，自身有豐富的資本設備，增加投資就會使資本邊際效率等於零，任何追加投資使之成爲負數，但該社會的金融份子又使貨幣可以「保藏」，而且貯藏費及保管費很少，其結果，利率事實上不能爲負數，設在充分就業情況下仍傾向於儲蓄，情況將如何？

在這樣的情況下，現假定社會已達到充分就業。這時，假如企業家繼續提供就業，以使爲現有資本設備都得到利用，則企業家必定蒙

受損失。因此，資本量和就業水平必定減少，直到一個社會貧窮得使總儲蓄等於零，一些個人或團體的正儲蓄，由其他人的負儲蓄所抵銷。如果我們假設的這個社會，在自由放任政策下達到均衡狀態的話，那麼就業量及生活水平一定低得可憐，以致於儲蓄等於零。更有可能的情況是圍繞著這個均衡位置作循環運動。因爲假如還有餘地使人對未來感到不確定，則資本邊際效率會偶然大於零，這會導致「繁榮」。在以後不景氣時期中，資本數量又可能降到一個水平，使邊際效率大於零。假定預測正確，那麼在均衡狀態下使邊際效率等於零的資本數量，當然小於充分就業下的資本數量。因爲均衡狀態下的資本數量必有一部分人失業，才能保證儲蓄等於零。

除此以外，唯一可能的均衡狀態是：資本數量十分充裕以致邊際效率等於零的資本的數量，恰爲也代表在充分就業和利息等於零的情況下，人們願意提出準備未來使用的財富數量。然而，要使充分就業下的儲蓄傾向，能夠在資本數量大到邊際效率等於零時得到滿足，大概很難有這樣的巧合。因此，假如利率可以改變，以補救儲蓄傾向與充分就業之間可能出現的衝突，利率必須逐漸下降。

到目前爲止，我們假定：有一個制度因素，即以貨幣形狀貯存財富所需保護費微不足道阻礙利率變成負數，然而事實上除了制度因素外，還有心理因素，使得利率實際下降所達到的限度要大於零很多。尤其是，把借方與貸方拉攏在一起的成本，對利率前途的不確定，像我們以上所討論的一樣，在這種情況下，長期利率所能達到的最低限度，也許仍在年息 2% 或 $2\frac{1}{2}$% 左右。假如這種看法是正確的，那麼一方面因爲存在財富繼續增加的可能性，另一方面因爲在自由放任政策下利率已降至不能再降的水平，其產生的惡果可能很快就要在實際經驗中出現。而且，假如利率事實上可以達到的最低水平要大於零很多，那麼在利率未達到最低水平之前，社會要積累財富的欲望大概不能得

到滿足。

　　戰後英美兩國的經驗，的確可以作為實例加以證明，由於財富已經積累得如此豐裕，以致資本邊際效率迅速下降，但利率下降速度由於受到制度的和心理的因素而制約低於資本邊際效率下降速度。於是在主要是自由放任的條件下，就業量與生活程度都不能夠達到一個合理的水平，雖然就生產技術而言，這個水平應該是可以達到的。

　　假如有二個相同的社會，生產技術相同，但是資本數量不同，在短時期內，資本數量較小的社會，可能反而比資本數量較大的社會，享受更高的生活水平。當貧窮社會終究追趕上富裕社會時，二個社會都會遭遇到米達斯(Midas)的命運。這個令人不安的結論，當然取決於一個假定：人們從社會利益出發，並不對消費傾向及投資量有意控制，而主要讓它們在自由放任的條件下自由發展。

　　假如有一利率可以保證充分就業，則與充分就業相應的儲蓄傾向會形成一定的資本積累率。現在假設（不管由於什麼原因）利率的下降速度，趕不上在上述資本積累率下資本邊際效率會有的下降速度，在這場合，即使把人們想要持有財富這種欲望轉向經濟上不能生息的資產，也將增加經濟福利。假如百萬富翁生前建大廈作住宅，死後建金字塔為墳墓，或為懺悔前非，建造教堂，資助寺院，接濟傳教團體，那麼，資本豐實反而妨礙產品豐實的那一天可能會推遲。使用儲蓄，「在地上挖洞」，不僅可以增加就業量，而且可以增加實際國民所得(即增加有用物品以及有用服務)。然而，當我們已經知道決定有效需求的各種因素時，還在一合理的社會中繼續使用這種偶然的但常常很浪費的補救方法，就不合理了。

四

假設我們已有辦法調整利率，使爲該利率下的投資量恰能維持充分就業。再假設國家也從事經濟活動，以彌補私人企業的不足，使資本設備的增長逐漸達到飽和點，同時資本積累率也不太高，以便現在這一代人的生活水平不會受到影響。

基於以上種種假定，我可以推測：一個運行著並且擁有現代生產技術的社會，假如人口不是增長得太快，應該在這一代內，使均衡狀態時的資本邊際效率近似等於零。於是我們進入準靜態社會(quasi-stationary)，在這裡，除非生產技術、嗜好、人口及制度發生變化，否則不會再有變化和進步。資本產品的售價，與該產品中所含的勞動力成比例，其價值的決定原則，就和需要極少資本的消費品一樣。

假如我的如下假定是正確的，即我們比較容易使資本資產如此豐富以致於資本邊際效率等於零。那麼，這也許是逐漸去除資本主義許多不良特徵的最合理的方法。我們稍微想一想就可以知道，如果積累財富而逐漸得不到報酬，這將是多麼重大的社會變革啊！一個人依然可以自由地將其換得的所得積累起來留到以後消費，但是他的積累量不會增長。他的處境與波普(Pope)之父相同，當他從職位上退休後，携帶一箱金幣，隱居鄉間別墅，日常開支便從此箱中取。

雖然坐收利息階層將消失，但人們對於未來的看法，意見還可以不同，所以企業與技巧還是有活動的餘地。因爲以上只就純利率而言，沒有考慮承擔風險的報酬。所以不適用於把承擔風險的報酬包含在內的資本毛利。因此，除非純利率爲負數，否則若投資於一件資產，其預期收益又不確定，只要投資有技巧，其收益仍爲正數。在存在著一些不願意承擔風險的前提下，在經過一些時間把這類資產加總所得到

的淨收益還是正數。但是在這樣的情況下，也很可能因為人們熱衷於不確定的投資而希望獲得收益，其結果淨收益總數為**負數**。

第十七章　利息與貨幣的基本特徵

一

　　從以上看來，似乎貨幣利率在限制就業水平這一點上起了很特殊的作用，因為貨幣利率規定了一個標準，即一種新的資本資產要被生產出來，那麼，其邊際效率必須達到這個標準。乍看起來，這一點令人疑惑不解。因此，我們自然會問道：貨幣與其他資產不同，其特殊性在那裡？是不是只有貨幣才有利率？在非貨幣經濟中這種情況會發生嗎？在沒有回答這些問題之前，是不會瞭解我們理論的重要性的。

　　我要提醒讀者，貨幣利率只是一個比率，是一筆在將來（例如一年以後）交付的貨幣減去該筆貨幣的現在價格，以此差數為分子，以現在價格為分母的百分比。這樣一來，似乎每一種資本資產都必定有貨幣利率的類似物。因為在一年以後交貨的麥子，亦與今日交貨的 100 石麥子有相同的交換價值，有著一個確定的量。現在假定前為 105%，我們可以說麥子利率為每年 5%；若為 95%，則為年息−5%。因此每一種耐用商品都有自身的利率，例如：麥子利率、銅利率、房屋利率，甚至於銅鐵廠利率。

　　以麥子為例，麥子在市場上的期貨價格與現貨價格的差別，與麥子利率有一定的關係，但是因為期貨價格的計算單位是未來交付的貨幣，而不是麥子現貨，所以貨幣利率也參雜其中。其準確關係如下：

讓我們假設：麥子的現貨價格為每 100 石 100 鎊，一年後到期之期貨價格為每 100 石 107 鎊，貨幣利率為年息 5%，那麼麥子利率為多少？100 鎊現款可購買一年後交付的貨幣為 105 鎊，一年後交付的貨幣 105 鎊可購買一年後交貨的麥子為 $\frac{105}{107} \cdot 100 = 98$ 石。同時，100 鎊現款可購買麥子現貨 100 石。因此，麥子現貨 100 石可購買麥子期貨 98 石。從而得出，麥子利率為年息-2%。①

這樣說來，我們沒有理由說各種商品本身利率應該相等，也沒有理由說麥子利率應該與銅利率相等。因為就市場上現貨價格與期貨價格之間的關係而言，各商品顯然不同。我們將發現這一點使我們找到了研究的線索。因為它也許是本身利率(own-rates of interest)的最大利率，是利率之王，支配其他利率（因為要生產新資本資產，其邊際效率必須區別本身利率的最大者），也可能有種種理由說明貨幣利率是本身利率的最大利率（因為我們將發現：資本資產的本身利率容易下降，而貨幣不容易下降）。

這可以補充一句：就好像在任何時間，各商品的本身利率都不相同一樣，從事外滙交易者也知道這個事實：兩種貨幣(如英鎊與美元)的本身利率是不同的。因為，在通常的情況下，外幣的現貨價格與期貨價格的差別，若以英鎊為計算單位，各外幣也不完全相同。

現在我們可以用任何商品依標準來衡量資本邊際效率，其方便程度是與貨幣相同的，因為我們可以用麥子作為標準，用麥子價值來計算一資本資產的預期收益和使一組麥子的年金等於這一資產現在供給價格（二者都以麥子為計算單位）的貼現率，此貼現率為用麥子作標準計算出來的該資產邊際效率。假如兩種標準的相對價值在將來沒有

①這個關係首先由斯拉法(Braffa)先生指出，參見《經濟學雜誌》1932 年 3 月號第 50 頁。

變化，那麼兩種標準中不管哪一種標準來衡量，該資本資產的邊際效率都相同。因為計算式的左右二方，都作同比例的變化。然而，假如兩種標準之相對價值在未來有變化，從一種計算標準改為另一種時，各資本邊際效率將根據計算標準的不同而增（減）同一絕對值。讓我們舉一個最簡單的例子來說明：設兩種標準為麥子與貨幣，麥子價值（用貨幣計算）的預期改變為每年增百分之 a，則一資產的邊際效率，若用貨幣計算為百分之 x，則用麥子計算將是百分之$(x-a)$。因為所有資本資產的邊際效率都增（減）同一絕對值，所以不管選擇什麼商品作為標準，其大小程序不變。

假如有一種複合商品，可以完全代表商品的全體，那麼，我們可以把這種複合商品的利率以及用這種複合商品計算出來的資本邊際效率，在一種意義上，看成是**唯一**的利率，**唯一**的資本邊際效率。但是，要找出這樣一種複合商品，與要找出一個唯一的價值標準一樣，遇到相同的困難。

到目前為止，貨幣利率與其他利率相比沒有什麼獨特，其地位與其他利率完全相同。但是，貨幣利率的特殊性到底在哪裡呢？到底是什麼使我們在上幾章中賦予它如此大的實際重要性呢？為什麼產量與就業量，與貨幣利率的關係比與麥子利率或房屋利率的關係更密切呢？

二

讓我們討論一下，在一年內各資產的本身利率可能是什麼？現在我們用各種商品輪流作標準，這裡每種商品的收益在上下文中是以其本身作計算單位的。

以下三種屬性，各資產所具有的程度不同：

（i）有些資產，可以幫助某種生產過程，或為消費者提供服務，

所以可以生產收益或產量，其數量用 q（用各資產自身計算）表示。

（ⅱ）大多數資產(除貨幣以外)，我們不討論它是否用於產生收益，也不討論其相對價值是否變化，可能僅僅因為時間的消逝而遭受損耗，引起成本開支。即：此資產有持有成本(carring cost)，其數量用 C(用此資產本身計算）表示，至於哪一種成本應在計算 q 時扣除（即成本的分界線如何），哪一種成本應包括在 C 中，這與我們當前討論的問題無關，因為我們以後只關心 q−c 這個數量。

（ⅲ）最後，資產持有人可以任意處置其資產，因而持有人有一種潛在的便利性或安全性。雖然開始時各資產自身的價值相等，但在這方面各資產也不相同。這就是說，這種潛在性是無形的，期終時看不見任何具體產品。但是還是有人願意付相當代價去換取這種無形的潛在性。人們為獲得這潛在性或安全性而願意付的代價（以資產自身計算），由資產的處理權（不包括其產值及持有成本在內）中開支，我們稱之為流動性貼水(liquidity premium)，用 ℓ 表示。

因此，在一段時期內，持有一資產可預期取得的總收益，該資產的產值減去持有成本，加上流動性貼水，即等於 q−C+ℓ 是任何一種商品的本身利率（q、c 及 ℓ 都用該商品作為標準進行計算）。

正在使用的工具資本（如一機器）或消費資本（如一房屋）有一特徵：其產值常常超過其持有成本，而它的流動性貼水及消費資本，有持有成本(以商品自身計算)，而產值等於零。只要其存量超過某數（雖然在特別情況下可能較大，但通常不太大的），流動性貼水也通常小得可以忽略不計。至於貨幣，其產值等於零，持有成本可以忽略不計，但是流動性貼水很大。不同的商品也許確實具有不同程度的流動性貼水。貨幣也可能有某種程度的持有成本(例如保管費)。但是貨幣與所有（或大多數）其他資產的主要區別，是在於貨幣的流動性貼水大大把超過其持有成本，而其他資產則不同，是其持有成本大大超過

其流動性貼水。爲說明問題，我們假定房屋的產值爲 q，其持有成本和流動性貼水各小得可以忽略不計。麥子的持有成本爲 C_2，其產值及持有成本均小得可以忽略不計。也就是說，q_1是房屋利率，$-C_2$是麥子利率，ℓ_3是貨幣利率。

　　如果我們要知道在均衡狀態下，各種資產的預期收益之間有什麼關係，必須首先知道在這一年內，各種資產的相對價值在預期中有什麼變化。我們以貨幣（這裡的貨幣只是記帳單位，我們同樣可以用麥子）爲衡量的標準。我們假定房屋增值（或減值）的百分比爲 a_1，麥子增值（或減值）的百分比爲 a_2。以上，我們已將 q_1、$-c_2$及 ℓ_3三者稱爲房屋、麥子及貨幣三者的本身利率，即 q_1是以房屋爲計算單位的房屋利率，$-c_2$是以麥子爲計算單位的麥子利率，ℓ_3是以貨幣爲計算單位的貨幣利率。我們也可以把貨幣作爲共同價值標準，將三者化成共同單位，則稱 a_1+q_1爲房屋折合成貨幣的利率，a_2-c_2爲麥子折合成貨幣的利率，ℓ_3爲貨幣折合成貨幣利率。有了這種符號，我們就很容易看出：根據 a_1+q_1或 a_2-c_2或 ℓ_3三者哪一個最大，持有財富的需求，或集中於房屋，或集中於麥子，或集中於貨幣。這樣，在均衡狀態下，麥子和房屋的需求價格（以貨幣計算）將是這樣的：在這三種財富形態中，持有任何一種的利益是沒有差別的，即 a_1+q_1、a_2-c_2及 ℓ_3三者都相等。以上所得結論，選擇任何一種價值標準部分都不會有不同的結果，因爲以一種標準換成另一種標準時，各項都作同量的改變，其改變量即以舊標準爲計算單位的新標準的預期增值（或減值）之數。

　　現在可以看出，要有新資產的產生，該資產的正常供給價格必須小於其需求價格。這些資產的邊際效率必須大於（根據正常供給價格計算）利率（利率與邊際效率兩者，只要所用價值標準相同，不管用哪一種商品作爲價值標準計算都行）。當這些資產逐漸增加時，開始時

其他邊際效率至少等於利率，以後它們的邊際效率趨於下降（下降的理由很明顯，上面已經說過）。這樣，除非利率同時下降，否則總會達到一點，達到這點以後便不再值得繼續生產。如果所有資產的邊際效率都小於利率，那麼資本資產的進一步生產就將停止。

讓我們假設（在論證的現階段，只純粹是一個假定），有一資產（例如貨幣），其利率是固定的（或當資產增加時，其利率的下降速度比任何其它商品的利率下降速度慢），那麼調整情況如何？因為，$a_1 + q_1$、$a_2 - q_2$ 及 ℓ_3 必須相等，又因為根據假定，ℓ_3 是固定的或比 q_1 或 $-c_2$ 下降得慢，所以 a_1 和 a_2 必定上升。換句話說，除了貨幣以外，其他商品的現在貨幣價格相對於其預期的未來價格來說都趨於下降。因此，假如 q_1 和 $-c_2$ 繼續下降，則會達到一點，使得生產任何商品都無利可圖，除非一商品的未來生產成本大於現在生產成本，其差額是超過把現在生產的商品保存到將來高價時出售的持有成本。

現在看來，我們以前說貨幣利率限制利率，這並不完全正確。我們應該說：隨著各種資產數量的增加，因為有一種資產的利率下降得最慢，這使得其他資產的生產最後變得無利可圖，除非出現意外，即在目前的與未來的生產成本之間存在著我們剛才說過的那種莫札特關係。當產量增加時，許多資產的本身利率都一個接一個下降到一個水平，使得各資產的生產無利可圖。一直到最後，只有一兩個本身利率高高在上，超過任何其他資產的邊際效率。

假如貨幣只是價值標準，那麼貨幣利率不一定會製造麻煩，這一點是清楚的。只是用麥子或房屋代替黃金或英磅作為價值標準，並不能使我們從困難中解脫出來，雖然有人這樣設想過。因為，現在看來，若**任何資產**的本身利率不肯隨產量的增加而下降，則同樣的困難將繼續存在。例如，在一個不兌現紙幣本位的國家中，黃金可能繼續是具有如此性質的資產。

三

因此，當我們賦予貨幣利率以特殊重要性時，我們已經暗中假定：我們習慣運用的貨幣的確有一些特殊的特性使其本身利率（以貨幣本身作爲標準計算）隨著產量的增加而下降，但其下降速度比其他資產的本身利率（以各資產本身計算）的下降速度要慢。這個假定能夠成立嗎？我認爲，以下所述貨幣經常具有的幾種特殊的特性，可以使這個假定成立。只要貨幣的確有這幾種特殊特性，則以上籠統的說法（即貨幣利率是唯一重要的利率）就可以成立。

（i）第一個特徵是：事實上不論在長時期中還是在短時期，如果只涉及私人企業的權力，而不管金融當局的行動，那麼貨幣的生產彈性等於零，或至少很小。所謂生產彈性②，在上下文的意思是貨幣購買力（以勞動力計算）的比例改變除勞動力（從事生產貨幣的人）人數的比例改變。這就是說，貨幣不能很容易地生產——當其價格（以工資單位計算）提高時，企業家不能隨意用其所雇的勞動力，轉而進行增加貨幣的生產。在不兌換紙幣的國家中，這個條件完全可以滿足。但在金本位國家，也差不多如此，這意思是：除非一個國家確實以採金爲主要工業，否則最大比例增加生產貨幣的勞動力，仍然很小。

現在，對於有生產彈性的資產，我們有理由假定：它們的本身利率會下降，是因爲我們假定：其現有總量的增大是其目前產量增加的結果。然而，就貨幣而言，——這裡暫時不考慮減低工資單位的影響，或金融當局有意增加貨幣供給——它的供給是固定的。貨幣不能很容易由勞動力來生產的特性，立即使我們有初步理由，去解釋爲什麼貨

---

②參見第二十章。

幣的本身利率比其他商品的本身利率難於下降。如果貨幣可以像農作物一樣生長，或像汽車一樣製造，則不景氣可以避免或減少。這是因為，當其他資產的價格（用貨幣計算）下降時，更多的勞動力可以轉而生產貨幣。——正如我們在採金國家看到的，就是這種情況。雖然對整個世界而言，勞動力可以轉而從事採金業，其最大量也是微不足道的。

（ⅱ）顯然，以上這個條件，不僅是貨幣能滿足，而且所有純地租要素(pure rent-factors)都能滿足，其生產是完全沒有彈性的。因此，要求有第二個條件使貨幣區別於其他地租元素(rent elements)。

貨幣的第二個**特性**是：貨幣的替代(substitution)彈性等於零，或近似等於零。這意味著：當貨幣的交換價值上漲時，人們沒有要用其他要素來替代貨幣的傾向。——如果有，也許是很小的範圍內，除非貨幣商品也可以工藝之用。貨幣這一特徵的由來是因為貨幣的效用僅從交換價值得來。所以兩者同時漲落。於是當貨幣的交換價值上漲時（與其他地租要素不同），人們沒有要用其他要素來替代貨幣的動機或傾向。

因此，當貨幣的勞動力價格上漲時，我們不僅不可能增加勞動力來生產貨幣。而且，當貨幣的需求增加時，貨幣可以無限制容納購買力。因為當其價格上漲時，人們不會像對地租要素那樣，減少對貨幣的需求，轉而需求其他商品，

對於以上所說，只有一個修正，即當貨幣價值提高到一定程度時，使人們對未來是否能維持這個提高程度感到不確定。在這種情況下，a_1 及 a_2 增加。若 a_1 和 a_2 增加，則商品折合成貨幣的利率提高，因此，可以刺激其他資產的產量。

（ⅲ）第三，我們必須考慮以下種種事實會不會推翻我們的結論：雖然貨幣量不能靠勞動力轉而生產貨幣而增加，但是說貨幣的有效供

給量固定到沒有伸縮的地步，也是不正確的。尤其是，當工資單位減低時，一部分現金可以以其他用途中騰出來滿足流動性偏好的動機，除此之外，當物品的貨幣價值降低時，貨幣數量在社會總財富中所占的比例也更高。

我們要以純理論方面證明這種反應不能使貨幣利率有適當的下降，這是不可能的。然而，我們可以舉出幾個理由，解釋為什麼在我們習慣的經濟體制中，貨幣利率很不容易有適度的下降，把這幾個理由結合起來，有一種咄咄逼人的力量。

(a)首先我們不得不考慮，當工資單位下降時，其他資產（用貨幣計算）的邊際效率的反應，而我們也關心資本邊際效率與貨幣利率的**差別**。假如工資單位減低時，人們預測它以後還會再上漲，這個結果是完全有利的。相反的，假如工資單位減低時，人們預期它以後還會下降，那麼資本邊際效率所起的反應可能抵銷了利率的下降。③

(b)事實上，貨幣工資常常是剛性的，它比實質工資更穩定，所以工資單位（用貨幣計算）的下降總有一個限度。而且，假如不是這樣，那麼情況可能更壞，而不是更好。因為，假如貨幣工資很容易下降，那麼貨幣工資一旦下降，人們就會預期還會進一步下降，從而對資本邊際效率產生不利的影響。更進一步，假如工資規定以某種其他商品（如麥子）作計算單位，那麼他不可能繼續是剛性的。正因為貨幣有別的特性，尤其是貨幣是流動的，所以工資規定用貨幣計算後，常常趨於剛性。④

(c)第三，我們達到了此處最基本的討論。即貨幣的特性可以滿足

---

③這個問題在第十九章中，還將更詳細進行考察。

④假如工資（或契約）規定用麥子計算，那麼麥子也可能會有一些貨幣的流動升值，這個問題我們到本章第四節時再回頭來討論。

流動性偏好。所以在某種場合(常常會發生的場合)，尤其是利率已經降到某種水平時⑤，即使貨幣數量與其他形式的財富相比有很大的增加，也不能引起利率的敏感反應。換句話說，超過某一點後，由於貨幣是流動的，所以它的產值隨著貨幣數量的增加而下降，但下降程度不如其他資產數量作同程度增加時其產值下降得那麼快。

貨幣的持有成本很低(或微不足道)，在這裡起了主要的作用。因爲假如持有量很大，就會抵銷人們對貨幣未來價值預期的影響。或者說，人們之所以對微小的刺激有反響，從而增加貨幣持有量，是因爲貨幣有流動(實際或假設的)的好處，而沒有隨著時間的消逝需要巨額持有成本的壞處。至於貨幣以外的其他商品，持有適當的量可能爲使用者提供一些方便，但數量過大，即使該財富的價值相當穩定，這一點好處也被它的持有成本(保管、損耗等形式)所抵銷。因此，在達到某一點後，若再增加其持有量，必定會遭受損失。

然而，正如我們知道的那樣，貨幣就不同。之所以不同，是因爲有種種理由，使貨幣在一般人心目中成爲最「靈活」的東西。因此，有些改革家所尋找的補救辦法，就爲貨幣創造出人爲的持有成本，通過每隔一段時期，人們必須繳納一定的費用，請當局在法償通貨上加蓋印記，加蓋印記後才可以作爲貨幣用，或等等類似的辦法。這些人走的路線是正確的，但所提方案的實際價值值得推敲。

貨幣利率的重要性,是通過貨幣三個特性的結合而產生的：第一，因爲存在著流動性偏好動機，所以貨幣數量與其他財富(以貨幣計算)相較相對增加，利率也許不大起反應。第二、第三，貨幣的生產彈性以及替代彈性都(或可能)等於零(或微不足道)。這一點意味著：人們對資產的需求，可能絕大部分集中在對貨幣的需求上。第二點意味

---

⑤參見前第十五章，第二節，最後一段。

著：即使有這種情況發生，勞動力也不能用來增產貨幣。第三點意味著：假如其他商品很便宜，也不能取代貨幣，所以不能緩和對貨幣的需求。因此，如果資本邊際效率不變，流動性偏好不變，那麼唯一的補救辦法是增加貨幣數量，或──形式上是一樣的──提高貨幣價值，使一特定量貨幣所能提供的貨幣服務增加。

　　因此，當貨幣利率提高時，所有有生產彈性的商品，產量都要受妨礙，而貨幣的產量卻未能增加（根據假定，貨幣完全沒有生產彈性）。換一種說法，因為貨幣利率決定所有其他商品的本身利率所能下降的程度，所以投資於從事其他商品會受到阻礙，而不能刺激生產貨幣的投資，因為根據假定，貨幣是不能生產的。而且，由於基於投機動機引起的對流動現金的需求彈性很大，所以當支配這種需求的條件稍有改變時，貨幣利率可能改變不大。同時，因為貨幣的生產（除非當局採取了行動）無彈性，所以不可能讓自然力量以供給方面來壓低貨幣利率。至於普通商品則不同。人們對普通商品的持有量沒有彈性，所以需求有一個很小的變化，都會使普通商品的利率驟漲驟落。同時，該商品的供給是有彈性的，其期貨價格與現貨價格（都以該商品本身）之差不能太大。因此，讓其他商品聽其自然，其「自然力量」（通常指市場力量）便可使其本身利率降低，直到達到充分就業為止。已經達到充分就業以後，普通商品具有貨幣的正常特性，即供給無彈性，因此，假設沒有貨幣，還假設沒有其他商品具有所假定的貨幣的特性（當然是假設），則只有在充分就業下，各種利率才能達到均衡。

　　這就是說，失業問題之所以發生，是因為人們想要得到的東西──如果人民想要的東西（如貨幣）不能生產，而對此東西的需求又不能壓制，勞動力就無法就業。唯一的補救辦法是使公眾相信：紙幣也是貨幣，由政府來控制紙幣工廠（即由政府來控制中央銀行）。

　　有一點是很有趣的，我們注意到：傳統觀念認為黃金特別適合作

爲價值標準，是因爲黃金的供給無彈性。結果正是因爲有這種特性，才使我們陷入困難的境地。

我們的結論可以用最一般的形式概括如下：設消費傾向不變，當所有資產的本身利率的最大者等於所有資本的邊際效率（用本身利率最大的資產作計算單位）的最大者時，再增加投資量是不可能的。

在充分就業下，這個條件一定滿足。但在未達到充分就業前，這個條件也能滿足：假如存在某種資產，其生產彈性和替代彈性都等於零（或比較小）⑥，當其產量增加時，其本身利率的下降速度比其他種種資本資產的邊際效率（用該資產作計算單位）更慢。

四

從以上我們已經知道：一個商品是不是價值標準，該商品的利率是否成爲唯一重要的利率並不是一個充分條件。然而，討論這一點是有趣的：使貨幣利率成爲唯一利率的種種特性，有多少是因爲貨幣是債務和工資的計算標準才具有的呢？這個問題可以分兩個方面來討論。

第一，契約用貨幣規定，以及貨幣工資常常相當穩定這兩點，當然對貨幣之所以有如此高的流動性貼水起了重大的作用。持有這種資產的便利是十分明顯的，因爲它可以直接用來應付未來債務，而且未來生活費如果用這種資產作計算標準也相當穩定。但假如作爲價值標準的商品生產彈性很大，則人們也可能不相信：未來產品的貨幣成本會相當穩定。而且，貨幣利率之所以成爲唯一重要利率，除了高額的流動性貼水以外，低的持有成本也起了重要的作用，因爲主要的是流

---

⑥彈性等於零這個條件，比我們一定要求的條件更嚴格。

動性貼水與持有成本之間的差額。就大多數商品而言，如果用金銀或
鈔票以外的商品作為價值標準來訂立契約或規定工資，則該商品自然
取得價值標準通常具有的靈活升值；然而大部份此等商品的持有成
本，至少等於其流動性貼水。所以，即使把現在英鎊具有的流動性貼
水轉移給麥子，麥子利率大概仍然不會大於零。因此，我們可以得出：
契約及工資用貨幣來規定這一事實，固然會大大增加貨幣利率的重要
性，然而，這一情況大概還不足以產生我們看到的貨幣利率的特性。

　　第二點更微妙。人們經常預測：產品的價值如果用貨幣計算，比
用其他商品計算更穩定。當然這不是因為工資是用貨幣規定的，而是
因為用貨幣規定的工資比較起來有剛性。如果還有一兩種商品，人們
預測，若是工資用這一兩種商品作為計算標準，比用貨幣作為計算標
準更有剛性(或更穩定)，那情形又會怎樣呢？要有這種預期，必須滿
足兩個條件：第一，該商品的生產成本（用工資單位計算）必須相當
穩定，不論產量是多還是少，不論是在長期還是在短期，都是如此。
第二，該商品按成本價格出售時，產量超過需求的剩餘數，必須可以
作為存貨，而不必再花費成本。這就是說，該商品的流動性貼水必須
超過其持有成本（否則，沒有希望坐待高價獲利，保藏存貨必定蒙受
損失）。假如能找到一種商品滿足以上兩個條件，那麼該商品的確能成
為貨幣的競爭對手。

　　因此，要找出這種商品——若用該商品作計算標準，產品的預期
價值比用貨幣作計算的更為穩定——在邏輯上不是不可能的。但是在
現實中這種商品的存在似乎是不可能的。

　　因此，我斷言：如果有一種商品，人們預測：要是工資用該商品
作為計算標準是最有剛性的，那麼該商品的生產彈性一定是最小的，
而且其持有成本超過流動性貼水之數也一定是最小的。換句話說，人
們之所以預期貨幣工資有相當的剛性，是因為與其他各種資產相比，

貨幣的流動性貼水超過持有成本的數量最大。

這樣我們可以看到貨幣的特性，它們結合起來使貨幣利率成為唯一重要的利率。而且貨幣的種種特性還以累積的方式相互影響。事實上貨幣的生產彈性和替代彈性很小，持有成本又很低，所以人們總是預期貨幣工資會相當穩定，這種預期提高了貨幣的流動性貼水，也阻礙了貨幣利率與其他資本邊際效率之間的密切聯繫。假如存在著這種聯繫，貨幣利率便無以作祟。

皮古教授（還有別人）經常假定：實質工資比貨幣工資穩定。但是要使這個假定成立，必須說明為什麼就業量很穩定。而且，還有一點困難，即工資品的持有成本很大。確實，想用工資品來作計算單位，穩定實質工資。其結果只是使得物價（用貨幣計算）劇烈波動。因為每當消費傾向或投資引誘有很小的變動時，物價或者突然降至零，或者突然漲至無窮大。貨幣工資必須比實質工資穩定是經濟體制具有內在穩定性的一個條件。

如果假設我們所研究的經濟體制是穩定的，就是說，當消費傾向或投資引誘變化很小時，物價（用貨幣計算）不致於發生劇烈波動，那麼，認為實質工資比貨幣工資穩定，不僅與事實和經驗不符，而且邏輯上也是錯誤的。

五

本節作為以上的腳註，有一點值得強調：所謂「流動性貼水」、所謂「持有成本」，都只是程度問題。之所以說貨幣具有特殊性，只是因為前者比後者大而已。

例如，我們研究一個經濟體系，在該體系中，所有資產的持有成本都超過流動性貼水（我認為這是所謂「非貨幣經濟」的最好的定義）。

這就是說，在該本書中，除了特殊消費品和特殊資產以外，不存在任何東西。雖然該資本設備生產（或幫助生產）的消費品不同，雖然該資本設備的壽命長短不同，但卻有一共同特徵：它們不像現金，如果要把它們作爲存貨保藏，其損耗費用必定超越其流動性貼水。

在這種經濟體系中，資本設備可以從以下三個方面互相區別：(a)其所能幫助生產的消費品不同；(b)其產品價值的穩定性不同（這就是說，麵包的價值總是比時髦的新玩意兒價值穩定）；以及(c)使現在資本資產中的財富變成「流動的」速度不同，其涵義是，該資產生產之產品出售得到價款，可以轉而採取其他不同形式的財富的速度不同。

持有財富的人必須權衡兩方面的得失：一方面，各種資本設備在以上所說的意義上，都缺乏「流動性」，另一方面是，持有財富（在考慮風險後）可以產生的預期收益（對可能發生的概率的最佳估計）。雖然，流動性貼水與保險費有點相似，但又有點不同，因爲對可能發生概率的最佳估計與作這估計的信心是完全不同的。⑦當我們在以上幾章討論未來收益時，沒有詳細討論其估計方法。爲了避免複雜的論證，也沒有區別流動性引起的差別與風險本身引起的差別。然而，在計算本身利率時，雖然二者都必須考慮到，這是明顯的。

十分淸楚，「流動性」是沒有絕對標準的，只是程度不同而已。因此在比較持有各種財富的好處時，除了估計持有成本以及使該財富可以得到的收益外，多少總要考慮流動性貼水，至於是什麼構成「流動性」，概念上也很模糊，而且經常變化，這必須取決於社會習慣和社會制度。但在任何一特定時期，財富持有人對於各種財富的流動性，看法是固定的。這一點對我們分析經濟體系的行爲來說是足夠了。

在特定的歷史環境中，財富持有人心目中也許認爲土地的流動性

---

⑦參見第十二章第三節註腳①

貼水很高。因爲土地和貨幣相似，它的生產彈性和替代彈性都很低。⑧在歷史上可能有一段時期，人們願意持有土地對當時利率太高引起作用，就像現代人所願意持有貨幣引起利率過高一樣。要從數量上來追溯這個影響力是困難的，因爲嚴格說來，土地沒有一個期貨價格(用土地本身計算)，可以與債務票據的利率相比較，但我們可以找出非常相似的東西，那就是以土地作爲抵押的高利貸。⑨以土地作爲抵押的借款者所付的利息經常超過耕種該土地的淨收益，這是農業經濟中經常有的現象。禁止高利貸法一向反對這種性質的借款，這是正確的，因爲在社會組織的初期，現代意義上的長期債務票據並不存在，若土地抵押借款的高利率很高，勢必阻礙投資(生產新資產)，從而阻礙財富的增長，就像現在社會中，把長期債務票據的利率定得太高一樣。

　　爲什麼世界經過幾十年的個人積極儲蓄以後，積累的資本資產還是如此之少？我的看法是：旣不是因爲人類不節儉也不是因爲戰爭的破壞，而是因爲以前持有土地的流動性貼水太大，現在是因爲持有貨幣的流動性貼水過高。我不同意舊觀點。馬歇爾在《經濟學原理》第581頁中，把我的一種看法說得十分肯定：

----

⑧「流動性」這一屬性，與這二特性的存在是有關係的，因爲這種情況不太可能出現：沒有一資產的供給可以很容易就增加，而且對此資產的需求，可以因爲相對價格的改變很容易轉向他物，那麼該資產在財富持有人心目中有「流動性」，假如人們預期貨幣的未來供給量會發生劇烈變化，那麼貨幣本身也失去了「流動性」。

⑨以土地作抵押的借款或借款上的利息，雖然都用貨幣規定，但事實上抵押者可以抵押地，清償債務，而當其不能用貨幣來償還債務時，必須變割土地。所以土地抵押與契約很相近，是用現在交貨的土地，購買未來交貨的土地。有時地主把土地賣給佃戶時，也先經過抵押手續，這更與某種契約的性質相接近了。

每個人都知道，財富的積累之所以受到抑制，利率之所以能維持，是因為大多數人願意在現在滿足其欲望，而不是將來滿足。換句話說，他們不願意「等待」。

六

我在《貨幣論》中，把我認為的唯一利率，稱之為**自然利率**(the natural rate of interest)。所謂自然利率，是使一時期中儲蓄量(依照該書定義)與投資量保持相當的利率。我相信，這是把魏克賽爾(Wicksell)的「自然利率」的概念發展了，也把他的概念明朗化了。根據魏克賽爾的定義，他的所謂「自然利率」是使某種物價水平保持穩定的利率，但到底是哪一種物價水平，他沒有明確規定。

但是我當時忽視了這個事實：按照這個定義，在一個特定的社會中，每一個假定的就業水平，就有一個**不同**的自然利率與之對應。同樣，有一個利率，就有一個就業水平與之對應。對該就業水平而言，這利率就是「自然」利率。意思是說，在該利率和該就業水平下，經濟體系可以達到均衡狀態。這樣，說只有一個自然利率，或者說從以上定義中，不管就業水平如何，只能得出一個利率，這是錯誤的。我當時不瞭解，在某種條件下，經濟體系可以在沒有達到充分就業前，就達到了均衡。

我現在不再認為「自然」利率這個概念非常有前途，我覺得這個概念對於我們的分析沒有多大用處，也沒有多大重要性。自然利率只是一個維持現狀的利率，而一般說來，我們對現狀本身沒有特殊的興趣。

假如有這樣一個利率，能成為唯一的、重要的利率，那麼該利率我們可以稱之為**中立**利率⑩(neutral rate of interest)所謂的中立利

率，是指，假如經濟體系中其他條件不變，則一組（以上意義上的）自然利率中，有一個自然利率與充分就業一致，此利率就是中立利率。但也許稱之為最適度利率最合適。

更嚴格些，所謂中立利率就是某一種均衡狀態下的利率，在該均衡狀態下，產量與就業量已經達到一個水平，以致全體就業彈性等於零。⑪

以上所述，再次給我們回答這個問題的答案：古典學派的利率論需要什麼暗中假定才有意義。這個利率論既假定實際利率等於中立利率(定義我們剛剛下過)，又假定實際利率總能等於維持就業量於某一特殊不變的水平的利率。假如古典學派的理論是這樣解釋的，那麼與我們預期的實際結論沒有什麼出入或出入極小。古典學派假定，銀行當局或自然力量，可以使市場利率經常滿足以上條件的一兩個條件。他們要研究的是，在這假定下，是什麼法則支配著社會上生產資源的使用和申報，有了這個力量的限制，其產量上取決於假定不變的就業水平以及當前的設備與生產技術。於是我們可以平安地進入李嘉圖的世界。

---

⑩這裡的定義與當代學者對中立貨幣(neutral money)所下的定義不一致。但是它也許與這些學者心目中的對象有某些關係。

⑪參見以下第二十章。

第十八章　就業一般理論提要

一

　　現在我們已經可以把以上的論證提綱挈領地總結起來。一開始，我們搞清楚：經濟體系中，哪幾個因素是已知不變的，哪幾個因素是自變數，哪幾個是因變數，是有用的。

　　我們假定以下因素是不變的：現有勞動力的技能與數量，現有資本設備的質量和數量，現有生產技術，競爭程度，消費者的嗜好與習慣，不同的勞動力強度和監督、組織活動的負效用，以及社會結構，包括（除下舉變數以外）決定國民所得分配的種種勢力。這並不意味著我們眞假定這些因素不變，我們只是說在本書中，我們不討論也不考慮這些因素變化引起的影響與後果。

　　我們的自變數有，例如，消費傾向，資本邊際效率表以及利率。雖然我們上面已經看到，這些因素都可以進行進一步的分析。

　　我們的因變數是就業量與國民所得（後者以工資單位計算）。

　　我們認爲不變的因素，可以影響我們的自變數，但是不能完全決定它們。例如，資本邊際效率表一部分取決於現有資本設備的數量（這是我們認爲的不變因素之一），但是也部分取決於長期預期狀態（這不能從不變因素中推出）。但也有幾種東西可以完全從不變因素中推得，所以我們能把這種推演出來的東西看成是不變的。例如，從不變因素

中我們就可以推知：與一特定的就業水平相對應的國民所得（用工資單位計算）水平是怎樣的。因此，在我們認為不變的經濟結構中，國民所得取決了就業量，即：只取決於現在用於生產的勞動力數量，意思是，在國民所得與就業量之間有一個唯一的關係。①再者，由不變因素可以推知體現不同類型產品的供給的物質條件的總供給函數之形狀——就是說，與任何給定的有效需求（用工資單位計算）相應的將致力於生產的就業量。最後，以不變因素可以推知勞動力的供給函數為如何，所以又可知道到了哪一點後，勞動力的就業函數②不再有彈性。

然而，資本邊際效率表，一部分取決於那些不變因素，一部分取決於各種資本資產的預期收益。而利率則一部分取決於流動性偏好狀態（即流動性偏好函數），一部分取決於貨幣數量（以工資單位計算）。因此我們可以說，最終的自變數是由以下三部分組成的：(1)三個基本心理因素，即心理上的消費傾向、心理上的流動性偏好，以及心理上對資產未來收益的預期；(2)工資單位，由勞資雙方議價決定；以及(3)貨幣數量，由中央銀行決定。因此，假如我們以上所舉因素不變，這三種自變量決定國民所得（或分配）和就業量。但對這三個自變數還可以進一步分析，這就是說，它們不是我們最後原子式的自變數。

當然，從任何絕對觀點來說，把經濟體系中的決定因素分成不變因素與自變數，都是很武斷的。分類的標準，必定完全基於經驗。所以，一方面，凡是變化比較慢，或與我們所**研究的問題**關係不大，在短時期內所產生的影響比較小的因素，都列為不變因素。另一方面，

---

①在現階段，我們忽視了由以下情況引起的某些複雜性：不同產品之就業函數，在與就業量有關的變動範圍內，曲度不同，參見以下第二十章。

②定義見以下第二十章。

凡是變化對我們所**研究的問題**實際上有決定性影響的因素，都列爲自變數。現在我們所要研究的問題是：在任何時間，是什麼決定一特定經濟體系中的國民所得或就業量(二者幾乎是一種東西)？經濟學的研究是如此複雜，我們不能希望得到完全正確的結論。我們只能提出幾個主要因素，這些因素的改變最終決定我們所研究的問題。我們最後的任務，也許是從我們實際生活中的經濟體系中收集幾個可以由中央當局加以控制或管理的變數。

二

　　現在讓我們嘗試把後幾章的論證作一個提要。提要中各因素的出現次序，與前幾章中的次序相反。

　　有一種引誘把新投資的數量擴充到一點，使得一般資本的邊際效率（由各種資產的供給價格及預期收益決定）近似等於利率。這就是說，資本品行業的物質條件、對於預期收益的信心、心理上的流動性偏好以及貨幣數量（最好用工資單位計算）這四者，決定新投資的數量。

　　但是，投資量的增加(或減少)，必然引起消費量的增加(或減少)。因爲就一般而論,公衆的行爲有這樣的特徵：就是只有當所得增加(或減少）時，他們才願意擴大（或縮小）其所得與消費之間的差額。這就是說，一般而論，消費的變化與投入的變化是同方向的（雖然數量較小）。消費品增量與相伴而生的給定的儲蓄增量之間的關係，可由邊際消費傾向推知。投資的增量與相應的總所得的增量（兩者都用工資單位計量）的比率則由投資乘數給出。

　　最後，假如我們假定（作爲第一近似值）就業乘數等於投資乘數，我們可以用此乘數就業增量或減量（投資量之所以有增減，以上已經

描述過），可得總就業增量（或減量）。

就業人數增加（或減少）時，可以提高（或降低）流動性偏好表。之所以有此影響，有三方面的理由，這三方面都增加貨幣的需求：第一，當就業量增加時，即使工資單位和物價（以工資單位計算）不變，產品的總價值還是增加；第二，就業量增加時，工資單位也有提高的趨勢；第三，產量增加時，由於短期內成本增加造成物價（以工資單位計算）上漲。

因此，均衡位置將受到這些反應和其他反應的影響。而且，以上所舉自變數可以在事先沒有預兆的情況下，隨時改變，甚至有時變化很大，因此，事態的實際發展極端複雜。雖然如此，我們還是要把這幾個變數單獨提出來，因爲這樣做似乎有用、似乎方便。假如我們沿著以上分析問題的思路來考察這一實際問題，我們發現問題比較容易處理。否則只憑直覺處理實際問題（直覺所能考慮的事實，往往太詳細太複雜，一般原理很難處理），也許材料太多而無從下手。

三

以上就是就業一般理論的提要。但是消費傾向、資本邊際效率表以及利率的中(特徵)，給經濟體系的實際現象蒙上了一層色彩。關於以上三者的種種特徵，我們可以從經驗上作概括性的結論，但沒有邏輯上的必然性。

尤其是，我們生活其中的經濟體系有一個顯著特徵：即在產量與就業量方面雖然有劇烈的變化，但該經濟體系並不非常不穩定。的確它似乎可以在次正常(sub-normal)狀態下，停留相當一段時期，既沒有明顯傾向趨於復興，也沒有明顯傾向趨於完全崩潰，而且，以往的事實表明：充分就業或近似於充分就業的現象是少有的，即使有也是曇

花一現。剛開始變化時是很活躍的，但在還沒有到達極端之前，自身似乎早已筋疲力盡了，於是我們經常處於這中間狀態，既不絕望也不滿意。這是基於這個事實：變化在沒有到達極端之前，已經筋疲力盡，後來竟反方向變化，所以會有商業循環理論的出現。以上所說也同樣適用於物價：經過一段波動以後，物價似乎能找到一個水平，暫時穩定下來。

現在，因為這些由經驗得來的事實，在邏輯上沒有必然性，所以我們只能假定：現代社會的環境與心理傾向，必定會有這些特徵，以致產生這樣的結果。因此，討論如下兩個問題是有用的？第一，哪一種假定的心理傾向會導致一穩定的體系？第二，根據我們對現代人性的一般知識，我們是否可以說當代社會確實具有這種心理傾向？

根據以上的分析，要解釋觀察得來的結果需要以下幾種穩定條件：

（ⅰ）當一特定社會的產量增加（或減少），是因為更多（或更少），的勞動力被迫用在資本設備上時，該社會的邊際消費傾向是這樣的：由該邊際消費傾向推算而來的乘數雖大於一，但也不是太大。

（ⅱ）當資本的預期收益或利率改變時，資本邊際率表是這樣的：新投資變化，不能與前者的變化成比例。這就是說，當資本的預期收益或利率適當變化時，投資量的變化也不能太大。

（ⅲ）當就業量變化時，貨幣工資也趨於作同方向的變化，但與就業量之變化不太成比例。這就是說，當就業量適當變化時，貨幣工資的變化也不能太大。這與其說是就業量之穩定條件，還不如說是價格的穩定條件。

（ⅳ）我們可能增加一個第四個條件，它倒不是使經濟體系有穩定性，而是使經濟體系向一個方向變化到一定程度後，會自己改變方向，向反方向變化。即：若每一期的投資量比前期的投資量增加（或減少），而且這種狀態已持續一段時期（若以一年作計算單位，並不太長），那

麼就會對資本邊際效率產生不利（或有利）的影響。

（ⅰ）我們第一個穩定條件是，乘數雖大於一，但不是太大。這個條件作爲人性的心理特徵，是非常合理的。當實際所得增加時，現在需求的壓力減小，建立的生活標準與所得的差距加大。若實際所得減少，情況相反。就社會上的一般人而言，當就業量增加時，當前消費量也必然增加，但小於實際所得的全部增量。當就業量減少時，當前消費量也必然減少，但小於實際所得的全部減量。而且，不僅一般人大致如此，政府也大致如此。特別是在今天這個時代，當失業人數繼續增加時，國家往往不得不舉債提供救濟。

不論讀者以先驗方面是不是認爲這個心理法則合情合理，但是有一點是的確的：假如這個心理法則不適用，那麼實際經驗必與今日大不相同。因爲假如投資量增加但增加得很小，有效需求將作累積增加，一直到達到充分就業爲止。反之，當投資量減少時，有效需求將作累積減少，直到就業量高於零爲止。但是實際經驗告訴我們：我們一般總是處於中間狀態。也有可能，在一段範圍以內，事實上存在着這種不穩定性，但是，假如如此，也許範圍一定很狹小，超出這個範圍，不管在哪個方向，我們的心理法則都適用。還有一點也很明顯，就是乘數大於一，但是在正常情況下，不是極大。因爲，假如是極大，那麼當投資量改變一特定量時，消費量將大量改變（其改變限度，只是充分就業或就業量等於零）。

（ⅱ）第一個條件告訴我們，當投資量有適當的變化時，消費品的需求也不會有極大的變化，第二個條件告訴我們當資本資產的預期收益或利率變化不太大時，投資量也不會有很大的變化。之所以會有這種情況，是因爲從現有設備上去大量擴充產量，會引起成本的增加，假如我們的開始狀態，確實存在著大量生產資本資產的剩餘資源，在某一範圍內可能很不穩定，但只要過剩資源大部分被利用時，這個不

穩定性便不再存在。而且，由於工商界在心理上有劇烈變動或有劃時代的新發明，使得資本資產的預期收益迅速變化時，這第二個條件也能限制由此引起的不穩定，但也許在限制向上方向之變動比限制向下方向的變動更有效些。

(iii) 第三個條件與我們的人性經驗是一致的。我們在上面已經指出，關於貨幣工資的鬥爭，主要是要維持一高額相對工資。當就業量增加時，貨幣工資的鬥爭在各行業都會加強，這一方面是因為工人的議價能力增強，另一方面是因為工資的邊際效用減小，工人的財政狀況改善，使得他願意冒險。然而，同樣這些動機也有一個限制，工人不會因為就業改善而要求增加很多貨幣工資，也不會因為避免失業而允許減少很多貨幣工資。

這裡又和以上一樣，不論這個結論以先驗方面是否合情合理，經驗告訴我們，這種心理法則一定存在。因為假如失業工人間相互競爭會導致貨幣工資減少很多，因此物價水平極不穩定。而且，除了充分就業以外，也許沒有其他穩定的均衡位置。因為貨幣工資將無限制地降低，直到達到這一點，貨幣數量（用工資單位計算）變得非常豐裕，利率降到足以恢復充分就業為止。除此之外，沒有其他可以停止的點③。

(iv) 第四個條件倒不是穩定條件，而是要說明為什麼經濟衰退與經濟復興更替不息。這個條件只是基於這個假定：資本資產的年齡不同，壽命都不太長，最後都被用壞。所以假如投資量低於某一最低水準，那麼資本邊際效率重又提高，以致投資量重新恢復到以前的水準以上，都只是一個時間問題（即使其因素沒有很大變化）。同樣，假如投資量一期比一期大，那麼除非其他因素改變，否則資本邊際效率再

③工資單位改變時所產生的影響，將在以下第十九章中進行詳細的討論。

次降低，以致引起經濟衰退，也只是一個時間問題。

因爲前三個穩定條件，使經濟復興與經濟衰退的程度有了限制，因爲有第四個條件，即使是有限度的經濟復興與經濟衰退，只要已經繼續了相當時期，而沒有其他因素的變化加以干涉，它會自己轉向，向相反方向變動，以後這同一力量，又把方向再次轉換過來。

這四個條件結合起來，足以解釋我們實際經驗中的顯著特徵：就業量與物價的變動不趨於兩個極端的方向，而是圍繞中間位置上下波動。這中間位置，低於充分就業很多，也高於最低就業量很多。所謂最低就業量是指，若就業人數低於這個水平，生活將要受到威脅。

但是我們不能因此而下結論，說這中間位置是由「自然」趨勢決定的。而且，這種趨勢，如果我們不有意設法加以糾正，大概會繼續維持下去。因此，它是建立在必然律上的。以上四個條件是通行無阻的原則，它只是一個實際觀察到的事實，而不是一個不能改變的必然性原理。

【第五篇】

貨幣工資與物價

第十九章　貨幣工資的變動

一

如果在本章之前我們能討論一下貨幣工資所產生的影響，那倒是件好事。古典學派一直認為，經濟體系有自動調節的特性（因為他們假設貨幣工資具有伸縮性）；而貨幣工資呈剛性時，這種剛性則往往是經濟體系失調的緣由所在。

然而，當我們尚未建立自己的理論之前，是不可能充分地討論這一問題的。貨幣工資變動帶來的後果十分複雜，在某些情況下，確如古典學派所設想的那樣，減低貨幣工資完全能夠刺激產量的增長。我與古典學派在理論上的分歧，主要在於分析上的不同，因此只有讓讀者瞭解了我的方法之後，才能將這種分歧闡述清楚。

在我看來，通常被人們所接受的解釋，並非像我們將要在下面討論的那般曲折迂廻，而是相當簡單的。這種解釋僅僅是說：在其他條件不變的情況下，減低貨幣工資可以使產品成本相應下降，故可以刺激需求，進而增加產量和就業；但倘若生產設備不變，產量增加會導致勞動力邊際效率減低；當其影響剛好與勞工同意接受的貨幣工資減低的影響互相抵銷時，產量與就業的增長即告終止。

這種解釋說到底，等於承認貨幣工資減低時，需求不受影響。現在有些經濟學家認為需求不受影響的理由在於：總需求大小取決於貨

幣量與貨幣所得流通速度兩者的乘積，但並無明顯的理由可以表明，當貨幣工資減低時，貨幣量抑或貨幣所得流通速度會有所減低。他們甚至提出因爲工資降低，利潤必然會上升。但我想大多數經濟學家會承認，一部分工人的購買力因貨幣工資減少而削弱，終將對總需求產生某種影響，但是其餘部分工人的貨幣所得並未減少，他們的實際需求將因物價下跌而獲刺激，除非反映貨幣工資變動的勞動力需求彈性小於一，工人本身的總需求，反而可能因貨幣工資減低致使就業人數增長而得以擴大。於是在新的平衡狀態中，就業人數會比以往增多，除非是在非常極端的情況下才會有例外（但這種情況實際上並無現實性）。

這種分析，或者毋寧說隱匿在上述議論背後的分析，恰恰與我的分析根本不同。以上所說雖然代表了許多經濟學家的想法，但他們卻很少詳盡地闡述自己所依據的分析方法。

然而很清楚，他們論證的思路很可能是像下面這樣推導出來的。就某一產業來說，其產品有一需求表，表示出售量與售價的關係；又有一組供給表，表示產量與生產該量產品時，生產者所要求售價二者間的關係，因各廠成本基礎不同，生產者所要求的售價也不相同，故供給表爲一組。假設其他成本不變（因爲產量改變而造成的成本變動除外），則可由這些表進一步導出勞動力需求表，表示就業人數與不同工資水平的關係。該曲線在任何一點的形狀，即確定了勞動力的需求彈性。然後他們將這一概念未作重大修正便轉用於整個工業，假定由於同樣的理由，整個工業也有一個勞動力需求表，表示就業人數與不同工資水平的關係。他們認爲，此處所說的工資是貨幣工資還是實質工資，對於論證並不重要；若是貨幣工資，當然必須應幣值改變而進行校正，但這不會改變論證的總趨勢，因爲物價的變動當然不可能與貨幣工資的變動恰好按同一比例進行。

如果以上這些是他們論證的依據（如果不是，那我就不知道他們的依據何在了），那麼此論證一定是錯誤的。因為某一工業的需求表只能建立在下述假定之上，即其他工業的供需表性質不變，以及總有效需求量不變。因此將此論證轉用於整個工業是無效的，除非把總有效需求量不變這個假定也搬過去。不過真要做此假定的話，那麼論證豈不是前言不搭後語了嗎？因為雖然大家都承認：貨幣工資減低而**總有效需求量保持不變**，那麼就業人數就一定會增加，但是，當貨幣工資減低時，（以貨幣計算的）總有效需求量是否保持不變？或者（以貨幣計算的）總有效需求量是否至少將不會與貨幣工資完全成比例地減低（也就是說以工資單位來衡量，總有效需求量是否多少比以前有所增加）？對此尚有爭論。假如不允許古典學派用類比方法，即把僅僅適用於某一工業的結論推廣到整個工業，那麼該學派將完全不能夠回答：當貨幣工資減少時，就業人數將會受到什麼影響？因為古典學派尚無一種分析方法可用來處理這一問題。據我看來，皮古教授(Professor Pigou)的《失業論》，已經盡到了古典學派的最大能力，但其結果只不過是提供了一個引人注目的例證，表明古典學派的理論對於何者決定實際總就業量此一問題束手無策。

二

現在讓我們用自己的分析方法來回答這個問題。這個問題可分為兩部份來討論：㈠假設其他條件不變，那麼貨幣工資減低是否有直接增加就業人數的趨勢？這裡所說的「其他條件不變」，乃指消費傾向、資本邊際效率表和利率三因素，就社會總體而言，仍然保持不變。(2)貨幣工資減低，是否會通過對以上三因素必然的或可能的影響，在某一特殊方向上形成影響就業的必然的或可能的趨勢。

　　對第一個問題，已在前面幾章中作出了否定回答。我們已經表明，就業人數僅僅與（以工資單位計算的）有效需求量有關，而有效需求量是預期消費量和預期投資量二者之和。所以假設消費傾向、資本邊際效率和利率三因素全都不變，那麼有效需求量也不會改變；但在同一假定下就總體而論，企業家增加就業人數所得收益將必定少於他們的供給價格。

　　如果我們假定(對這一觀點最有利的假定)，在開始時，企業家**預計**貨幣工資的減低會降低生產成本，那將有助於批駁下述拙劣的結論：即「因為可降低生產成本」，貨幣工資的減低將使就業人數增加。就個別企業家來說，開始時他很可能只看到本人生產成本的降低，但卻忽視了貨幣工資減低也會對其產品需求產生影響，以為他能售出更多的產品，牟得更多的利潤，於是便拚命增加產量。那麼，如果企業家們都按這一預期行事，果真能增加他們的利潤嗎？答案是否定的。只有當該社會的邊際消費傾向等於一，即所得增長等於消費增長時；或只有當投資的擴大，足以彌補所得增長與消費增長二者間的不平衡時，答案才是肯定的。但投資擴大只有在資本邊際效率表相對於利率有所增加時才會發生。因此，除非邊際消費傾向等於一，或者貨幣工資減低使得資本邊際效率表較之利率相對增加，以至投資擴大，否則通過增加產量所得到的收益將會令企業家們失望，就業人數最終將回復到原先數目。假如企業家們能夠按照預期價格售出產品，便能提供就業機會，使得公眾的所得增加，以至儲蓄傾向增強，儲蓄量超過短期投資量，那麼結果必然是企業家們蒙受損失——損失大小恰好等於公眾儲蓄量與短期投資量之差。不管貨幣工資率水平如何，都是如此。當然在某一時期裡，企業家們自身擴大營運資本(Working capital)投資可以彌補二者之差，但這樣做的結果最多只能把失望來臨的日子推遲一些而已。

因此貨幣工資減低並不會使就業產生持久增長的趨勢，除非是它對全社會的消費傾向，或資本邊際效率表，或利率產生影響。若要分析貨幣工資減低的效果，唯有通過追究它對這三個因素的可能影響，捨此沒有別的辦法。

貨幣工資減低對這些因素最重大的影響，實際上可能反映在如下幾個方面：

⑴貨幣工資減低多少會引起物價下降，因而與實質所得的分配有關：(a)從貨幣工資減低者轉移給進入邊際主要成本中的其他生產要素，（後者的報酬並未減少）。(b)從企業家階級轉移給食息階級(rentiers)，對於後者來說，一定的貨幣所得是有保證的。

這種重新分配對於社會全體的消費傾向有什麼影響呢？從貨幣工資減低者向其他生產要素的轉移，可能會削弱消費傾向；而從企業家階級向食息階級的轉移，影響如何卻值得探討。但是總的來說，食息階級在社會上比企業家階級富裕，且生活標準穩定，所以重新分配的影響對其不利，根據各種考慮，其淨結果是什麼，我們只能猜測。或許較爲可能的是趨於不利，而不是相反。

⑵假如我們討論的是一個非封閉的經濟體系，又假如貨幣工資減低又是**相對於國外貨幣工資的減低**(二者均化爲同一計算單位)，顯然這種變化有利於投資人，因爲它往往可增大貿易順差。當然，此說的前提是，由此帶來的好處並未被關稅、進口限額等方面的變動所抵銷。就英美兩國來說，英國人比美國人在傳統上更加相信：貨幣工資減低可以作爲一種增加就業的手段，這也許是因爲英國比美國的經濟封閉性要小的緣故吧。

⑶在一個非封閉的經濟體系裡，貨幣工資的減低，雖然可增加貿易順差，但也可能使進口交換比率(terms of trade)趨於不利。所以除了新就業者以外，原就業者的實質所得將減少。這種情形往往使消費

傾向增強。

(4)如果**貨幣工資減低時**，人們預期到這種減低將比未來貨幣工資相對減低，那麼此變動將有利於投資，原因我們已經在前面看到，即它可以增加投資的邊際效率，出於同一理由，或許它也有利於消費。另一方面，如果貨幣工資減低，導致人們得出未來的貨幣工資還要進一步減低的預期(或甚至僅僅是預期到此種可能性甚大)，則其效果將完全相反。因為在這種情況下貨幣工資減少會降低資本邊際效率，並導致投資與消費的延遲。

(5)工資總額(wages bill)的降低，再加上物價和所得的普遍下降，可以減少為所得和業務目的所必備的現金數量，因而在該範圍之內足以減少全社會的流動性偏好表。假如其他條件不變，這將引起利率下降，對於投資有利。然而，在這種情況下，未來預期的後果將產生一個與(4)中考慮的完全相反的趨勢。因為如果預期今後工資與物價還會上漲，公眾的反映肯定將有利於長期貸款而不利於短期貸款。另外，如果工資減低引起群眾不滿，以致削弱了他們對社會政治前途的信心，從而引起流動性偏好的增強，也許並非從實際流通中騰出的一點現金便能夠補償人們對現金需求的增強。

(6)對個別企業家或個別產業來說，貨幣工資的特別減低總是有利的事，所以當貨幣工資普遍減低時，儘管其實際影響不同，但在企業家的心裡或許還是會產生一種樂觀情緒，或許還會打破因為對資本邊際效率的估計過度悲觀而引起的一種惡性循環，並使一切事物根據一個較為正常的預期重複進行。另一方面，如果工人們像他們的雇主一樣犯同樣的錯誤，未能正確認識工資普遍減低的後果，那麼必然會引起勞資糾紛，也許後者完全會抵銷這個有利的因素。除此之外，一般而論，沒有任何方法可以保證各行各業的貨幣工資同時減低，並且減低的程度相同，因而所有工人為了自身的利益，都會抵制本業中貨幣

工資的減低。事實上工人們對企業家設法壓低貨幣工資的抵制，比之對因物價上升而帶來的實質工資逐漸的和自動的降低要強烈得多。

(7)另一方面，當貨幣工資減低時，企業家們的債務負擔會加重，這種不利影響也許部分地抵銷了他們對貨幣工資減低所持的樂觀情緒。實際上，假如工資和物價大大降低，那麼企業家中那些負債甚重者，也許會很快陷於瀕臨破產的境地，對於投資來說非常不利。而且，如果物價水平降低，那麼國債(National Debt)以及稅賦的實際負擔會加重，這可能會對工商界信心產生非常不利的影響。

以上所述，並未包括複雜的現實世界中由於貨幣工資減低帶來的一切可能的反應，但是，我想通常最重要的反應，大概都已含在其中了。

所以假設我們只討論一個封閉的經濟體系，並假定實質所得的重新分配，對於社會的消費傾向並無影響，即使有影響也是不利影響。那麼我們希望貨幣工資減低會使就業人數增加，主要是考慮到存在著兩種可能性：或如(4)中所述，因為資本的邊際效率提高而導致投資增加；或如(5)中所述，因利率下降而導致投資增加。以下讓我們進一步考慮這兩種可能性。

人們相信，當貨幣工資率已降至極點，以後工資若再有改變，一定是只會增加，這種情況對提高資本的邊際效率有利；反之當貨幣工資正在逐漸下降，而且工資每減一次，人們對此工資在未來能否不再減便更加喪失信心。這種情況對提高資本的邊際效率不利。當我們進入一個有效需求量逐漸減小的時期時，索性驟然把貨幣工資大減，使其低到人人都相信工資不可能再繼續減低，這樣一來反倒對加強有效需求量最為有利。但像這種做法，只能出自行政法令，而在一個自由議定工資的經濟體系裡，實際上的可能性是微乎其微的。另一方面，在以下兩種情形——即(a)貨幣工資非常固定，一般認為不可能有大變

動,(b)經濟衰退時,伴有工資逐漸減低的趨勢,失業人數每增加1%時,人們便預期工資還要再減──之間,還是前一種情形要好得多。例如,人們預期來年工資要降低2%,其影響將大致相當於同期所付利息增加2%。這一結論,只要在細節上作必要修正,也可適用於經濟繁榮時期。

由此說來,處在當今世界實際慣例與制度之下的工資政策,與其令貨幣工資伸縮性很強,易隨失業人數增減而變動,不如令貨幣工資剛性很強,固定不變。以上立論,是考慮了資本邊際效率後而得出的,那麼,當我們考慮到利率因素時,這一立論還站得住脚嗎?

那些相信經濟體系具有自動調節特性的人,論證的重點必定放在工資水平與物價水平下降對貨幣需求量的影響上,雖然據我所知,他們還沒有這樣做。如果貨幣量也是工資水平與物價水平的函數,當然這樣做更毫無希望了。但假設貨幣數量幾乎是固定的,顯然,只要貨幣工資的減低程度足夠大,以工資單位計算的貨幣量便可以無止境地增加,並且在所得中所占的比重一般也可以大大增加。這種增加的極限取決於工資成本在邊際主要成本中所佔的比例大小,也取決於邊際主要成本中其他要素對於工資單位下降的反應如何。

所以,從理論上講,至少有兩種方法可以影響利率,其一是減低工資,而令貨幣量不變;其二是增加貨幣量,而令工資水平不變。二者的效果幾乎完全相同。故減低工資和增加貨幣量這兩種方法,作為保證充分就業的手段來說,都受到同樣的限制。以上已指出了為什麼不能僅靠增加貨幣量而使投資擴大到一適度水準,只要細節上稍作修改,同樣的理由也可適用於工資減低。正如貨幣量的少量增長,或許對長期利率施加的影響不夠大,而貨幣量的急劇增長,或許由於動搖了社會信心,會抵銷增長帶來的其他好處,同樣,貨幣工資的減低,若幅度不大,或許影響不足;而幅度過大,即使實際上行得通,或許

也會動搖社會信心。

因此，沒有充分的根據可以令人信服，一個有伸縮性的工資政策便能維持充分就業，正如沒有充分的根據可令人信服——僅僅靠公開市場金融政策而無其他手段輔助便能夠實現同一結果——一樣。這些途徑不可能賦與經濟體系自動調節特性。

每當就業量小於充分就業量時，勞工們便會聯合起來一致採取行動（或準備採取行動），使得（以工資單位計算的）貨幣數量增加，達到利率下降的程度，結果使充分就業實現。如果這種情況發生，事實上實施貨幣管理的，並不是銀行體系，而是以充分就業為追求目標的工會。

不過，伸縮性的工資政策與伸縮性的貨幣政策，僅就作為增加（以工資單位計算的）貨幣量的手段而論，理論上二者效果完全相同，但在其他方面，二者當然有天壤之別。以下，讓我簡述它們的三大區別，提醒讀者注意。

（i）除非在一個實行國家統制、工資政策由法令決定的社會中，否則沒有辦法保證各階級勞工的工資減低趨於一致。這一結果只有通過一系列逐漸的、不規則的變動才能達到；同時，無論從社會正義標準還是從經濟權宜標準來看，均不能證明這一結果是理所當然的；而且這一結果恐怕只有在經過數度無謂的、不幸的勞資爭執後才能實現（在勞資雙方爭執過程中，討價還價能力最弱的一方受害亦是最深）。相反，改變貨幣量，憑藉公開市場政策之類辦法即可達到，多數政府可將其緊緊掌握在自己的手中。人的本性和制度既然如此，只有傻子才會選擇伸縮性工資政策，而不選擇伸縮性貨幣政策，除非他能指出：前者有後者不能達到的好處。而且，假如其他條件相同，一個較易實施的方法當然比一個較難實施的方法要好。

（ii）假使貨幣工資固定不變，那麼除了「支配的」壟斷價格（決

定壟斷價格的因素，除了邊際成本外，還有其他因素）以外，其他價格的變化，主要是因爲：現有生產設備隨著產量的增加，其邊際生產力遞減。於是，在勞工和其他那些貨幣所得由合同規定的人——特別是食息階級以及公私機關中的薪水階級——之間將可以維持最大程度的實際可行的公平。如果那些重要階級的貨幣所得總是固定不變，那麼無論從社會正義考慮，或從社會權宜考慮，最好所有要素的貨幣報酬多少也固定不變。考慮到所得中很大一部分用貨幣支付，而且相對固定，只有不義之徒才會選擇伸縮性工資政策，而不選擇伸縮性貨幣政策，除非他能夠指出：前者有後者不能達到的好處。

(iii)以減少工資單位來增加(以工資單位計算的)貨幣量的方法，將會使債務負擔以同比例增加；而令工資單位不變以增加貨幣量的方法，則會產生相反的後果。考慮到許多債務的負擔已經過重，只有不諳世故的人才會選擇前者。

(iv)如果利率的逐漸下降，唯有通過工資水平的逐漸下降才能達到，那麼根據前述理由，資本邊際效率將受到雙重不利影響，投資推遲，乃至經濟復興遲緩，也就有了雙重的理由。

三

因此，當就業量逐漸減少時，工人們也逐漸降低他們對貨幣工資的要求。但就業量減少時產量也減少，故一般而言，這種做法不僅不會減少實質工資，相反可能還會增加實質工資。採取這種政策的主要後果，是引起物價極不穩定，其變動之劇烈，使得在一個像我們所實際生存的經濟社會裡，一切商務計算都變得毫無用處。有人說在一個大體上是自由放任的系統裡，伸縮性工資政策是一個應有的且恰當的附屬物，這種說法恰好與眞理背道而馳。只有在高度集權的社會裡，

一紙法令可以作突然的、大量的、普遍的改變，伸縮性工資政策才能運用自如。可以想像，這個政策可以在意大利、德國和俄國運用，但不能在英國、美國和法國實施。

如果像澳大利亞那樣，實質工資由法令所規定，那麼與這個實質工資相對應，將存在著某個特定的就業水平。在一個封閉的經濟體系裡，實質就業人數根據是否低於同該水平相應的數量，而在該水平與毫無就業之間劇烈地波動。假如投資量恰好與該水平相適應，物價則處於一種不穩定均衡狀態。若投資再少一些，物價將降至零；若投資再多一些，物價將趨於無限。從控制貨幣量諸因素中，必須找出即使有也極少的穩定因素。而這些控制貨幣量的因素非常確定，以至總是存在著某一貨幣工資水平，使得利率和資本邊際效率之間保持一種關係，可以將投資維持在臨界水平上。在這種情形下，就業人數將為一常數(按照合乎法定實質工資的水準)，但貨幣工資與物價則常常急劇波動，以求投資維持在適宜的數量上。從澳大利亞的實際情況看，並未出現貨幣工資與物價的急劇波動，其中部分原因當推法令總不能完全達到目的；還有部分原因當推澳大利亞並非一個封閉的經濟體系，以至於貨幣工資本身成為外國投資量——進而總投資量——的決定因素，而進出口交換比率(terms of trade)對於實質工資又有重大的影響。

根據這些考慮，我現在的觀點是：對一個封閉的經濟體系來說，在權衡得失之前，最好還是維持一個穩定的一般工資水平(general level of money-wages)；而對開放的經濟體系來說，若能以變動外滙率的手段與世界各國維持均衡，那麼以上的結論也可適用。就個別工業而論，貨幣工資有某種程度的伸縮性固然有利，可以加速工人們從相對衰落的工業轉移到相對繁榮的工業，但是貨幣工資水平就整體而言還是愈穩定愈好，至少在短時期內如此。

採取這種政策將使物價水平相當穩定，至少比採取伸縮性工資政策穩定。除了「支配的」物價即壟斷物價以外，物價水平的變化，在短時期裡，只是由於就業人數的改變，使邊際主要成本受到影響；在長時期裡，只是因為新技術或設備的增加，使生產成本改變。

不過，如果就業量波動很大，物價水準的波動必然也很大。但正像我在前面所說的，這種波動的程度比起在伸縮性工資制度之下要來得小。

因此，實行剛性工資政策，在短時期裡欲做到物價穩定，必須避免就業量的波動。但是在長時期裡，我們依然可以在以下兩種政策之間進行選擇：一種政策是讓物價隨著技術和設備的進步逐漸下落，而令工資穩定；另一種政策是讓工資逐漸提高，而令物價穩定。總的來講，我傾向於後者，這是由於：為了將實際就業水平保持在接近充分就業的特定範圍之內，處於「未來工資將會上漲」這種預期之下較易做到，而處於「未來工資將會下降」這種預期之下較難做到。這也是由於：逐漸減輕債務負擔對社會有利；從衰落工業到興旺工業，比較容易調整；以及貨幣工資溫和上漲的趨勢，可以使人在心理上感受到鼓舞。不過，這裡並無根本的原則差別，所以現在我不必對兩方面的論證加以詳盡發揮。

附錄：皮古教授的《失業論》

在《失業論》中，皮古教授令就業量由兩個基本因素所確定，即(1)工人所要求的實質工資率(real rates of wages)和(2)勞動力實際需求函數(Real Demand Function for Labour)的形狀。該書核心部分，是討論後一函數形狀的確定問題。該書並不抹煞下述事實，即工人所要求的，並不是實質工資率，而是貨幣工資率，其商便是工人所要求的實質工資率。

在《失業論》第 90 頁上，皮古教授提出了兩個方程式，認為它們「構成研究的起點」。但是有幾個暗中假定，幾乎從論證一開始就是混進來了。而這些暗中假定限制了其分析方法的應用，所以我首先要將他的處理方法，直到爭論點，作一概括。

皮古教授把工業劃分成兩大類，即在國內從事製造工資品以及從事製造出口品，銷於國外，以取得國外的工資品的工業；以及「其他」工業。為方便起見，可以把這兩類工業分別稱作工資品工業和非工資品工業。他設想前者僱用人數為 X，後者僱用人數為 Y。X 人所生產的工資品產值以 F (X)表示，一般工資率以 F′ (X)表示。雖然皮古教授未專門提及，但實際上等於假定：邊際工資成本等於邊際主要成本①。他又假定 $X + Y = \phi (X)$，即總就業量是工資品工業就業量的函數。然後他提出全體勞動力的實際需求彈性(elasticity of the real demand for labour in the aggregate)可以寫作：

$$Er = \frac{\phi'(X)}{\phi(X)} \cdot \frac{F'(X)}{F''(X)},$$

根據這個彈性，我們可以推出勞動力實際需求函數的形狀。

論及符號，他的表達方式與我的表達方式並無重大差別。只要我們能把皮古敎授的工資品看作我的消費品(consumption-goods)把他的「其他物品」看作我的投資品(investment-goods)，因爲他的$\frac{F(X)}{F'(X)}$是（以工資單位計算的）工資品工業的總產值，所以與我的 Cw 相當。此外，假如工資品即等於消費品，那麼他的函數 ϕ 就是我在前面稱爲就業乘數 K′ 的函數。因爲

$$\triangle(X+Y) = K' \triangle Y$$

所以　　$\phi'(X) = 1 + \frac{1}{k'}$

這樣，皮古敎授的「全體勞動力實際需求彈性」是一個複合體，其構成成分類似於我自己所用的若干因素，此彈性部分地由生產的實

---

①這一錯誤說法的由來，也許是出於**邊際工資成本**本身的含義不清。它可以指：在除了工資成本以外，其他成本皆不變的前提下，每增加一單位產量，所需增加的成本。也可以指：用最經濟的方法，利用現有設備和其他未利用要素，每增加一單位產量所需增加的成本。在前一種含義裡，邊際工資成本，除了勞力外，不計企業家的勞動、運用資本或任何其他方面的成本，甚至不計因就業量擴大而多增加的設備損耗。在這種情況下，因爲我們不讓勞動力成本以外的其他成本進入邊際主要成本，故邊際工資成本當然等於邊際主要成本。然而根據這個前提，得出的結果幾乎毫無用處，因爲它所依據的前提幾乎是不存在的。事實上我們也絕不會笨到如此地步，當勞動力增加時，不讓其他可獲得的要素也作適度發展。因而，只有當我們假設除勞動力以外所有要素均已利用到極點時，這個前提才能成立。

際條件所決定（用函數 F 表示），部分地由工資品的消費傾向所決定
（用函數 φ 表示）。以上所說，當然只限於邊際勞動成本等於邊際主要
成本的特例。

　　然後，爲了確定就業量的大小，皮古教授又結合了他的「勞動力
實際需求」，即勞動力供給函數。他假定勞動力供給函數僅僅是實質工
資率的函數。但是因爲他也已假定，實質工資率乃工資品工業中就業
人數 X 的函數，所以假定勞動力的供給只是實質工資率的函數，也就
是假定：在現行實質工資之下勞動力總供給量只是 X 的函數，即 N＝
X（X），其中 N 代表在實質工資率 F′（X）之下可獲得的勞動力供給量。

　　因此，在廓清所有複雜因素後，皮古教授的分析方法是企圖從下
列二方程式中發現就業量。二方程式即：

$$X+Y=\phi(X)$$

和　　　　　$$N=X(X)$$

但在兩個方程式中卻有三個未知數。似乎他是通過假定，N＝X＋Y，
廻避了這一困難。當然這等於假定：嚴格地說，並不存在非自願的失
業，亦即在現行實質工資率之下，所有可能的勞動者實際上均已就業。
在這種情形下，X 值可從方程式：

$$\phi(X)=X(X)$$

中求得。假如設 X 爲 N_1，那麼 Y 必然等於 $X(N_1)-N_1$，總就業量 N
等於 $X(N_i)$。

　　有必要停下來考慮一下這個方程式的含義究竟是什麼。其含義是：
假設勞動力供給函數改變，即在特定實質工資率之下，勞動力供給量
增大，（故 n_1+dn_1，現在是滿足方程式 $\phi(X)=X(X)$ 中的 X 之值），那
麼對非工資品數量的需求，必定使得非工資品工業中的就業量增加，

以保持 $\phi(n_1+dn_1)$ 與 $X(n_1+dn_1)$ 二者相等。除供給函數外，唯一可使總就業量改變的是工資品和非工資品購買傾向的改變，因此伴隨 X 較大幅度的下降，有一個 y 的增長。

假定 $n=x+y$，當然就是意味著勞動力總是可以自己決定其實質工資率；而他們總是可以自己決定其實質工資率；又意味著對非工資品工業產量的需求情況服從上述法則。換言之，等於假定：利率本身總是以這種方式作調整，與資本的邊際效率表相適應，以期保持充分就業。若無此假定，皮古教授的分析將告崩潰，他也將提不出任何辦法來確定就業量的大小。的確令人生奇，皮古教授竟會認爲，他可以絲毫不涉及是由於利率或信任狀態的變動（而不是由於勞動力供給函數變化）所引起的投資量變化，即非工資品工業就業量的變化，就可以提出他的失業理論。

所以他的著作名曰《失業論》，多少有點名不符實。實際上討論的並非是失業問題，而是在討論若就業函數不變，當充分就業的條件滿足時，就業人數將是多少。提出全體勞動力實際需求彈性這個概念，目的在於表明，與勞動力供給函數一定程度的變動相適應，充分就業量將提高或降低多少，或許更爲恰當。我們可以將他的著作看作是一種非因果性(non——causative)研究，研究的是就業水平同實質工資水準二者之間的函數關係。但這種研究不能告訴我們，決定就業**實際**水準的是什麼，也未直接回答非自願失業問題。

如果皮古教授否認我在前面已定義過的非自願失業的可能性，大概他總是那樣做，則很難想像他這樣的分析如何能被應用。因爲他沒有討論 X 和 Y 間的關係，也就是說工資品工業就業量和非工資品工業就業量間的關係是由什麼決定的。這一疏漏也是其理論的致命傷。

此外他同意：在某種限度之內，勞工們經常要求規定的實際上並不是特定的實質工資率，而是特定的貨幣工資率。但在這種情況下，

勞動力供給函數不僅是 F′(X) 的函數，而且也是工資品貨幣價格的函數。於是他先前的分析即告崩潰，因爲一個新因子必須導入，但卻沒有一個新的方程式可以求解這個未知數。一種僞數學方法所隱伏的危險是很難解釋清楚的，除非令所有因子皆爲某單一變量的函數，並假定所有偏微分都不存在，否則用這種方法處理經濟問題是不會有收穫的。他後來承認實際上確有其他變量存在，但又不加改正地繼續原先的觀點，這種承認有什麼用處？因此如果在某種限度內勞工要求的是貨幣工資的話，那麼除非我們知道什麼決定著工資品的貨幣價格，否則即便是假定了 n＝X＋Y，還是資料不足。因爲工資品的貨幣價格將取決於總就業量的大小，所以只有知道了工資品的貨幣價格才能知道總就業量是多大。同時只有知道了總就業量的大小，才能知道工資品的貨幣價格。這就是我說過的，我們缺少一個方程式。然而如果我們暫且假定貨幣工資率而不是實質工資率具有剛性，恐怕會得出與事實較爲接近的理論。例如從 1924 年到 1934 年十年中，英國的經濟頗不穩定，但十年中貨幣工資變動幅度僅爲 6%，而實質工資的變動幅度卻超過了 20%。一種稱爲一般理論的理論，必須能適用於各種情形和範圍，不論貨幣工資是固定，還是不固定。政治家們理所當然地抱怨，貨幣工資應該有高度伸縮性的，但理論家在分析時，應該無偏袒地對待這個問題。科學的理論不能要求讓事實來符合它的假設。

　　在我看來，皮古教授在進一步討論貨幣工資減低的影響時，引用的資料太少，以至不能提出任何明確的答案。他以批駁一種論證開始（同書 101 頁），該論證是說：假如邊際主要成本等於邊際工資成本，則當貨幣工資減低時，非工資勞動者所得與工資勞動者的所得將以同等比例改變。反對這一論證的理由在於：只有當就業量不變作爲前提時，論證才能成立，而這一前提正是爭議之點。但在下一頁（第 102 頁）他本人也犯了同樣的錯誤，假定「開始時非工資勞動者的貨幣所得不變」，

正如他剛剛指出的，只有就業量**並非**不變做為前提時，此說才成立，而這一前提正是爭議之點。實際上，只有在我們的資料中加上其他的因子，才能得出答案。

勞工們所要求規定的，事實上並不是特定的實質工資率，而是特定的貨幣工資率(只要實質工資不降至某一最低限度之下)。承認這一點，會影響對問題的分析。因為承認這一點，也就等於指出下述假定——除非實質工資提高,否則勞動力供給量不會增大——站不住腳了，而此假定是大部分論證的基礎。例如皮古教授通過提出實質工資率不變，即在充分就業已達到的情況下，減低工資不能再增加就業，駁斥了乘數理論(同書第75頁)。在這種假設條件下，他的理論當然是對的。不過皮古教授在文中批評的是一種與實際政策相關的說法——當英國失業人數超過200萬（也就是說有200萬人願意為現行貨幣工資而工作）時，還假定若生活費用比起貨幣工資來稍有提高，都會引起工人從勞動力市場上退出，退出之數將超過200萬人，這種假定脫離實際實在太遠。

重要的是要強調，皮古教授全書的立議建立在這一假定基礎之上：**生活費用相對於貨幣工資的提高，無論多麼溫和，都將會引起一些工人從勞動力市場退出，而且退出之數大於現有全部失業人數。**

另外皮古教授在文中(第75頁)沒有注意到，他既然認為公共工程不會產生「附帶就業」(secondary employment)，那麼基於同樣理由，這一政策也不會引起「主要就業」(primary employment)的增加。因為如果工資品工業中實質工資率不變，那麼除非非工資勞動者減少他們對工資品的消費，否則無論如何是不可能增加就業的。理由是他認為在主要就業中新僱用的工人會增加工資品消費，結果使實質工資降低，因而（按他的假定）會導致一些先前已在別處就業的勞動力退出勞動力市場。然而皮古教授顯然認為，主要就業確有增加的可能性。

主要就業與附帶就業的分界線，似乎也是心理上的分界線，越過這條線，則他的好常識便敵不過他的糟理論了。

因上述假定不同、分析不同而導致結論不同，反映在下面一段重要的論述裡。在此，皮古教授總結了自己的觀點：「假如工人之間有自由競爭，勞動力又可以自由移動，那麼二者（即工人要求的實質工資率和勞動力的需求函數）之間的關係將是非常簡單的。必定存在一種強烈趨勢，使工資率與需求情況相適應，以至達到人人就業的局面。因此在穩定的情況下，實際上人人都有工作。言外之意是，如果在任何一時間存在失業現象，那麼此種現象的產生完全是由於需求情況不斷地變化，而摩擦力卻使得工資不能及時作適度調整的緣故。」②

他的結論（同書，第 253 頁）是：失業的原因在於工資政策本身未能針對勞動力實際需求函數的變化作充分的調整。

因此，皮古教授相信，從長遠來看，調整工資政策，可以醫治失業問題。③而我卻認為：實質工資雖然有個最低限度，即由就業的邊際負效用（marginal disutility of employment）決定的最低限度，但它主要不是由貨幣「工資調整」所決定的（雖然這些調整也許對實質工資有所影響），而是由經濟體系中其他因素所決定的。要是我沒說錯的話，皮古教授的分析未能包括其他中的某些因素，尤其是資本的邊際效率表與利率的關係。

最後，當皮古教授討論「失業的原因」時，與我一樣，也提到了需求狀況的波動，但是他把勞動力的實際需求函數等同於需求狀況，而忘記了按照他的這一定義，後者含義是多麼狹窄。正像我們前面已經知道的，所謂勞動力的實際需求函數，僅僅由兩個因素所決定，即

---

②皮古教授：《失業論》第 252 頁。

③他未曾暗示，此結果是由於利率的作用而得到的。

(1)特定環境中，總就業量與工資品工業中的就業量二者之間的關係(工資品工業提供了可供全體勞動力消費的商品) 和(2)工資品工業中邊際生產力狀況。然而在《失業論》第五篇裡，他卻給「勞動力實際需求」狀況波動以重要地位。他把勞動力實際需求看作是在短期內可能會有極大波動的一個因素 (第5篇，第6至第8章)，並且似乎認為「勞動力實際需求」的擺動，以及工資政策不能馬上與此變動相適應，是商業循環的主要原因。對讀者來說，乍看似乎所有這些都很合理，也都很熟悉，因為除非追溯其定義，否則很容易將「勞動力實際需求的變動」與我所說的「總需求狀況的波動」混為一談。一旦我們追溯了「勞動力實際需求」的定義，則皮古教授的理論便失去其合理性了。因為我們將發現，世界上最不可能蒙受短期波動的，恰恰正是勞動力實際需求這一因素。

依照定義，皮古教授所說的「勞動力實際需求」只是由 $F(x)$ 和 $\phi(x)$ 決定的，而前者代表工資品工業中生產的實際條件，後者代表與特定總就業量水平相對應、工資品工業就業量與總就業量之間的函數關係。很難找出這些函數中任何一個為什麼變化的原因，除非是在長時期中逐漸變化。當然，似乎沒有理由假定，在一個商業循環中它們會有所波動。$F(x)$ 只能緩慢變動，而且在技術逐漸進步的社會裡，只能是朝前進的方向變動，而 $\phi(x)$ 則不同，除非假設工人階級突然傾向於節儉，或 (更多可能) 突然改變消費傾向，否則將保持穩定不變。因此可以預期，在商業循環中，勞動力的實際需求實際上應是一常數。再重複一遍：皮古教授在其分析中遺漏了一個不穩定因素，即投資規模的波動，而此因素往往是就業量波動最最基本的原因。

我已詳細地批評了皮古教授的失業理論，這倒並不是因為我認為比起其他古典學派經濟學家來，他更該受到批評，而是因為我知道，在古典學派經濟學家中，唯有他以文字形式精確地表達了該學派的失

業理論。所以對這種最爲完備，也是最難對付的理論提出質疑，對我
來說是義不容辭的責任。

第二十章　就業函數 ①

一

在第三章（第 25 頁）中，我們定義了總供給函數 $Z = \phi(N)$。總供給函數使就業量 N 與其相應產量的總供給價格相關聯。就業函數 (employment function) 與總供給函數的區別，僅僅在於前者是後者的反函數；而且前者是指工資單位計算的。就業函數表示的是（以工資單位計算的）有效需求與就業量的關係，目的是指出，對特定的公司、工業和工業全體而言，欲使其產量的總供給價格恰好與各自有效需求相匹配，需要多大的就業量。如果對某一公司或工業的（以工資單位計算的）有效需求量爲 Dwr，此有效需求量在該公司、該工業所引發的就業量爲 Nr，則就業函數可寫作 Nr＝Fr(Dwr)。或者更爲概括，假定 Dwr 爲總有效需求量 Dw 的唯一函數，則就業函數可寫作 Nr＝Fr(Dw)。即有效需求量爲 Dw 時，r 工業提供的就業量將是 Nr。

本章我們將探討就業函數的某些特性。但是除了對這些特性本身興趣外，還因爲就業函數取代普通的供給曲線與本書的方法和目的相一致。理由有兩點：其一，此函數只用已決定選用的單位，不引入任

---

①凡（有正當理由）不喜歡代數者，可將本章第一部分略去，想必不會有太大影響。

何在數量特性上含糊的單位; 其二, 比起普通的供給曲線, 此函數更容易處理有關全體工業和全部產量等問題 (而這些問題不同於特定環境下個別工業或個別公司遇到的問題)。為什麼這樣說呢?

對某一商品來說, 欲對它作出普通的需求曲線, 必須依據關於社會成員所得的某種假定, 如果所得變動, 則需求曲線必須重作。同樣, 對某一商品來說, 欲對它作出普通的供給曲線, 必須依據關於工業全體產量的某種假定, 如果工業總產量變動, 則供給曲線也隨之改變。因此, 當研究個別工業對總就業量變動的反應時, 我們必須關注的, 不是各個工業單一的需求曲線和單一的供給曲線, 而是由於對總就業量所作假定的不同而得出的兩組曲線。但是對就業函數來說, 欲獲得一個能反映總就業量變動的工業全體的函數, 却是比較容易做到的。

首先讓我們假定, 消費傾向以及在第 18 章中視為不變的其他因素皆不變, 然後假定, 我們所要討論的是投資速率變動時, 就業量方面的改變。在這一假定前提下, 每一個 (用工資單位計算的) 有效需求水平, 皆有一個總就業量水平之適應。有效需求量將按一定比例, 在消費和投資方面進行分配。此外, 又因為每一個有效需求水平, 都有一個特定的所得分配方式與之適應, 故我們有理由進一步假定: 相對應於一個特定的總有效需求, 在不同工業間進行分配的辦法, 也只有一個。

這使得我們能夠推斷, 相對於某一就業水平, 各個產業中的就業量該是多少。也就是說, 假如 (用工資單位計算的) 總有效需求量為已知, 那我們可知道各業的就業量。於是這些條件可滿足工業就業函數的第二種形式, 即 $Nr = Fr(Dw)$。這一形式的優越性在於: 在有效需求水平不變的條件下, 若想知道工業全體的就業函數, 只要把各個個別工業的就業函數累加即可求出, 即

$$F(Dw) = N = \Sigma Nr = \Sigma Fr(Dw)$$

　　接下來要給就業彈性(elasticity of employment)下一定義。某一工業的就業彈性為：

$$e_{er} = \frac{dNr}{dDr} \cdot \frac{Dwr}{Nr}$$

因為此式反映了該工業預期的（以工資單位計算的）產量需求變動時，所雇用勞動力數目的反應，故工業全體的就業彈性可寫作：

$$e_e = \frac{dN}{dDw} \cdot \frac{DW}{N}$$

　　假定我們能找到某種令人滿意的方法來衡量產量，那麼定義產量或生產彈性(elasticity of output or production)這一概念也是有作用的。此彈性可用來衡量：當任一工業面值的（以工資單位計算的）有效需求增加時，該工業產量的增長率。以公式表示，即

$$e_{or} = \frac{dOr}{dDwr} \cdot \frac{Dwr}{Or}$$

假定價格等於邊際主要成本，那麼可得出：

$$\triangle Dwr = \frac{1}{1 - e_{or}} \triangle Pr$$

其中 Pr 為預期利潤。②因此，如果 $e_{or} = 0$，即如果該工業產量毫無彈性，則（以工資單位計算的）有效需求增量將全部成為企業家的利潤，即 $\triangle Dwr = \triangle Pr$；反之，如果 $e_{or} = 1$，即如果產量彈性等於 1，則有效需求增量，一點也不會變成利潤，將全部被進入邊際主要成本的要素所吸收。

　　又假設某一工業的產量是該工業所雇用勞動力數量的函數 $\phi(Nr)$，則有③

$$\frac{1-e_{or}}{e_{er}} = -\frac{Nr\phi''(Nr)}{Pwr\,\{\phi'(Nr)\}^2},$$

其中 Pwr 為(以工資單位計算的)單位產量的預期價格。故條件 $e_{or}=$ 1 意味著 $\phi''(Nr)=0$，換言之，表示相對於就業量的擴大，該工業的報酬為一常數。

就古典學派的理論而言，假設實質工資總是等於勞動力邊際負效用(marginal disutility of labour)，而且後者隨就業量擴大而增加。所以，若其他條件不變，當實質工資減低時，亦即等於假定不可能增加

---

②設 Pwr 為(以工資單位計算的)單位產量的預期價格，則有

$$\triangle Dwr = \triangle(PwrOr) = Pwr\triangle Or + Or\triangle Pwr$$
$$= \frac{Dwr}{Or}\cdot\triangle Or + OrPwr,$$

故　　　$Or\triangle Pwr = Dwr\,(1-e_{or})$,

或　　　$\triangle Dwr = \dfrac{Or\triangle Pwr}{1-e_{or}}$。

但是　　$Or\triangle Pwr = \triangle Dwr - Pwr\triangle Or$

$$=\triangle Dwr - (邊際主要成本)\triangle Or$$

$$=\triangle Pr$$

所以　　$\triangle Dwr = \dfrac{1}{1-e_{or}}\triangle Pr$

③因為 $Dwr = PwrO_r$，所以有

$$1 = Pwr\frac{dOr}{dDwr} + Or\frac{dPwr}{dDwr}$$

$$= e_{or} - \frac{Nr\phi''(Nr)}{\{\phi'(Nr)\}^2}\cdot\frac{e_{er}}{Pwr}$$

　　（以工資單位計算的）支出時，勞動供給將會降低。如果此說正確，那麼就業彈性這一概念毫無用處了。而且，在這種情況下，也不可能通過增加貨幣支出來擴大就業，因爲貨幣工資與貨幣支出二者將成比例地增加，所以，以工資單位計算，並不曾有支出增加，結果也不曾就業量的擴大。但如果古典學派的假定並不正確，那麼就有能通過增加貨幣支出來擴大就業量，直到實質工資降到與勞動力邊際負效用相等爲止，根據充分就業的定義，此狀態即爲充分就業。

　　當然，通常說來，e_{or}值在 0 和 1 之間變動，所以當貨幣支出增加時，(以工資單位計算的)物價上漲幅度，也就是說實質工資下降幅度，取決於同（以工資單位計算的）支出有關的產量彈性。

　　令：相對於有效需求 Dwr 變動，預期價格 Pwr 的彈性（即

$\frac{dPwr}{dDwr} \frac{Dwr}{Pwr}$）爲 $\acute{e}_{pr}$。

　　因爲 Or・Pwr＝Dwr，所以

$$\frac{DOr}{dDwr} \cdot \frac{Dwr}{Or} + \frac{dPwr}{dDwr} \cdot \frac{Dwr}{Pwr} \cdot = 1$$

即　$\acute{e}_{pr} + e_{or} = 1$。

這就是說，(以工資單位計算的)有效需求變動時，物價彈性和產量彈性之和爲一。指照這條法則，有效需求的一部分用在影響產量上，另一部分則用在影響物價上。

　　如果我們討論的是工業全體，同時假定有一個能用來衡量產量的單位，那麼以同樣的論證方法，可得出 $\acute{e}_p + e_o = 1$，其中，無下標 r 的 $\acute{e}_p$ 和 e_o 爲適用於工業全體的物價彈性和產量彈性。

　　現在我們不用工資單位，而用貨幣來計算價值，將我們的結論擴大到全部工業。

　　如果W表示一單位勞動力的貨幣工資，P表示一單位總產量的預

期價格，那麼相應於（以工資單位計算的）有效需求的變動，貨幣價格彈性為 e_p $(=\frac{Ddp}{pdD})$，貨幣工資彈性為 e_w $(=\frac{DdW}{WdD})$。於是可表達為

$$e_p = 1 - e_o \ (1 - e_w) \quad ④$$

我們將在下章中看到，這個方程式是走向廣義貨幣數量學說 (Quantity Theory of Money)的第一步。假設 $e_o = 0$ 或 $e_w = 1$，產量將不變，物價將與（以工資單位計算的）有效需求作同比例上漲。如假設不成立，則物價上漲幅度將小於有效需求上漲幅度。

二

讓我們回到就業函數問題。前面我們已經假定：對於每一個總有效需求水平來說，總有效需求量在每一個別工業產品間進行分配的方法只有一個。當總支出變動時，用於購買各個別工業產品的相應支出，

---

④因為 $P = Pw \cdot W$，$D = Dw \cdot W$，故

$$\triangle P = W \triangle Pw + \frac{P}{W} \triangle W$$

$$= W \cdot e'_p \frac{Pw}{Dw} \triangle Dw + \frac{P}{W} \triangle W$$

$$= e'_p \frac{P}{D} \ (\triangle D - \frac{D}{W} \triangle W) + \frac{P}{W} \triangle W$$

$$= e'_p \frac{P}{D} + \triangle W \frac{P}{W} \ (1 - e'_p)$$

故　　$e_p = \frac{D \triangle P}{P \triangle D} = e'_p + \frac{D}{P} \triangle D \cdot \frac{\triangle W \cdot P}{W} \ (1 - e'_p)$

$$= e'_p + e_w \ (1 - e'_p)$$

$$= 1 - e_o \ (1 - e_w)$$

一般並不做同比例變動——原因之一：當個人所得提高時，他們所購買的各工業部門產品的數量，並不以同一比例增加；當用於購買商品的支出增加時，不同商品對這種增加的價格反應，程度上有所不同。

因此假如我們承認，對增加的所得，花費辦法不止一個，那麼迄今為止，作為我們討論前提的假設，即就業量的變動僅僅取決於（以工資單位計算的）總有效需求量的變動，只不過是最近似值而已。因為我們假設的總需求在不同商品間進行分配的方法，也許就業量有相當大的影響。例如，當增加的需求主要趨向就業彈性高的產品時，就業總增長幅度就大，反之，當增加的需求主要趨向就業彈性低的產品時，就業總增長幅度就小。

同樣，如果需求指向轉為有利於就業彈性相對較低的產品，總需求不變，就業量或許會降低。

這些考慮在討論短期現象時尤為重要。所謂短期現象指事先未預料到的需求量變動或需求量轉向。某些產品的生產需花費時間，所以不可能指望很快地增加它們的供給。這樣的話，如果事先不通知，突然將增加的需求量指向它們，它們將顯示一個低就業彈性，但是如果事先早做了通知，它們的就業彈性也許會近於 1。

正是在這一點上，我發現了生產時期(period of production)概念的主要意義。按我的說法，⑤如果欲使某產品提供最大的就業彈性，必須在 n 時間單位之前將該產品的需求變動通知該產品生產部門，那麼該產品的生產時間便是 n。按照這一說法，總的說來，顯然消費品的生產時間最長，因為在所有生產過程中，它們構成了最後階段。如果增加有效需求的衝動首先來自消費增長，那麼初始就業彈性比起衝動來自投資擴大，將進一步低於其最終均衡值。不僅如此，如果增加的

⑤與通常所下定義不同，但在我看來似乎體現了該思想的要旨。

需求指向就業彈性相對較低的產品，此需求量的大部分將轉爲增加企業家的所得，小部分將轉爲增加工資勞動者和其他主要成本因素的所得。不過對這兩種情況的差別，一定不要誇大，因爲二者的大部分反應還是相同的。⑥

　　不管預期需求變動提前多久告訴企業家，除非在每一生產階段都有剩餘生產能力，否則一定數量的投資增加時，初始就業彈性值是不可能同最終均衡值大小相同的。另一方面，剩餘儲備的耗損將對投資增量有一儲備，故初始就業彈性應近於1；接著在儲備已被吸收但生產前期階段供給的增加尚不能大量湧來之際，就業彈性將下降；當趨向新的均衡點時，就業彈性又將回升，趨於1。然而，當就業增加時，利率提高，或地租吸收了支出增量，結論則需加修正。正因爲如此，所以在易變的經濟體系中，物價不可能完全穩定——除非存在著某種特別機制，可以保證消費傾向的暫時波動恰到好處。但是由此引起的物價不穩定，不會成爲一種利潤刺激，使現有的過剩生產能力發揮作用。因爲要想得到這種意外財富，對那些恰到好擁有生產階段上較後期產品的企業家來說，可謂不費吹灰之力，而對那些不擁有這種特殊資源的企業家來說則是無能爲力。所以，由於變動而不可避免引起的物價不穩定不會影響企業家們的行爲，事實上只是把意外財富送給了幸運兒而已(當主要變動方向相反時，以上的原理略加修正仍然適用)。我認爲在當我討論穩定物價的政策時，人們往往忽視了這個事實。實際上，在一個易變的社會裡，這樣得出的政策不可能完全成功，但不能因此而得出以下結論，每一次對物價穩定稍有暫時偏離，必然會產生累積性失衡。

---

⑥在我的《貨幣論》第四篇中，可以看到此主題的進一步討論。

三

我們已經說過，有效需求不足，則勞動力就業不充分。所謂勞動力就業不充分，是指存在著失業者願意接受比現行實質工資低的報酬去工作的狀況。結果，當有效需求增加時，就業量也增加，但實際上工資率却等同於或小於現行工資率，直到某一點，以當時的現行實質工資率不再有可用的剩餘勞動力；也就是說，除非貨幣工資（從這一點以後）的增加物價上漲更快，否則可獲得的工人和工時都不會增加。下面考慮的問題是，如果這一點達到後，支出仍然增加，將會發生什麼情況？

直到這一點為止，在特定固定設備上增加勞動力，投資收益遞減，工人同意接受的實質工資亦在遞減，二者相互抵銷。但過了這一點，一單位的勞動要求有一個相應的產品增量為誘因，而實際上却是：一單位的勞動，所得收益是產量的減少。所以，嚴格的均衡條件，要求工資與物價（因而也要求利潤）應該與支出成同比例的上漲，以致「實際」情況（包括產量與就業量）依然故我。就是說，達到這麼一種境地：因為產量不變，物價上漲恰與 MV 成同一比例，故貨幣量學說（把「流通速度」解釋為「所得流通速度」）完全可以適用。

但是必須記住，以上結論要應用於真實情況，存在著若干特定的實際限制條件：

(1)物價上漲，至少暫時會欺騙企業家增加雇用人數，使增長超過了為獲取（以產品計算的）最大利潤所需的程度。因為企業家們一向將（以貨幣計算的）銷售進款的增長作為擴大生產的信號，以至於當一政策事實上已對他們不利時，他們仍然繼續奉行。換言之，在新的物價環境裡，他們也許會低估其邊際使用者成本(marginal　user cost)。

(2)企業家不得不把這一部分利潤轉讓給固定所得者，因爲這部分利潤是以貨幣規定的，所以即使產量不變，物價上漲所引起的所得重新分配，也將不利於固定所得者，或許還會影響到消費傾向。然而，此過程並不是在達到充分就業後才開始的：——在支出逐漸增多的時期中一直穩定地進行著。假設固定所得者比企業家節制，實際所得又在逐步減低，這意味著充分就業達到時，貨幣量的增加和利率的減少，比起在相反的假設之下，程度較輕。在充分就業達到之後，如果第一種假設依然適用，物價的進一步上漲，表明爲了阻止物價無止境地上漲，將不得不提高利率，也表明貨幣量的增加，其比例將低於支出增加的比例。而如果第二種假設適用，則情況將相反。當固定所得者的實質所得減少時，因爲這個階層逐漸變得貧困，故從第一種假設變爲第二種假設的轉折點或許會即將到來，這一轉折點可以在充分就業實現之前達到，也可以在充分就業實現之後達到。

四

令人迷惑不解的或許是通貨膨脹和通貨緊縮二者的明顯不相對稱。因爲當有效需求緊縮到低於充分就業所要求的水平時，就業量和物價都將減低：但是當有效需求膨脹到高於此水平時，受影響的僅僅是物價。然而這種不對稱，正是下述事實之反映：雖然實質工資小於就業量的邊際負效用時，勞工總能夠拒絕工作，但當實質工資大於就業量的邊際效用時，他却不能因此而要求別人一定提供給他工作。

第二十一章　價格理論

一

　　在討論所謂價值理論(Theory of Value)時，經濟學家們總是說價格由供需狀況決定的；尤其是邊際成本變化和短期供給彈性二者，對價格有著重要的作用。但是當他們進入第二卷（或更可能在一篇獨立的論文中）進一步討論貨幣與價格理論時，我們則彷彿進入了另一個世界，聽到的不再是日常淺顯的概念，而是許多難以捉摸的概念。在此決定價格的是貨幣量、貨幣所得的流通速度、相對於交易額的流通速度、貯藏、強迫儲蓄、通貨膨脹和通貨緊縮等等。幾乎沒有人想把這些空泛泛之詞同前述有關供需彈性的觀念聯繫起來。如果我們反思一下被傳授的東西，並設法使之合理化，那麼可以發現，在較簡單的討論中，似乎是假定供給彈性必定為零，需求必定與貨幣量成正比；而在複雜一些的討論中，我們則如同霧中迷路，彷彿什麼也不清楚，又彷彿什麼都可能。忽而在這一邊，忽而又在另一邊，不知道兩邊的聯繫是什麼，似乎就像夢境與現實混淆在一起，搞不清哪是夢境哪是現實。對此，我們都已經習慣了。

　　前幾章的目的之一就是要避免這種模稜兩可的討論，使整個價格理論重新緊密地與價值理論聯繫起來。我們認為把經濟學劃分為兩部分，即一部分是價值和分配理論，另一部分是貨幣理論，是一種錯誤

的劃分。正確的兩分法應當是，一方面是關於個別工業或公司的理論，即研究某一特定量資源如何在不同用途之間的分配與報酬的理論，另一方面是適用於社會全體的產量與就業理論。如果我們的研究僅僅限於個別工業或公司，那麼在可利用資源的總量不變，並且其他工業或公司的情況也不變的假定下，我們的確可以不考慮貨幣的重要特性。但是只要問題轉向社會總產量和就業量由什麼決定時，我們就需要一種關於貨幣經濟(Monetary Economy)的完整理論了。

　　或許我還可以作這樣的劃分：一面是靜態的均衡理論(theory of stationary equilibrium)，另一面是移動均衡理論(theory of shifting equilibrium)，後者是一種關於經濟體系的理論，在此經濟體系中，改變對未來的看法能夠影響目前情況。**因為貨幣的重要性主要從它是現在與未來之間的聯繫這一點產生的**。我們可以考慮，在這樣一個經濟體系——人們認為未來的一切都是固定可靠的，在正常的經濟動機影響下達到均衡狀況——中，資源如何在各種用途間進行分配才能與這種均衡狀況一致呢？這種經濟體系或許還可以進一步劃分成兩種經濟，一種是完全不變的，另一種是易變的但事先可完全預料的。或者我們可從這個簡化了的理論進而轉向討論現實世界中的各種問題。在這個現實世界裡，以往的期望往往令我們失望，而對未來的預期又影響著我們今天的行為。正是在前一討論向後一討論轉變之際，我們必須考慮這種聯繫著現在與未來的貨幣具有什麼特性。不過，雖然移動均衡理論必須以貨幣經濟為依據，但它依然是一個關於價值和分配的理論，而不是單獨的「貨幣理論」。貨幣最主要的屬性就在於它微妙地聯繫著現在與未來，除非是利用貨幣，否則我們甚至不可能討論：預期的變化對當前活動的影響。哪怕取消了金、銀和法定貨幣工具，我們也還擺脫不了貨幣。只要存在任何耐用資產，這種資產就會有貨幣屬性①，因而就會產生貨幣經濟所特有的許多問題。

二

就單一工業而論，其特定的價格水平，部分取決於進入邊際成本中的各生產要素的價格，部分取決於生產規模。當我們的討論轉向工業全體時，沒有理由修改這個結論。所以一般價格水平(general price—level)，也是部分取決於進入邊際成本中的各生產要素的價格，部分取決於生產規模，即(若採用的設備和技術不變)部分取決於就業量。當我們討論總產量時，任一工業的生產成本部分取決於其他工業的產量這是事實。但我們必須考慮更爲重要的變動——需求變動對於成本和產量兩者的影響。當我們討論的是總需求，而不是在總需求仍假定不變前提下單一產品的需求時，正是在需求方面，必須導入全新的思想。

三

如果我們把假設簡化，即假設進入邊際成本的不同生產要素所得報酬都以相同比例變動，也就是說，都隨工資單位變動作相同比例的變動，又假設設備與技術不變，則一般價格水平一部分由工資單位所決定，一部分由就業量所決定。因此，貨幣變動小於物價水平的影響，可認爲是對工資單位的影響和對就業量的影響兩部分合成的。

爲了說明這一概念，讓我們進一步簡化假設，假設(1)所有閑置資源(unemployed resource)，就生產所需產品來說，其效率完全相同，可相互交換。(2)進入邊際成本中的各生產要素，只要尚未全部利用，

①參閱第 17 章。

便不會要求增加貨幣工資。在這種情況下，只要存在任何失業現象，我們就有不變的報酬和剛性的工資單位，故貨幣量的增加對物價便毫無影響，就業量的增加恰好與有效需求的擴大成同一比例，而這種有效需求的擴大是由貨幣量的增加引起的。但是，一旦充分就業實現後，伴隨有效需求擴大成同比例增加的，是工資單位和物價。故只要有失業現象，供給便具有完全彈性(Perfectly elastic)。而一旦達到完全就業，供給則變得毫無彈性(Perfehtly inelastic)，如果有效需求和貨幣作用同比例變動，我們可將貨幣數量理論(Quantity Theory of Money)確切地表達為：「當存在失業時，**就業量**同貨幣量作同比例變動；當充分就業達到時，**物價**同貨幣作同比例變動。」

但是，我們已經引進了許多簡化了的假定，使貨幣數量理論成立，以滿足歷來傳統。現在讓我們進一步討論，事實上可能會產生影響的各種複雜因素。

(1)有效需求的變動，並不與貨幣量變動恰成同一比例。

(2)由於資源的性質不一致，所以當就業量逐漸增加時報酬將遞減，而並非不變。

(3)由於資源不能互相轉換，所以有些商品已達到供給無彈性的狀況，而對其他商品而言，尚有閑置資源可以利用。

(4)在充分就業達到之前，工資單位將趨於上漲。

(5)進入邊際成本的各生產要素的報酬，並不以同一比例變動。

首先我們必須考慮，貨幣量變動對有效需求量的影響如何。一般說，有效需求的擴大量，一部分將用在增加就業量上，另一部分將用在提高物價水平上。所以當就業量增加時，物價實際上也在逐漸上漲，而不是當有失業存在時，物價不變，也不是當達到充分就業後，物價與貨幣量作同比例增加。因此，價格理論——分析貨幣量變動與物價水平變動二者關係，以便確定物價彈性對貨幣量變動的反應的理論

——必須研究上述五個複雜因素。

下面依次討論這五個因素。但依次討論不等於說把這些因素看成是絕對獨立的。例如，有效需求擴大對於增加產量和提高物價二者作用的比例如何，也許會影響貨幣量與有效需求量之間的聯繫方式。又比如，各生產要素所得報酬的變動比例不同，也許會影響貨幣量和有效需求量之間的關係。我們分析的目的，並非在於提供一部機器，或一種盲目計算的辦法，使我們可以得到一個準確無誤的答案，而在提供給自己一個有組織的、有層次的思維方法，探討具體問題。我們先把這些複雜因素一個一個隔離開來，得出暫時性結論，然後盡我們所能，探討這些因素可能存在的相互關係。此乃經濟學思維的特性。除此以外，一切應用刻板思維原則的方法都會引出錯誤（不過若沒有這些思維原則，我們又將無所適從）。將經濟分析公式化符號化的僞數學方法，諸如我們將在本章第六節所作的那種方法，其最大弊端，在於這些方法都假定：有關因素絕對獨立，而一旦此假設不成立，這些方法便喪失其效用與權威了。然而，在日常談話中，我們並不是一味盲目計算，而是時時刻刻知道自己在做些什麼，文字代表的意義是什麼，我們可以將保留、限制和以後必須要作的調整「記在心裡」，但是不可能把複雜的偏微分記在假定其根本不存在的幾頁代數的「後面」。近代「數理」經濟學中，拼拼湊湊者實在太多，其不精確程度就如他們開始時所依據的假定，而其作者却在那些看似不凡實際上却毫無用處的符號迷陣中，把現實世界的複雜性及相關性忘得一乾二淨。

四

(1)貨幣量變動對有效需求量的主要影響，是通過它對利率的影響而產生的。假如這是唯一的反應，那麼其影響數量的大小，可由以下

三因素推出：(a)流動性偏好表——告訴我們利率將降低多少，人們才願意吸納新的貨幣；(b)資本的邊際效率表——告訴我們當利率降低一定量時，投資將增加多少；以及(c)投資乘數——告訴我們當投資增加一定量時，總有效需求量將增加多少。

　　但是，(a)、(b)、(c)三者本身也部分地與前述(2)、(2)、(4)和(5)幾個複雜因素有關(這幾個複雜因素我們尚未討論到)，假如我們忘了這一點，那麼以上的分析，雖然從引進分析層次和方法而言是有價值的，但實在不過是一種簡單到容易產生誤解的分析。因爲流動性偏好表本身，取決於有多少新貨幣被所得和產業流通所吸納；而這種吸納量大小，又取決於有效需求的增量取決於這些增量如何在特價上漲、工資提高以及產量和就業量增長三者間進行分配。此外，邊際效率表將部分地取決於人們對未來貨幣前景的預期受貨幣量增加的影響如何。最後，新增有效需求引致的新所得在不同消費階層中進行分配的方法，將影響投資乘數。當然以上所陳列的並非包括一切可能的交互作用。但是，假如我們取得了所有事實，那麼，我們將可以建立一組聯立方程式，求出確定性的結果。因此當考慮到所有因素後，便可求出一個確定的有效需求增量，與特定的貨幣增量相符合、相均衡。而且也只有在極爲特別的情況下，貨幣量的增加才會引起有效需求量的減低。

　　有效需求量與貨幣量之比，與通常所謂「貨幣所得的流通速度」密切相關，二者不同之處在於：有效需求量相當於預期所得（即決定生產流動的所得），並不是眞正的現實的所得；相當於毛所得，而不是淨所得。但是「貨幣所得的流通速度」本身只不過是一個名稱，什麼也沒解釋。也沒有任何理由可以預期貨幣所得的流通速度將不變。正如前面已討論過的，它取決於許多複雜的變量。我以爲使用這個術語只會使因果關係的本來面目變得模糊不淸，除了混亂，不會帶來任何好處。

(2)我們在前面說過：報酬遞減與報酬不變之別，部分地取決於工人所獲報酬是否與勞動率恰好成比例。如果恰好成比例，那麼就業擴大時（用工資單位計算的）勞動力成本將不變；但是如果某特定等級工人的工資，不論各自工作效率如何，都是一樣的，那麼哪怕設備的效率再高，勞動力成本總是逐漸上升。此外，如設備的效率也不一致，利用某部分設備時，單位產量的主要成本較大，那麼邊際主要成本增加，除了勞動力成本上升因素外，還多了一個原因。

因此一般來說，隨著某一特定設備上產量的增加，供給價格將上漲。於是除了工資單位外，產量增加也與物價上漲有關。

(3)在(2)中，我們已經考慮了供給彈性不完全的可能性。如果各種專門代閒置資源配合適當，則所有這些資源便可以同時達到充分利用的水平。但一般說來，當對某些服務和商品的需求將達到這樣一種水準——若再增加，這些服務和商品供給將暫時毫無彈性，而在其他方向上，尚存在大量剩餘資源未被利用時，隨著產量的增加，將會出現一系列的「瓶頸」，此時某些商品供給失去了彈性，其價格必須上漲到這樣一種高水平，使得對這種商品的需求轉至其他方向。

當產量增加時，只要有足夠多可用而又閒置的各種資源，一般物價水平便不會上漲得太多。但是一旦產量增加到開始出現「瓶頸」現象時，就可能出現某些產品價格的急劇上漲。

在(2)和(3)中，所說的供給彈性，部分地取決於時間過程的長短。如果我們假定時間足夠長，以至設備本身數量也會發生變動，那麼供給彈性註定要逐漸增大。於是當出現普遍失業時，若有效需求量增加不大，則此增量將主要用在擴大就業方面，而很少用於提高物價方面。若有效需求增加過大，出人意料之外，引起了某些暫時性的「瓶頸」現象，則有效需求增量用於提高物價方面不同於用於擴大就業方面，在初期比後期要大。

(4)在充分就業達到之前，工資單位往往上漲，對此無需多加解釋。若其他條件不變，每一個工人團體皆因工資提高而受益，故所有工人團體都理所當然地要求增加工資，而企業家們在生意興隆時也比較樂意接受這種要求。由於這一原因，任何有效需求的增長，其中一部分可能爲滿足工資單位的上漲趨勢未被吸收。

因此，除了充分就業這一最後臨界點(critical point)——達到這一點後，如果（以貨幣計算的）有效需求繼續增加，貨幣工資必定隨工資品價格的上漲作同比例提高——外，在此之前還有一系列半臨界點(semi-critical points)。在這些點上，有效需求的增加往往使貨幣工資也提高，但是提高的幅度不及工資品價格的上漲，有效需求減低時，也是這樣。在實際經驗中，並非每逢有效需求稍有變化，以貨幣計算的工資單位也隨之而變，其變化是不連續的。決定這些不連續點的因素包括：工人們的心理狀況、雇主政策和工會政策。在開放的經濟體系中，半臨界點意味著對其他地方工資成本的變動，在商業循環中，甚至在封閉的體系中，半臨界點也意味着相對於未來工資成本的變動，它們可能有很大的實際意義。在這些不連續的半臨界點上，（用貨幣計算的）有效需求進一步增加，便將引起工資單位作不連續的上漲，故從某種觀點來看，這種狀況可認爲是和通貨膨脹(semi-inflation)，同以下所謂絕對通貨膨脹有某些相似之處，雖然相似程度甚低。絕對通貨膨脹是在充分就業條件下，有效需求增加時所產生的情況。再者，這些點在歷史上是十分重要的，但不容易對它們進行理論概括。

(5)在第三節裡，我們已將假設簡化爲：進入邊際成本的各生產要素所得報酬以同一比例變動。但事實上各種生產要素（以貨幣計算）的報酬，剛性程度不一，當貨幣報酬變動時，它們或許有不同的供給彈性。假使不是這樣，那我們就可以說，物價水平是由工資單位和就業量兩因素決定的。

也許，在邊際成本中最重要的要素是邊際使用者成本。它的變動可能與工資單位的變動在比例上不同，或許變動範圍更大些。有效需求的增加，可以迅速改變人們以往的預期，以至他們認為設備必須提前更新，如有這種情形出現（往往有這種情形），那麼在就業狀況開始改善時，邊際使用者成本會急劇上漲。

雖然對許多目的來說，假定邊際主要成本中所有要素的報酬，與工資單位作同比例變動，是非常有用的第一近似值；但是更好的辦法，或許是採用**成本單位**(cost-unit)，即邊際主要成本中各生產要素所得報酬的加權平均值。於是我們可以認為成本單位，或近似的工資單位，是價值的基本標準。假設技術與設備不變，物價水平將部分地由成本單位，部分地由產量規模所決定。由於短期內的報酬遞減原理，當產量增加時，物價水平上漲的比例大於成本單位上漲的比例。當產量達到這樣的水準——即生產要素代表單位的邊際收益，降到為繼續維持產量所要求的最低水平——時，則充分就業即已實現。

<h2 style="text-align:center">五</h2>

當有效需求的進一步擴大，不再引起產量增加，而僅僅使成本單位與有效需求作同比例增加時，這種情況可稱為真正的通貨膨脹。直到這一點為止，貨幣膨脹的效果不過只是程度問題。在此之前，找不出一個可藉以劃分界線，宣稱通貨膨脹已經來臨的點。貨幣量的每一次增加，就有效需求為之增加的範圍程度來說，其作用可能一部分在於提高成本單位，一部分在於增加產量。

顯然，在這通貨膨脹是否發生的臨界線(critical level)的兩面，情形並不對稱。如果以貨幣計算的有效需求降至此臨界點以下，則用成本單位計算，有效需求量亦下降；而如果以貨幣計算的有效需求量升

至此臨界線以上，則一般說來，用成本單位計算，有效需求並不增加。此結論依據下列假定得出，即生產要素——尤其是工人對貨幣工資減低總是要抵制的，但是沒有相應的動機使其拒絕貨幣工資增加。然而，這個假設顯然符合實際情況，因為一種局部的而不是全面的貨幣工資變動，對於該局部生產要素來說，總是升則受益，降則招損。

反之，如果當就業量小於充分就業時，貨幣工資會無限制地下降，上述不對稱現象實際上將消失。但在這種情況下，只有當利率降至不能再降，或工資為零時，工資才會有低於充分就業的安定之點。事實上，在貨幣經濟體系中，我們必須擁有**某種**要素，藉以保持價值的穩定性，這種要素的貨幣價值，即使不固定，至少也要頗具剛性。

有人認為，**任何**貨幣量增加，都有通貨膨脹性，除非我們把**通貨膨脹性**僅僅理解成物價上漲，否則這種觀點依然束縛於古典學派的基本假設，即我們總是處於這樣一種狀況：生產要素的實際報酬降低，將導致它們的供給量減少。

六

借助於在第二十章中所引入的符號，可將上述論述以符號形式表達。

若 M 代表貨幣量，V 代表貨幣所得的流通速度（此定義與其通常的定義略有不同，前已交待），D 代表有效需求，則有 $WV = D$。如果 V 為常數，又假設 e_p $\left(= \frac{Pdp}{PdD} \right)$ 等於 1，則物價與貨幣量二者將以相同比例變動。當 $e_o = 0$ 或當 $e_w = 1$ 時可滿足此條件。條件 $e_w = 1$ 表明（以貨幣計算的）工資單位與有效需求作同比例上漲，因為 $e_w = \frac{Ddw}{WdD}$；條件 $e_o = \frac{DdO}{OdD}$。在上述兩種情況下，產量均無變化。

接著，我們可以考慮貨幣所得的流通速度變化（即 V 不是常數）

時的情況。必須再引進一個彈性，即有效需求相對於貨幣量變動的彈性，寫作：

$$e_d = \frac{MdD}{DdM}$$

故有

$$\frac{Mdp}{PdM} = e_p \cdot e_d，其中 e_p = 1 - e_e \cdot e_o \ (1-e_w)$$

所以

$$e = e_d - (1-e_w) \ e_d \cdot e_e \cdot e_o$$

$$= e_d \ (1 - e_e \cdot e_o + e_e \cdot e_o \cdot e_w)$$

其中無下標的 $e \ (= \frac{Mdp}{PdM})$ 為這個金字塔的尖頂，用以衡量貨幣量改變時，貨幣價格所引起的反應。

最後一式所表示的是由貨幣量變動引起的物價成比例的改變，所以此式可以認為是貨幣數量理論的一般推論。我本人對這種演算並不重視，我願意重複一次前面曾提過的警告：這種演算就像日常會談一樣，暗中假定自變量是什麼(而把諸多偏微分式忽視了)。但我很懷疑，這種演算要比日常會談高明多少。設法用公式表示貨幣量與物價的關係，也許最大的好處是表明了二者間關係的極其複雜性。但值得指出的是，貨幣量變動時對物價的影響決定於 ld、lw、le 和 lw。在四者中，ld 代表流動性偏好因素，由其決定在各種情況下，對貨幣的需求量；lw 代表勞動力因素(或嚴格地說，進入主要成本的各主要要素)，由其決定就業量增加時貨幣工資的上漲程度；而 le 和 lo 代表物質因素，由它們決定在現有設備上增雇工人報酬遞減的速率。

如果公眾持有的貨幣，與其所得保持某一不變比例，則 ld = 1；如果貨幣工資固定不變，則 lw = 0；如果生產報酬為常數，亦即邊際報酬等於平均報酬，則 lelo′ = 1；如果勞動力已達充分就業，或設備已獲充分利用，則 lele′ = 0。

在三種假設之下，即或者設 ld = 1 和 lw = 1；或者設 ld = 1，lw = 0 和 lelo′ = 0；或者設 ld = 1 和 lo = 0，皆有 l = 1。顯然，除

此以外，還有許多特殊條件，可使l＝1。但一般說來，e 不等於1；或許可以放心地下這樣的結論：只要根據的是與現實世界相關的合理假定，那麼除了「通貨逃避」(flight from the currency)情況（若有通貨逃避情況時，ld 和 lw 變大）外，通常 e 小於1。

七

至此我們討論的，主要是在短時期裡貨幣量變化對價格的影響。但在長時期裡，這種關係是否要簡單些呢？

這是一個要由歷史來作判斷的問題，而不是純理論的問題。如在長時期中，流動性偏好狀況趨於一致，則就悲觀時期與樂觀時期的平均值而論，在國民所得和滿足流動性偏好所需的貨幣量之間，大體總有某種關係存在。例如，國民所得的一部分人們願以貨幣保持，其所佔比例相當穩定，在長期中，如果利率大於某一心理上的最低限度，則人們便不會將超過該比例的國民所得以閑置餘額(idle balances)的形式保持。所以除流通所需貨幣量外，人們手持的貨幣量在國民所得中所占的比例過高，遲早會產生一種趨勢使利率降至這一最低限附近。如果其他條件不變，利率降低，則有效需求增加；而有效需求增加，則會達到一個或多個半臨界點，於是工資單位也往往表現出不連續的上升，相應地對物價產生影響。如果過剩貨幣量在國民所得中所占比例太低，則出現相反趨勢。所以在一段時期中，利率變動的淨結果則是確定了一個穩定值，此穩定值適合於國民所得與貨幣量之間的穩定比例數，公衆的心理狀況遲早會傾向於使利率復歸於此值。

這些趨勢爲向上時，所遇阻力比向下時阻力較小。但是如果貨幣量在長時期內供應非常缺乏，通常的解決辦法是改變貨幣本位(monetary standard)或貨幣體系，以至增加貨幣量，而不是壓低工資單位，

以至增加債務負擔。故在非常長的時期內，物價總是上漲的。因爲當貨幣量相對過剩時，工資單位上漲，而貨幣量相對稀缺時，總有辦法增加有效貨幣數量。

在十九世紀，人口的增長，發明的迭起，新土地的開發，公衆的信心狀況以及平均每十年便爆發一次的頻繁戰爭，這些因素再加上消費傾向，似乎已足以建立一個資本的邊際效率，此表使得一個令人相當滿意的就業平均水平適合於一個相當高的利率，財富擁有者心理上可以接受的利率。據載，在大約一百五十年裡，各主要金融中心的典型長期利率爲百分之五左右。優良(gilt-edged)證券的利率也在百分之三到百分之三點五之間。當時這種利率並不算高，足以保持一個投資量使平均就業水平不致於過低。有時對工資單位作調整，但更多的是對貨幣本位或貨幣體系作調整(尤其是通過發展銀行貨幣)，確保調整後（以工資單位計算的）的貨幣量足以滿足（在不低於上述標準很多的利率水平下）人們的流動性偏好。和平常一樣，工資單位的趨勢大體上呈穩定上升，但勞動力的效率也在提高。這樣，各種力量相互平衡，使得物價相當穩定；按照索貝克(Sauerbeck)物價指數，1820 年到1914 年間的五年平均物價指數，最高者僅僅超過最低者百分之五十。這絕不是偶然的。這種局面應歸功於各種力量的均衡，因爲在這個時期裡，各雇主集團力量甚強，使得工資上漲速度未能超過生產效率提高速度；同時金融體系既十分活躍，又相當保守，所提供的（用工資單位計算的）平均貨幣數量，使得平均利率水平剛好只與財富擁有者所願意接受的最低利率（在其流動性偏好影響之下）相符。當然，儘管平均就業水平比起充分就業水平來要低得多，但還未低到難以忍受，以至引發革命的地步。

今天（將來亦可能）的資本邊際效率表，因爲種種原因，比十九世紀時要低得多。當代問題的尖銳性與特殊性產生於下列可能性：平

均利率降低可以使平均就業水平相當合理，但對財富擁有者來說，這種利率低是不能接受的，因此單靠控制貨幣量，很難將利率降到該水平。有人認爲只要確保 (以工資單位計算的) 貨幣供給量充足，那麼，十年、二十年，或三十年的平均就業量，就可以達到一個爲人能接受的水平。如果問題這樣簡單的話，那麼在十九世紀便可以找出一條出路了。如果這是現在我們僅有的問題，即如果適度的通貨貶值是我們所需要的話，那麼，我們今天肯定也能找到一條出路。

　　但是在當代經濟中，最穩定、最不容易變更的因素，是一般財富擁有者所願意接受的最低利率②，迄今爲止是如此，未來恐怕也是如此。如果欲使就業水平還過得去，利率必須比十九世紀平均利率低得多，那麼是否這種利率僅僅是通過控制貨幣量便可達到，是值得懷疑的。按照資本的邊際效率表，可預期借款者應得收益，但從中還必須減去(1)借貸雙方拉攏的費用，(2)所得稅和附加稅，和(3)對貸款者所負風險的補償，減剩之數才是淨收益，即驅使財富擁有者以犧牲其流動性爲代價而追逐的淨收益。如果平均就業量尚可過得去，但是淨收益卻微不足道，那麼由來已久的方法或許會證明無效。

　　讓我們回到剛剛討論的主題：在長時期裡，國民所得與貨幣量的關係取決於流動性偏好；而物價是否穩定，將取決於工資單位——或更確切些，成本單位——與生產效率的提高相比較、上漲幅度的大小。

---

②巴傑特(Bagehot)曾引用十九世紀諺語：約翰牛可以忍受許多東西，但忍受不了 2%的年息。

【第六篇】
通論引起的若干短論

第二十二章 略論商業循環

以上各章，討論了任一時間決定就業量大小的諸因素，如果我們的理論是對的，那它必然應能解釋商業循環現象。

若對任一商業循環的實例詳加考察，我們將會發現其異常複雜。前面分析過的每一因素，對於完全解釋商業循環都是有用的，尤其是消費傾向、流動性偏好狀況及資本邊際效率三者的波動，在商業循環中都起著作用。但是我認爲，商業循環的基本特徵，特別是在時序上和延續上的規律性(此規律證明我們稱其循環是有道理的)，主要是由於資本邊際效率的波動而產生的。資本邊際效率變動時，由於經濟體系中其他重要的短期變量也隨之改變，使情況趨於複雜，往往趨於更加嚴重，但我認爲商業循環主要還是由資本邊際效率的周期性變動所引起的。欲闡明這一觀點，必須對實際加以考察，其篇幅恐怕要占一本書，絕不是一章所能講清的。不過，根據以前理論，指出我的研究思路，以下短短幾節也就足夠了。

一

所謂**循環**變動(cyclical movement)，意爲經濟體系向上前進時，推動其向上前進的正向力量開始時逐漸擴大，相互加強，繼而逐漸衰減，直到某一點，爲反方向力量所取代，後者也是開始時逐漸擴大，相互加強，鼎盛之後逐漸衰減，最後再次讓位於正向力量。但是，我

們所說的**循環**變動，不僅僅指上升和下降趨勢，一旦開始後不會在同一方向上一直持續下去，最終會改變方向；而且也指向上變動和向下變動在時序上和延續上具有相當明顯的規律性。

然而，若要充分解釋商業循環，不能忽視其另一個特徵，即**危機**(Crisis)現象。危機現象表現爲從上升趨勢變爲下降趨勢時，轉變得非常驟然、劇烈；而從下降趨勢轉變爲上升趨勢時，則不存在如此尖銳的轉折點。

任一投資量的波動，若未被消費傾向的相應變動所抵銷，就必然會引起就業量的波動。但是影響投資量的因素極爲複雜，所以投資本身或資本邊際效率方面的一切波動，都具有循環特徵，這種可能性微乎其微。(作爲特例，由農業波動引起商業循環，將在本章第七節中單獨進行討論。)儘管如此，我認爲確有理由可以相差，就十九世紀工業方面典型的商業循環而言，資本邊際效率的波動具有循環性特點，這些理由本身並不生疏，常被用來解釋商業循環。在此我唯一的目的是將它們同前面所說的理論聯繫起來。

二

我的論述，最好從經濟繁榮(boom)後期和「危機」來臨開始。

前面已說過，資本邊際效率①，不僅取決於現有資本財(capital goods)豐富還是稀缺，取決於當前生產成本的大小，而且還取決於人們對資本財未來收益的預期。如果資本財爲耐用財，那麼在決定新增投資量大小時，人們對未來的預期如何將起重要作用。不過正如我們所

---

①在文中不至於引起誤會的地方，我常用「資本邊際效率」一詞代表「資本邊際效率表」。

看到的，這種對未來的預期，基礎非常脆弱，它們以變動的和不可靠的證據作爲依據，所以容易發生驟然而劇烈的變化。

我們歷來習慣於用利率上漲解釋「危機」現象。認爲商業和投機二者對貨幣的需求增大，使得利率具有上漲趨勢。這個因素，雖然有時會使事態惡化，偶而也會引起危機，但我認爲更爲典型也更爲普遍的解釋都是，危機的眞正起因並不是利率上漲，而是資本邊際效率的突然崩潰。

人們對資本財的未來收益常持樂觀期望，以爲其未來收益是能補償產量增長帶來的生產成本上升，也能補償利率上升造成的影響，這種樂觀期望是經濟繁榮後期的特徵。大多數購買者茫然不知自己所購買的是什麼東西，投機者所關心的不是對資本財的未來收益作出合理估計，而是推測市場情緒在最近的未來會有什麼變動，處在這些購買者和投機者影響下的有組織的投資市場——樂觀過度和購買過度的市場，其特性是一旦失望降臨，其來勢驟猛並具有災難性破壞力②。不僅如此，當資本邊際效率宣告崩潰時，人們對未來的看法也變得十分黯淡，不放心，於是流動性偏好急劇增大，利率也隨之上漲。通常與資本邊際效率相伴的利率上漲，也許會使投資的減退更趨惡化。但是，其實質在於資本邊際效率的崩潰，特別是那種資本——有助於早期新的大型投資的資本——邊際效率的崩潰。至於流動性偏好，則除了那些由商業和投機增加引起者外，只有在資本的邊際效率崩潰以後才有可能增加。

正是這一原因，使得經濟衰退極難對付。降低利率對於後來的經濟復甦固然有很大幫助，而且很可能是復甦的必要條件。但是，資本

---

②以上（第十二章）我曾說過，私人投資很少與新投資直接相關，但那些有直接關係的企業家即使心裡很清楚也不得不迎合市場看法，因這種迎合有利可圖。

邊際效率的崩潰可能會達到某種程度，以致在可實行範圍內，無論利率如何降低，都不能使經濟馬上復甦。如果降低利率本身表明是一種行之有效的補救辦法，那麼只要多少在金融當局的直接控制之下，用不了多長時間就有可能復甦了。但事實並非如此。要使資本邊際效率復甦並不容易，因這種復甦實際上是由不受控制、無法管理的市場心理所決定的。用平常的話來說，這種復甦是信任的恢復，而在個人主義的資本主義經濟體系中，信任卻是最難控制。關於經濟衰退的這一特點，銀行家和商人一向很重視，而經濟學家們卻低估，其意義，因為他們過分迷信「純貨幣的」補救辦法。

由此引出我的觀點。要解釋商業循環中的**時間因素**，解釋為什麼通常要經過一段時間以後復甦才開始，必然先要探討影響資本邊際效率復甦的因素是什麼。有兩個因素——第一，與某一時代人口正常增長率有關的耐用資產的壽命；第二，過剩儲備的儲存成本——可用來解釋：為什麼向下運動延續時間有一定的長短，頗具規律性，在一定年限（比如說三到五年）間波動，而不是這一次一年，下一次十年。

再來討論危機時的情況。只要經濟繁榮繼續著，許多新投資的當年收益總是令人滿意的。由於人們突然對未來收益的可靠性發生懷疑，或新生產的耐用品儲備逐步增多，使得當年收益顯示出下降跡象，可能會引發人們的幻滅感。假如人們認為目前的生產成本比今後要高，則資本邊際效率的下降增添了一個理由。懷疑一旦開始，便迅速擴散傳播。因此在經濟衰退開始時，可能有許多資本的邊際效率已變得微不足道，甚至變成負數，不過經過一段時間後，因使用、腐蝕和折舊等原因，資本財將明顯變得稀缺，又會使資本邊際效率提高。這一段時間的長短，或許是某一時代資本平均壽命的函數。如果時代特徵改變，標準時間間隔也將隨之改變。例如當我們從一個人口增長時期進入一個人口減少時期時，循環中的這一獨特階段將延長。從以上論述

可知，衰退延誤時間的長短與耐用資產的壽命，以及一時代人口正常增長率有明確的關係。

第二個穩定的時間因素出自剩餘儲備的儲存費用，由於這一費用的存在，將迫使剩餘儲備在一定時期內吸收完畢，此時期既不會很長，也不會很短。危機出現後，新投資突然中止，有可能導致半成品過剩儲備的積累。這些儲備的儲存費用一般每年高於百分之十。所以必須降價以限制生產，使之在三、五年內把儲備吸收完畢。既然吸收儲備的過程代表了負投資，那麼它必然會妨礙就業，只有等這一過程結束後，就業量才會有顯著增加。

另外，在經濟下降階段，產量的縮減必然伴隨著運用資本減少，這也是一個負投資因素。此因素或許很強大，經濟衰退一旦開始，它便對經濟下降施加很強的積漸性影響。就一典型的經濟衰退而言，在早期階段，用於增加儲備方面的投資，有助於抵銷運用資本方面的負投資；其後，短時期內在儲備和運用資本兩方面皆為負投資；當最低點過去以後，儲備方面可能依然為負投資，但運用資本方面已有投資出現，二者互相抵銷一部分；最後，待經濟復甦經過一段時期後，儲備和運用資本兩方面將同時有利於投資。正是針對這一背景，我們必須考察：當耐用品投資量波動時，究竟會產生什麼附加影響？如果耐用品方面的投資減少啟動了一種循環波動，那麼在這種情形下，只有待循環已走過一段路程之後，投資才有可能恢復③。

不幸的是，資本邊際效率的大幅度降低，常常反過來影響消費傾向。因為前者可引起證券市場上證券市價的急劇下跌。對那些有興趣從事證券投資者，特別是借貸從事證券買賣的投機者來說，這種下跌必然是令人沮喪的。這些人在決定購買證券時，與其說受自己所得狀

---

③在我的《貨幣論》第四篇中討論的內容，部分與此有關。

況的影響，不如說受投資價值的升降的影響更大些。比如在今日的美國，對有「證券意識」(stock-mined)的公衆來說，證券市價上漲，幾乎成了消費傾向令人滿意的基本條件。這種從前通常被人忽視了的環境，顯然會使由於資本邊際效率下降而產生的不利影響進一步惡化。

一旦復甦開始，其力量如何生長加強就很清楚了。但在經濟下降期間，固定資產和原料儲備暫時過剩，而運用資本則減少，故資本邊際效率表會降到很低水準，以至在實際可能範圍內，無論利率如何下調，也無法保證新投資達到令人滿意的程度。就今日這種處在購買者、投機者影響下的有組織的投資市場而論，資本邊際效率的市場估計可能有非常大的波動，沒有相應的利率波動能與之抵銷。不僅僅如此，正像在前面看到的，資本邊際效率波動引起了證券市場的運動，後者也許恰恰在消費傾向最需要擴大之際，抑制了它的擴大。因此在自由放任的情況下，若不徹底改變投資市場心理，便不能擺脫就業量的劇烈變動，但這種徹底的心理改變是不可能的。故我的結論是：決定短期投資量的職責不能放在私人手中。

三

上面的分析，似乎同某些人觀點相同，這些人認爲，過度投資是經濟繁榮的特徵，避免過度投資是防止出現經濟衰退唯一可行的補救辦法。還認爲由於上述原因，利率低固然不能防止經濟衰退，但是利率高卻可以防止阻止經濟繁榮的出現。這一觀點實質上是說，高利率對於經濟繁榮的反作用，與低利率對經濟衰退的反作用相比，效果大得多。

但假如從前面的討論得出這些結論，則是誤解，我的分析，而且按照我的想法，這些結論中含有嚴重的錯誤。因爲投資過度(overinvesment）一詞涵義十分模糊，它旣可以指一種狀況：即預期收益不能實現的投資，或失業嚴重時無法從事的投資；也可以指另一種狀況：即每一種資本財數量都足有富餘，因此即使在充分就業條件下，任何預期的新投資都不可能在所投資設備壽命期間，使收益超過重置成本（replacement cost）。嚴格地說，只有在後一情況下才可稱爲投資過度。投資過度意味著再增加新投資完全是浪費資源④。不僅如此，旣使這種投資過度是經濟繁榮期間常態特徵之一，提高利率也不是補救辦法，因爲提高利率可能會阻止有用的投資，也可能會進一步減低消費傾向。唯有採取嚴厲措施，如所得重新分配或其他辦法，刺激消費傾向，才是眞正的補救辦法。

但是按照我的分析，只有在前一種解釋裡，才可以說投資過度是經濟繁榮的特徵。我認爲在典型的情況下，並不是資本已極爲豐富，以至再多一點，社會全體便不能合理利用了，而是投資環境極不穩定，投資不能持久，因爲人們投資是受絕不可能實現的預期所慫恿而作出的。

當然在經濟繁榮時期，或許（實際上不可避免）繁榮幻覺會使得某些資本資產生產過多，結果產量中某些部分，無論用什麼標準來判斷都是浪費資源。補充一點，有時即使不在經濟繁榮時期也會發生這種情況。即幻覺導致出現錯誤導向投資（misdirected investment）。但是除此之外，經濟繁榮的一個基本特徵是，在充分就業條件下，只能產生百分之二收益的投資，但人們的預期卻是百分之六，並根據錯誤預期而進行投資和評價。一旦幻覺破滅，這一期望又被一種相反的「悲觀錯誤」所取代。本來在充分就業條件下可獲百分之二收益的投資，

---

④但按某些對消費傾向在時間上的分配所作的假定，即使收益爲負數，投資依然有利，因爲就社會全體而論，該投資能使社會滿足達到最大量。

在人們的預期中不僅賺不了錢，甚至還會賠本。結果先是出現新投資崩潰，繼而又出現失業現象，本來可產生百分之二收益的投資，現在不僅未賺到錢，反而賠了車。這種情況，猶如一方面鬧房荒，一方面卻有空房無人住得起。

所以經濟繁榮的補救辦法，不是高利率，而是低利率⑤。因爲後者或許能將繁榮延續下去。對商業循環進行補救的良方，不是要取消經濟繁榮，使我們永遠處於半衰退狀態，而是要取消經濟衰退，使我們永遠處於準繁榮狀態(Guasi-boom)。

所以，那種以經濟衰退爲歸宿的經濟繁榮，是由利率和錯誤預期二者相結合而引起的。這裡所說的利率，是按照正確預期對充分就業來說實屬過高的利率；這裡所說的錯誤預期，只要存在，利率就難以對就業產生阻撓作用。冷靜地看，儘管利率已經過高，但過度樂觀還能戰勝利率，這種環境就是經濟繁榮。

我認爲，除了戰爭期間，最近我們未曾有過這樣一個經濟繁榮，其強烈程度足以引起充分就業。在 1928～1829 年的美國，就業水準固然令人羨慕，但是或許除了少數高度專業化的工人外，我看不出有勞動力短缺的跡象。「瓶頸」倒是遇到了幾個，但是總產量仍在進一步擴充。那時也不存在這麼一種過度投資狀況──住宅標準如此之高，設施如此之好，在充分就業的情況下，人人都可以各得所需，若無津貼，房屋在其壽命期間所產生的收益僅能補償其重置成本，而不能產生利潤；而運輸、公共事業的農業改善等方面的投資，已經達到一種程度，若要再增加，其將來的收益甚至不能補償它們的重置成本。因此認爲1929 年的美國曾有過過度投資，實在是荒謬。實際情況恰恰相反。在

⑤相反方面的若干討論可參閱本章第六節。如果對現在所用的方法不作徹底改變，
　那麼我同意，在經濟繁榮時期，提高利率有時或許能減輕危害。

以往五年中，新投資總計已很龐大，在此情況下，(冷靜地考慮)如再增加投資，未來收益必定會急劇下降。既然正確的預見已使資本邊際效率達到前所未有的低水平，因此除非長期利率極低，並避免錯誤地投資於那些面臨過熱發展的方向上，否則經濟就不可能在健全的基礎上繼續繁榮下去。事實上，當時利率之高已足以阻遏新的投資，只有那些在投資衝動影響下，面臨過分發展危險的方向上，還有新的投資。同時高得足以克服投機衝動的利率，則又阻遏了每一項合理的新投資。這樣，作為對這種長期大量投資所產生問題的補救辦法，提高利率無異於那種為治病而把病人殺死的做法。

在英國或美國那樣的富裕國家裡，若假定消費傾向不變，近乎充分就業的狀態能延續數年之久，此情形很可能與新投資有關。這種新投資數量非常大，最終會達到一種充分投資(full investment)的狀態。充分投資是指這樣的情形：無論哪一類耐用品，若再增加一點，根據合理計算，其總收益不會超過重置成本，而且這種情形可能在相當短的時期內（比如說二十五年或更短）便可實現。一定不要因為我曾講過真正的充分投資狀況從未發現過，甚至曇花一現都未曾有過，就認為我否認有這種可能性。

進一步說，即使我們假定，當代經濟繁榮往往與嚴格意義上的充分投資或過度投資有關，那麼把提高利率看作是適當的補救辦法也是荒謬的。因為要是真有這種情形，那些把病根歸為消費不足的人就理直氣壯了。真正的補救辦法，是各種通過重新分配所得等增加消費傾向的辦法，使一個較小的短期投資量可以維持某一特色的就業水平。

四

或許現在可以評論一下若干重要的學說了。這些學說從不同的觀

點出發，認為當代社會存在著就業不足的長期趨勢，原因在於消費不足，換言之，原因在於社會習慣和財富分配狀況所造成的消費傾向過低。

在現有情形之下(或至少不久前的情形之下)，投資量無計劃並且無所控制，變幻無常的資本邊際效率和長期利率對其影響很大。資本邊際效率由私人盲然無知的或投機性的判斷所決定，長期利率則很少或從未跌入一個低於適當的水平的地步。這些學說作為實際政策的指南，無疑是對的，因為在這種情況下，沒有別的辦法可將平均就業水平提高到令人滿意的程度。當事實上不可能增加投資時，顯然除了增加消費外，沒有別的辦法可以保證較高的就業水平。

在實際政策方面，我和這些學派的分歧只是在於：我認為在增加投資對社會尚有許多好處的時候，他們過於強調消費了。但是就理論來說，他們應受批評的是，忽視了一個事實，即增加產量的方法有兩個而不是一個。即使我們認定，緩慢地增加資本而集中力量增加消費為一良策，我們也應當放開目光，仔細地考慮了別種辦法以後再作此決定。我自己深感增加資本數量使之不再稀缺，這對於社會有極大的好處。不過這只是一個實際判斷，理論上並非絕對如此。

除此以外，我應當承認，最明智的辦法是雙管齊下。一方面通過社會各種政策來控制投資，目的是使資本邊際效率逐漸下降，另一方面我也贊成所有提高消費傾向的政策，因為在現行消費傾向下，消費的提高不僅要達到與增加的投資相適應的水平，而且要更進一層。

為了說明的需要，現用整數舉一例子。如果今天的平均產量，比充分就業情形下可能的產量低 15%，又假設產量中 10%代表淨投資，90%代表消費，那麼在現行消費傾向下欲保證充分就業，必須增加淨投資 50%。在充分就業狀況下，產量將從 100 提高到 115，消費從 90 提高到 100，淨投資從 10 提高到 15。然後我們可以修改消費傾向，結

果是，在充分就業狀況下，消費將從 100 提高到 103，淨投資將從 10 提高到 12。

五

另有一派思想，認爲商業循環的解決辦法，旣不在乎增加消費，也不在乎增加投資，而在於減少求職人數，也就是說，不增加就業量或產量，只要對現有的就業量進行重新分配便可解決。

我以爲這是一個似乎過早的政策，比起增加消費的計劃來，顯然要早熟的多。或許將來有一天，每個人都會權衡增加閒暇(leisure)還是增加所得兩者的利弊得失。但我認爲，目前大多數人寧可增加所得而不願增加閒暇，我看沒有充分的理由，可以強迫大多數人享受更多的閒暇。

說來離奇，居然有一派思想認爲，商業循環的解決辦法是提高利率以防患未然，在經濟繁榮之初就將其遏制住。唯一可爲這種政策辯護的理論是羅伯特(D. H. Robert)提出的。實際上他是假定充分就業是一種不可實現的理想，我們所能希望的，最多不過是一個比現在穩定得多，或許平均水平略高的就業水平。

如果我們不考慮有關投資控制或消費傾向政策方面的變化，又假定現有狀況大體上會繼續下去，那麼採取一項銀行政策，其所定利率之高足以阻遏那些最過火的樂觀主義者，使得經濟繁榮被扼殺於萌芽狀態。這種政策能產生更爲有利的平均期望狀況嗎？對此值得商榷。在經濟衰退時期，因爲預期無法實現，或許會引起許多損失和浪費，如果加以阻止，有用投資(useful investment)的平均水平可能會更高。按照其自身的假定，很難確定這一觀點是否正確；這是一個要用事實來判斷但尚待進一步獲得詳細資料的問題。或許這種觀點忽視了一點：

即使投資方向後來證明完全錯誤，但由此自然產生的消費增長對社會還是有利的，因此這種投資總比毫無投資有利。不過，若面對 1929 年美國那樣的經濟繁榮，手中武器又只有當時聯邦儲備制度(Federal Reserve System)擁有的那幾種，那麼即使是最賢明的金融控制也將無濟於事，因為在聯邦儲備制度規定的所有辦法中，無論採用哪一種，結果大同小異。無論如何，我認為這種觀點是危險而不必要的失敗論(defeatist)，它過分地默認，或至少是假想承認這接受現行經濟體系中的缺點。

有一種嚴厲的觀點，認為只要就業水平明顯地超過（比如說）前十年的平均值，便立即提高利率抑制這一趨勢。然而，支持這種觀點的論述大多言出無據，只能讓人頭腦糊塗。有的人支持這種觀點，因為他們相信在經濟繁榮時期，投資往往超過儲蓄，提高利率既可抑制投資，又可刺激儲蓄，故有助於恢復均衡狀態。言外之意，儲蓄和投資二者可以不相等，因此只有對這兩個名詞下特別定義之後，這一說法才有意義。又有人說，與投資擴大相伴的儲蓄增加是令人討厭的和不公平的。因為此時物價也往往隨之上漲。但是倘若真是如此，那麼現有產量和就業水平的任何提高，都將遭到反對。要知道物價上漲的主要原因，並不在於投資的增加，而是在於短時期內生產上有報酬逆減現象，或當產量增加時，(用貨幣單位計算的)成本單位有上漲趨勢，故供給價格隨產量增加而上漲。當供給價格為一常數時，物價自然不會上漲；但是當投資擴大時，儲蓄也同樣隨之增加。儲蓄的增加確實起因於產量的增加，物價上漲只不過是產量增加的副產品，而且即使儲蓄不增，只要消費傾向增大，物價依然還是要上漲。物價低只是因為產量低。任何人都沒有合法的權益，可以隨心所欲地壓低產量，以便低價購買。

還有人認為，如果是因為貨幣量增加利率降低而引起了投資擴大，

那麼這種擴大中潛伏著災難。我們還沒有發現先前的利率有什麼非保留不可的特別優點，新貨幣也不能「強加」於任何人。增發的新貨幣是為了滿足流動性偏好的增加，而後者則與利率降低或交易量增大有關。增發的新貨幣被那些**寧可**存錢而不願以低利率貸出的個人所持有。更有甚者，有人認為，經濟繁榮是以「資本消耗（折舊）（可能指的是負的淨投資）為特徵的，換言之，是以過度的消費傾向為特徵的。只要不把商業循環現象同戰後歐洲幣制崩潰時發生的通貨逃避現象混為一談，事實則完全相反。而且即使事實果真如此，若要醫治投資不足，減低利率還是比提高利率較為合理。對上述這些學派的思想，我大惑不解，或許只有加上一個暗中假定，即總產量不能變動，然後才能被理解。然而，用一種假定產量不變的理論來解釋商業循環，顯然是不合宜的。

七

　　早期的研究，尤其是傑文斯（Jevons）的研究，是從季節變化所引起的農業波動，而不是從工業現象來解釋商業循環的。根據上述理論，這似乎是研究商業循環問題的一條極為合理的思路。因為即使是今天，農產品儲存量的年際波動仍是引起短期投資量變動的最重要原因之一，在傑文斯寫作的年代（他所蒐集的統計資料，大部分早於其寫作年代），這個因素的重要性必定遠遠超過所有其他因素。

　　傑文斯認為，商業循環的原因主要是農作物收獲量的波動。現將他的理論轉述如下：當某年獲得特大豐收時，通常亦增加了結轉量（carry-over），即移作下年使用的農作物數量。這一收益的增量被加進農民的當年所得（current income）之中，農民視之為所得，而社會其他各階層的支出卻並未因此結轉的增加而減少，結轉量增加的資金供給

出自儲蓄。換言之，取自結轉的收益與相應短期投資的減少有關。可是，如果其他方面的投資被看作爲常數，那麼豐年（結轉增量甚大）和歉年（結轉減量甚大）之間，在總投資方面的差別也許會很大。就引起投資量波動而言，在以農立國的社會裡，農產品結轉量的增減與其他原因相比較是壓倒一切的。很自然，結轉量的向上轉折點常爲豐年，向下轉折點常爲歉年。至於是否存在豐歉年有規律循環的自然原因，當然該當別論，並非本文討論的內容。

近來又有人提出理論，認爲有利於商業循環的是歉收而不是豐收，理由是歉收使人們願以較低的實際報酬工作，或者是歉收造成的購買力重新分配有利於消費。不消解釋，我以上所說，即用農作物豐歉現象來解釋商業循環，並非指這樣的理論。

然而在現代社會裡，用農業原因解釋波動，其重要性已大大減低。原因有兩個：首先，農業產量在社會總產量中的比重比以前小得多；其次，多數農產品世界市場的發展，使世界各國的豐歉可以互通抵償，故全世界農作物產量波動的幅度，遠遠低於一國波動的幅度。但在舊時，一個國家主要依靠自身的收穫量，除了戰爭以外，農產品結轉量增減是引起投資量波動的最大原因。

即使在今日，欲決定短期投資量大小，仍必須密切注意農礦產原料貯存量的變化。經濟衰退達到轉折點以後，復甦之所以緩慢，我認爲主要是因爲衰退期間的過量貯存在減少到正常水平的過程中，無產生緊縮作用。經濟繁榮崩潰以後，起初存貨的累積使崩潰的速度變緩，但以後又不得爲這種變緩付出沉重代價：將來復甦的速度也會同樣因之大大遲緩。實際上，有時減少儲備的過程，直到全部完成之後，才會有經濟復甦的迹象。因爲當儲備方面沒有短期負投資時，其他方面一個投資足以引起一種向上運動，但只要負投資繼續存在，該投資量或許會頗感不足。

　　我們已經看到一個很好的例子，美國三十年代推行「新經濟政策」(New Deal)之初，羅斯福總統大量舉債支出，此時所有產品——尤其是農產品——的儲備量都很大。「新經濟政策」的部分內容，就是用縮減生產等各種辦法設法減少儲備。將儲備量減少到正常水平是一個必要的步驟，必須忍痛為之。但是只要此步驟延續，或許經過大約兩年左右，它就會對其他方面的舉債支出構成一個充分的補償。除非這一過程已經完成，否則經濟復甦不可能踏上康莊大道。

　　最近美國的經濟又提供了一個很好的例子，說明製成品和半製成品的儲量（通常稱之為「存貨」）波動，可以在商業循環運動主流中誘發次要的振動。製造商們按照他們對數月以後消費量的預測數，調整現有的生產規模。他們的預測中不免會有小的錯誤，其中多數錯誤是預測數過高。一旦發現出錯，他們必須在短期內縮減生產，使生產量低於目前的消費水平，以便吸收過量存貨。這種生產步伐的忽快忽慢對短期投資量有很大影響。在可以獲得極完備統計資料的國家（如美國），已清楚地顯示出其影響之強烈。

第二十三章　論重商主義、禁止高利貸法
加印貨幣以及消費不足理論

一

　　經濟理論家和實際家在大約二百年中都深信不疑：貿易順差對於一個國家來說特別有利，而貿易逆差則有嚴重的危險性，尤其是當貿易逆差又引起貴金屬外流時，危險性就更大。但是，在近一百年裡，他們的意見卻有了很大的分歧。在多數國家裡，大部分政治家和實際家依然忠於舊學說，甚至在反面意見的策源地英國，也還是有近半數的政治家和實際家信奉舊學說。而現在，幾乎所有的經濟理論家都認爲，從長遠來看，替這種事擔心，完全是杞人憂天，目光短淺，因爲對外貿易具有自我調節機制，無論誰想干涉這一機制，都將是徒勞的，並且還會因喪失國際分工的好處而變得窮困。依照舊的傳統，我們可以把舊學說稱爲重商主義(Mercantilism)，把新學說稱爲自由貿易說(Free Trade)，但由於這兩個術語皆有廣狹義之分，故確切定義必須參照上下文來解釋。

　　一般而言，現代經濟學家不僅認爲，從國際分工中獲得的收益，通常足以超過實行重商主義政策所能得到的好處，而且他們還認爲，重商主義的論證自始至終建立在一種思維混亂的基礎之上。

　　例如，馬歇爾①在提到重商主義時，雖然不無同情，但他並不尊重重商主義的核心理論，甚至隻字未提其論點中的眞理成分②（至於

這些真理成分是什麼，我將在後面討論）。同樣，當代論戰中，贊成自
由貿易的經濟學家，在諸如鼓勵新建工業或改善貿易條件等方面，對
重商主義者作了理論上的讓步，但實際上這種讓步並未涉及重商主義
理論的要旨，本世紀最初二十五年關於財政政策的爭論期間，我不記
得經濟學家曾做過什麼讓步，沒有一個人肯承認保護主義政策或許能
增加國內就業。用我自己所寫的東西作為例證，或許是最公正不過了。
早在 1923 年，那時我還是古典學派的忠實信徒，對自己所受的教育深
信不疑，我曾就這個問題毫無保留地寫道：「如果說有一件東西，保護
主義政策對其**無能為力**，那就是醫治失業……有一些論證贊成保護主
義政策，其理由是實行這種政策，可以保證可能得到的但却未必必然
得到的種種利益，對此說法我無法作簡單的答覆。但是若宣稱保護主
義政策能醫治失業現象，則是最荒唐最赤裸裸的謬誤。」③那時關於早
期重商主義的理論，缺乏明白易懂的解釋，歷來所受的教育，又使我
們相信重商主義完全是一派胡言。古典學派思想的統治真可謂達到了
無孔不入，壓倒一切的地步。

---

①參閱馬歇爾：《工業與貿易》(*Industry and Trade*)，附錄 4：〈貨幣、信用和商
　業〉(Money, Credit and Commerce)，第 130 頁，《經濟學原理》(*Principles of
　Economics*)，附錄 1。

②關於他對重商主義的觀點，在《原理》(*Principles*)第一版 51 頁的注釋中，有一
　精闢的概括：「在英國和德國，有關中世紀貨幣與國富二者關係的觀點，所作研
　究甚多。大體說來，這些觀點被認為是混亂的，因為它們對貨幣的功能缺乏清
　楚的理解。而並非由於它們假定——只有增加貴金屬的儲蓄，才能增加國富
　——的緣故，就被認為是錯誤的。

③《民族與圖書周刊》(*The Nation and the Athenaeum*)，1923 年 11 月 4 日。

二

首先讓我用自己的話來表明，按我現在的觀點，重商主義學說裡所含的科學真理成分是什麼，然後再同重商主義者的實際論證進行比較。應該懂得，實行重商主義所能取得的好處，僅限於一國受惠，而不可能澤及全世界。

在自由放任的條件下，一國財富急劇增長這一令人愉快的狀態可能由於新投資引誘不足而中斷。假定決定消費傾向的社會政治環境和國民特徵不變，那麼根據我們已經解釋過的理由，國家的進步將主要取決於這種引誘是否充分。投資引誘既可來自國內投資，也可來自國外投資(國外投資中包括貴金屬的累積)，二者構成了總投資。在總投資量完全由利潤動機決定的情況下，從長期看，國內投資機會將受國內利率高低左右，而國外投資量則必然地由貿易順差大小所決定。所以，在一個國家不能直接從事投資的社會裡，政府理所當然地關注兩大經濟目的：國內利率和外貿差額。

現在假定工資單位相當穩定，不會自動地作大量改變（此條件幾乎總是滿足的），假定流動性偏好狀態，就短期平均變動而論，亦相當穩定，再假定銀行成規也保持不變，在這樣的情況下，利率高低往往取決於貴金屬量（用工資單位計算）是否能滿足社會的流動性偏好。同時，在既無大量國外借貸，又幾乎不可能在國外購置產業的年代裡，貴金屬量的增減將主要由對外貿易是順差還是逆差來決定。

所以，那時政府偶爾對國際貿易的關切確是一箭雙鵰，而且這也是有助於解決這兩個問題的唯一可行的手段，政府既不能直接控制利率，又不可能直接操縱對國內投資的其他引誘，在這種情況下，增加外貿順差就成為政府擴大國外投資的唯一直接方法。同時，如果外貿

爲順差，貴金屬將內流，所以這又是政府藉以降低國內利率，增加國內投資引誘的唯一**間接**方法。

　　然而，這種政策的成功受到雙重限制，不可忽視。第一，如果國內利率降低，將刺激投資量增加，結果使就業量突破若干臨界點，工資單位上漲，那麼，國內成本水平的提高，將開始對外貿收支平衡產生不利影響。所以增加外貿順差的努力，最終會物極必反歸於失敗。再者，如果國內利率降低後，利率水平低於別國，以致刺激國外貸款，使之超過順差額，那麼，或許由此引起的貴金屬外流，足以令先前獲得的好處化爲烏有。國家越大，其國際地位越顯要，上述雙重限制的風險也就越大。因爲假如一國的貴金屬年產量相對較小，則該國有貴金屬內流，也意味著他國有貴金屬外流（如果過分地推行重商主義政策）結果，國外物價下跌和利率上漲或許會強化國內物價上漲和利率下降這種不良影響。

　　十五世紀後葉和十六世紀西班牙經濟史可以證明，貴金屬過多所引起的工資單位上漲，可以毀滅一個國家的對外貿易。英國在二十世紀戰前的經驗則說明，國外借貸和在國外購置財產過於便利，往往會妨礙國內利率的下降，使充分就業不能實現。印度的歷史一直向我們證明，流動性偏好過高，導致貴金屬大量內流，不足以使利率水平的下降達到與實際財富增長相適應的地步，這是印度貧窮的原因所在。

　　儘管如此，如果我們認眞考慮這樣一個社會，工資單位相對穩定，國民特性決定其消費傾向和流動性偏好，貨幣制度規定了貨幣量與貴金屬儲量保持固定關係，那麼政府當局爲了繼續維持繁榮，必須密切注意對外貿易差額。假如是貿易順差，並且差額又不太大，那將有極大的刺激作用，相反假如是貿易逆差，則可能很快便出現持久性的經濟蕭條。

　　絕不能由此得出結論：對進口限制越嚴，則對外貿易的順差就越

大。早期重商主義者對這一點極爲重視，經常反對貿易限制，因爲他們認爲，從長遠觀點看，貿易限制不利於貿易順差。在十九世紀中葉英國那樣的特殊環境裡，實行幾乎完全自由貿易的政策，是否最有助於促進貿易順差，尚可爭議。就當代而論，戰後歐洲經驗已從多方面證明，限制自由貿易，意在增加順差，而結果卻適得其反。

因爲這種種原因，讀者絕不要輕率地下結論，認爲我們的論證話題會轉向實際政策。除非有什麼特別的理由，可以爲貿易限制辯解，否則一般說來，貿易限制總是遭到非議的。儘管古典學派過分誇大了國際分工的好處，但這種好處畢竟是實在的，也是相當可觀的。一個國家從貿易順差得到的利益，往往就是其他國家所蒙受的損失（重商主義者完全意識到了這一點），這一事實不僅意味著：一個國家必須十分克制，莫使自己擁有的貴金屬比例超出公平合理比例太多，而且也意味著：一項過火的政策，可能會引起一場毫無意義的國際競爭，大家追逐貿易順差，結果卻使大家蒙受損失④。最後，實行貿易限制政策，即使對其表面目標（限制進口）而言，也未必眞能達到預期效果，由於私人利益、行政管理無能，以及貿易限制本身在實行上的困難等，其結果很可能是事與願違。

因此我所批評的重點，在於指出我從前師承並傳授與人的自由放任學說，理論依據不足。我也反對有些人的說法，即利率和就業二者會自動調節到最適水平，所以關心貿易差額是浪費時間。實際上倒是我們的經濟學家們犯了輕率的錯誤，把執政者數世紀中追逐的主要目標看成是庸人自擾。

在這一錯誤理論影響下，倫敦的財政金融界逐漸想出了一個辦法

---

④出於同一理由，調整彈性工資單位，以便用減低工資來對付經濟衰退，往往也是一種損人利己的做法。

來維持均衡，這就是讓銀行利率漲落比照嚴格管制下的外滙比價，這是在所能想像的辦法中一個最爲危險的辦法。因爲這樣一來，就完全排除了國內利率必須和充分就業相適這一目標。事實上國家不可能不顧及國際收支差額，於是設計了一個管理辦法，這個辦法不是保護國內利率，而是讓其犧牲在盲目勢力的作用之下。近些年經驗豐富的倫敦銀行家從中汲取了許多教訓，我們希望英國不要再重蹈覆轍——爲保證外貿收支差額而提高利率，卻以引起國內失業爲代價。

　　古典學派理論被認爲是解釋個別廠商的行爲、解釋利用某特定量資源所得產品如何分配的理論，它對於經濟學思想的貢獻，不可一筆勾銷。在這個問題上，如不利用這一理論作爲思想工具，便無法澄淸思路。千萬不要因爲我指出了古典學派忽視了前人學說中有價值的部分，便認爲我否認其對經濟學思想的貢獻。然而政治家治國，考慮的是整個經濟體系，和經濟體系中全部資源如何合理利用，作爲對治國方策的貢獻，十六、十七世紀經濟學思想的早期倡導者所提出的方法，或許倒體現了部分有實用價值的智慧，而李嘉圖不切實際的抽象思想，反而先是忘了這部分有實用價值的智慧，然後又一筆抹殺。重商主義者借助於禁止高利貸(我們將在本章第五節中討論這一問題)，維持一定的國內貨幣流通量，以及防止工資單位上漲等手段，設法壓低利率；如果因不可避免的現金外流、工資單位上漲⑤或其他原因，造成國內貨幣流通量明顯短缺時，他們憑藉最後手段，不惜採用貨幣貶值的辦法，使貨幣流通恢復平衡。這些做法體現了重商主義者的智慧。

---

⑤索倫(Solon)時代以來(假如有統計資料，至少並且可能追溯到許多世紀以前)
　的經驗告訴我們，工資單位在長期裡有上漲趨勢，只有當經濟社會腐敗或解體
　時才會下降(其實從人性中可以推知這一點。)所以除了社會進步和人口增長原
　因之外，貨幣量也必然會逐年增長。

三

　　十六、十七世紀經濟學思想的早期倡導者，並不懂得許多理論基礎，他們只是偶然想出了有實用價值的智慧準則而已。因此，讓我們簡要地考察一下他們所提出的理由，以及他們所作的建議。只要參考一下海克雪爾(Heckscher)的著作《重商主義》(Mercantism)就很容易達到這個目的。在該書中，海克雪爾論述了兩個世紀以來經濟學思想具有什麼基本特徵，供一般的經濟學讀者參考。以下所引用的，主要摘自他的著作⑥。

　　⑴重商主義者思想上從不認爲，利率會自動調節到適當水平。相反，他們強調過高的利率是財富增長的主要障礙。甚至認爲，流動性偏好和貨幣量二者決定著利率的大小。他們所關心的，是減低流動性偏好和增加貨幣量。其中有幾個人還明確指出，他們關注增加貨幣量，是出於降低利率的願望。海克雪爾教授總結了重商主義理論的這一觀點：

　　　　在某種限度內，比較敏銳的重商主義者在這方面採取的立場，同其他方面一樣明朗。他們認爲，貨幣（用今天的術語說）是一個生產要素，與土地同等需要，他們有時稱貨幣是「人爲的」財富，以區別於「天然的」財富，資本的利息是租用貨幣的代價，如同地租爲租用土地的代價一樣。至於決定利率高低的客觀理由

---

⑥由於海克雪爾教授大體上信奉古典學派，對重商主義理論的同情心比我小的多，故這一點很適合我的目的。因此他選擇的引文，絕不會因爲要說明重商主義的智慧而有斷章取義的嫌疑。

是什麼——在此期間，越來越多的重商主義者在做這項探討工作
——他們在總貨幣量中找到了這樣的客觀理由。在此我們首先從
無數可獲得的材料中，選取最典型的例子，說明這個概念是如何
源遠流長，根深蒂固和顛撲不破的。

　　十七世紀二十年代初，在英國曾有過一場論戰，論題是「英
國的貨幣政策和東印度貿易問題」。論戰雙方的領導者就這一問題
達到了完全一致。當然傑拉德・梅林斯(Gerard Malynes)舉出了詳
細理由，支持自己的論點「貨幣充足可以減少高利貸」(《商法》
〔Lex Mercatoria〕以及《維持自由貿易》〔Maintenance of Free
Trade〕, 1622 年)。他的勁敵愛德華・米賽爾頓(Edward Misselden)
也認爲：「充足的貨幣也許是醫治高利貸的辦法」(「自由貿易或使
貿易興旺之道」〔Free Trade or the Means to Make Trade Florish〕,
同年)。半個世紀後，重要作家之中有蔡爾德(Child)，他是東印度
公司裡握有至上權力的領導者，又是該公司利益最能幹的辯護者。
他要求制定最高利率，又討論了 (1688 年) 法定最高利率對荷蘭
人把錢從英國提走，將會產生多大的影響。他找到了一個辦法，
來對付這個威脅，即用債券作爲通貨，隨意轉讓，他認爲，這樣
一來，「目前國內所用現款的缺口，至少有一半可得以彌補」。「另
一作家名叫配第(Petty)，儘管完全超然於黨派之爭，但在解釋由
於貨幣量增加，引起利率從十分「自然地」降到六釐時，也附和
了其他人的意見(《政治算術》〔Political Arithmatick〕, 1676 年)。
配第認爲，對一個「錢幣」發行太多的國家而言，放款取利是適
宜的補救方法。(《貨幣雜論》〔Quantulumcunque concerning Money〕,
1682 年)。

　　這種論證當然不限於英國。例如，數年之後 (1701 年、1706
年)，法國的商人和政治家都對於因貨幣稀缺引起的高利率怨聲載

　　道，渴望增加貨幣流通量，以使利率降下來⑦。

　　在同配第的爭論⑧中，洛克(Locke)用抽象語句表達了貨幣量與利率二者的關係，此舉實屬首次。他反對配第的主張，認爲靠法律來限定一個最高利率，如同限定最高地租一樣，是不切合實際的。這是因爲貨幣往往可產生利息這樣的年所得，故貨幣的自然價值取決於同該國當時的貿易總量（即所有商品的總銷售額）相稱的流通貨幣總量」⑨。洛克解釋道，貨幣有兩種價值：(1)使用價值，其大小由利率決定，「在這方面，貨幣具有土地的性質」，只不過前者的所得稱爲利息(Use⑩)，後者的所得稱爲地租而已；(2)交換價值，「在這方面，貨幣具有商品的性質」，所以貨幣的交換價值「只由與商品量大小相稱的貨幣量大小所決定，與利率並無關係」。因此，洛克是兩種貨幣數量理論的鼻祖。第一，他認爲利率取決於貨幣量(亦考慮到流通速度)和貿易總量(total value of trade)之比；第二，他認爲貨幣的交換價值，取決於貨幣量與市場上商品總量(total volume of goods)之比。但他的雙脚，一隻伸進了重商主義世界，另一隻則伸進了古典學派世界⑪，他弄不清兩種比例間的關係，而且完全忽視了流動性偏好**波動**的可能性。然而他竭力說明，降低利率絕不會**直接**影響物價水平，「只有當利率的變動引起貨幣或商品的進出口，並最終改變了貨幣與商品二者的比例關係」時，

---

⑦海克雪爾：《重商主義》(Mercantilism)第二卷，第200、201頁。略有刪節。

⑧《論利率降低和貨幣升值的若干後果》(*Some Consideration of the Consequences of the Lowering of Interest and Raising the Value of Money*, 1692年)，但寫作時間在1692年前若干年。

⑨他補充道：「不僅取決於貨幣量，而且也取決於貨幣的流通速度。」

⑩當然，「Use」在舊時英語中指interest。

換句話說，只有當降低利率導致出現現金外流和產量增加時，才有例外。但是我認為，他從未進一步作真正的綜合工作⑫。

在重商主義者心裡，區分利率和資本的邊際效率十分簡便。關於這一點，洛克摘自〈與友人談高利貸的一封信〉（A Letter to a Friend Concerning Usury, 1621 年）的一段話可作說明，「高利息使商業解體。既然利息的好處大於商業利潤，於是富商們寧可停業，放款取利，較小商人則紛紛破產。」福特雷（Fortrey）在《英國的利益和改良》（England's Interest and Improvement, 1663 年）中也強調指出，降低利率可以作為財富增長的手段。

重商主義者並沒有忽略這一要點。如果流動性偏好過強，把內流的貴重金屬囤積起來，那麼有利於利率的形勢將喪失殆盡。還有人〔例

---

⑪再稍晚些時候，休謨（Hume）將一隻脚伸進了古典學派世界。在經濟學家中，休謨是最先強調了均衡位置的重要性，相比之下，趨向均衡而不斷變動的過渡狀態，則相對次要。但他依然是一個十足的重商主義者。他沒有忽視一個事實，即我們所生存其中的，正是過渡狀態。他指出：「唯有在獲取貨幣之後，物價上漲之前，這麼一段時間內，金銀數量的增加才有利於工業……貨幣量多寡與一個國家內部的幸福，無大關聯。執政者的良策應當是繼續增加貨幣數量（假如可能的話），因為這可以使國內工業充滿活力，使勞動力增加，而只有勞動力增加，才能使國家真正富強起來。假如一國的貨幣量實際在減少，另一國的貨幣量雖不及前者多，但一直在增加，相比之下，還是前一國較貧弱。（論文〈論貨幣〉〔On Money〕1752 年）

⑫重商主義者認為，利息就是貨幣利息（在我看來千真萬確），但這一觀點幾乎被人完全遺忘了，因此作為古典學派經濟學家的海克雪爾教授，在按語中對洛克的理論作了概括性評論：「如果利息真是等同於貸款的價格，那麼洛克的論證將是無可辯駁的；但是利率並非如此，所以他的論證毫不相干」《重商主義》，第二卷，第 204 頁）

如孟(Mun)〕主張爲增強國家實力，國家應囤積金銀。但其他人則直率
地反對這種政策：

　　例如施柔特(Schrötter)利用重商主義者常用的論證，描繪了
　　一幅可怕的圖景，指出如果國家財富的貯存大量增加，將會引起
　　流通貨幣的減少，乃至最終被搜刮殆盡……他又認爲，在寺院中
　　囤積金銀和貴金屬出超二者的性質完全相同，他認爲後者是糟得
　　不能再糟的政策。戴芬南(Davenant)相信東方國家擁有較多的金
　　銀，甚至超過世界其他地方的任何國家，然而東方國家卻相當貧
　　困，這是因爲金銀存在國庫中不用的緣故……如果説由國家囤積
　　金銀，還多少有一點兒令人懷疑的益處，而且常常是危險的，那
　　麼私人囤積金銀，不用説自然是應當避而遠之了。無數重商主義
　　者攻擊私人囤積金銀爲現時趨勢之一，在這種情況下，我認爲要
　　找到一個力排衆議的聲音是不可能的⑬。

　　(2)重商主義者懂得廉價競銷之謬誤，也懂得過度競爭的危險性
——也許會使進出口交換比率變得對國家不利。因此，梅林斯在他的
《商法》(1622年)中寫道：「不要以增加貿易爲幌子，削價競銷，以
致殃及本國利益：因爲物賤是商品需求小且貨幣稀缺的結果，未必能
引起貿易量增加，相反，貨幣充足，商品需求大而導致物價上漲之時，
貿易量倒是能增加」⑭。海克雪爾教授將這一重商主義思想，總結如
下：

　　在一百五十年裡，人們多次重申這個觀點：一個國家的貨幣

---

⑬海克雪爾：《重商主義》第二卷，第210、211頁。

⑭同上，第228頁。

如果比其他國家稀少，這個國家得定「廉價銷售，高價購入」……

甚至在《公共福利談話》(*Discourse of the Common Weal*)一書初版中(即十六世紀中葉時)，這種態度已十分明顯了。事實上海爾斯(Hales)說過：「然而如果外國人肯買我們的東西，爲什麼我們要把自己的東西廉價賣給他們，而讓他們將自己的東西（其中包括我們要向他們購買的）價格提高呢？假如他們賣給我們東西時索要高價，購買我們的東西時卻壓低價格，這豈不是他們得利，我們受損嗎？結果豈不是他們致富，我們受窮嗎？因此我寧可採取現在的辦法，他們抬價時，我們也抬價。這樣做雖有人會受損，但受損人數要比採取別種辦法少。」數十年後 (1581 年) 該書校訂者對此觀點仍十分贊同。在十七世紀，這種態度一再出現，並無任何重大的改變。於是梅林斯相信，這種不幸的情況，首先是他所最擔心的事情(例如，外國人把英國滙率壓得太低)的結果……同一觀點後來一再被重複。在《哲言》(*Verbum Sapienti*)一書（寫於 1665 年，出版於 1691 年)，配第(Petty)相信，增加貨幣量的努力，「直到我們擁有的貨幣，無論是絕對量還是相對量，都超過任一鄰國」時，才能停下來。在《哲言》一書從寫作到出版的期間裡，考克(Coke)曾宣稱：「只要我們的金銀比鄰國多，那麼即使擁有量只及現在的五分之一，我也不介意。」(1675 年) ⑮

(3)重商主義者最早把「商品恐懼」(fear of goods)和貨幣稀缺看作產生失業的原因，二百年後，古典學派將此斥之爲荒謬：

最早以失業爲理由禁止進口的實例是發生在 1426 年的佛羅倫薩……英國關於這一問題的立法，至少可追溯到 1455 年……幾

---

⑮海克雪爾：《重商主義》，第二卷，第 235 頁。

乎同一時代，1466 年法國也頒布了法令，雖然據此建立了里昂絲織業基礎(後來變得十分出名)，但因為它並未觸及抵制外貨問題，故不免使人興味索然，不過該法令也提到了，給成千上萬失業男女工作的可能性。由此可見，在那個時代這種論據是多麼時髦。

關於這一問題的熱烈討論(幾乎像其他社會經濟問題的討論一樣熱烈)最初出現在英國，時間大約為十六世紀中葉或稍早些，亨利八世和愛德華六世執政期間。在此我只能提些書名(寫作年代最遲為十六世紀三十年代)，其中兩本書，無論如何是出自克萊蒙特·阿姆斯特朗(Clement Armstrong)之手……例如，在下面的句子中，他闡述了這個問題：「每年有大量國外商品進入英國市場，結果在英國不僅造成了貨幣稀缺，而且還摧毀了整個手工業，無數平民失卻謀生之計，不得不閒散、乞食或偷竊」⑯。

據我所知，1621 年英國下議院關於貨幣稀缺問題的辯論，是重商主義者對這種情況典型討論中，最好的實例。當時適逢經濟蕭條，尤其是棉布出口相當困難，辯論中德高望重的議員愛德文·桑廸斯(Edwin Sandys)爵士，把當時的情景描述得很清楚，他說幾乎所有地方的農民和工匠都在受苦受難，因為國內貨幣不足，織機停止了轉動，「並非(感謝上帝)因為土地出產不足，而是因為貨幣不足」，農民被迫違約。辯論導致了對問題的詳細調查，貨幣究竟到哪裡去了，為什麼會如此奇缺。凡涉嫌出口貴金屬者，或涉嫌雖未出口貴金屬，但其在國內活動造成貴金屬消失者，都受到了許多攻擊。

重商主義者意識到，正如海克雪爾教授指出的，他們的政策具有

---

⑯海克雪爾：《重商主義》第二卷，第 122 頁。

「一石二鳥」之功效。「一方面可以出清剩餘物資——據信此舉可能解決失業問題；另一方面可以增加國內的貨幣總量」⑰——結果是使利率下降。

從整個人類歷史看，儲蓄大於投資引誘爲一長期趨勢，若不理解這一點，要想研究重商主義者從實際經驗中得出的觀念是不可能的。投資引誘的薄弱，一直是經濟問題的關鍵所在，現在存在這一問題的原因，或許是資本積累量太多，但在以前，或許各種風險因素更爲重要。然而結果是一樣的，個人要增加其財富，可以通過節制消費實現，國家要增加其財富，必須由企業家雇用勞力，從事耐用資產的製造。不過,個人增加財富的願望同國家增加財富對企業家的引誘二者相比,總是前者要強。

(4)重商主義者明白，他們的政策具有國家主義色彩，並且往往能挑起戰爭。他們承認,所追求的是國家的利益,以及相應的國家力量。⑱

我們或許會批評重商主義者，對接受國際貨幣制度下必然產生的後果漠然處之；但當代也有人主張採取國際金本位制，對國際借貸則取自由放任態度，相信只有這種政策能最好地促進和平，與這種令人思想混亂的主張相比，還是重商主義者的現實態度要高明得多。

因爲在一個經濟體系內，假設貨幣契約和風俗習慣，可以在相當長的時期內輕易不作改變，又假設國內貨幣流通量以及國內利率主要

---

⑰海克雪爾：《重商主義》第二卷，第 178 頁。

⑱「在國家**之內**，重商主義者追求完全動態的目標，但是它對世界經濟資源的看法卻是靜態的，重要的是二者聯繫在一起，於是產生了根本的不協調，產生了無盡的商業戰爭。這是重商主義者的悲劇所在。中世紀的全盤靜態觀念或自由放任時代的全盤動態觀念，都未曾出現這種結果」(海克雪爾：《重商主義》，第二卷，第 25、26 頁)

由國際收支所決定(如戰前英國的情形)，那麼除了爭取出超，靠鄰國輸入貨幣金屬以外，政府當局拿不出什麼正統辦法來解決國內的失業問題。從歷史上看，國際金（從前是銀）本位制度是最有效地使各國利益相衝突的一種辦法。因為在國際本位制之下，某個國家的國內繁榮直接由市場競爭和爭奪貴金屬的欲望所決定。當新增金銀供給量相對較大時，這種爭奪可能會稍為減弱。但是隨著財富的逐漸增加，邊際消費傾向的逐漸變弱，這種衝突往往變得愈來愈猛烈，兩敗俱傷。對正統經濟學家來說，其常識不足以糾正他們邏輯上的錯誤，於是他們所起的作用，自始至終糟糕透頂。某些國家正在黑暗中摸索尋求出路時，它們拋棄了在金本位制之下負有的種種義務，（這些義務使得國內利率不可能自主）在這種情況下這些經濟學家便說：對一般的經濟復甦而言，第一步就是要恢復以前的桎梏。

事實剛好相反。採取不受國際關係支配的利率自主政策，同時又採取能使國內就業達到最佳水平的國家投資計劃，正是利人利己的好辦法。目前各國採用的都是這種辦法，唯有這樣，國際間的經濟健康和經濟力量——不管我們用國內就業量還是用國際貿易量標準來衡量——才能恢復[19]。

四

重商主義者覺察到問題的存在，卻未能進一步分析如何解決問題，但古典學派則根本忽視了這一問題，因為古典學派的前提之一，就是

---

[19]在阿爾伯特‧托馬斯(Albert Thomas)和巴特勒(H. B. Butler)二人的先後領導下，國際勞工局一直贊成這種辦法。在戰後許多國際機構發表的意見中，國際勞工局的態度可謂卓而不群。

該問題不存在。於是，從經濟理論得出的結論和從常識得出的結論二者間出現了裂隙。古典學派的卓越成就，是其能克服「常人」的信念，而同時本身卻是錯的。正如海克雪爾教授所說：

> 如果從十字軍東征到十八世紀的 500 年裡，人們對貨幣以及幣材的基本態度始終不變，從而可知我們正在討論的觀念是多麼根深蒂固。甚至在上述時期以外，同一觀念仍然繼續存在，只是還沒達到「商品恐懼」的程度罷了……除了自由放任時期以外，所有時代都未能擺脫這種觀念。只有像自由放任學說那般卓而不群、堅韌不拔，才能將常人關於這一問題的觀念暫時克服一下[20]。
>
> 在貨幣經濟之中，「商品恐懼」是常人最自然的態度，為了消除這種態度，就要無條件地信仰自由放任學說。但是自由貿易主義(Free Trade)對許多顯然存在的因素持否定態度，所以一旦自由放任學說不能再使昔日信徒繼續信服時，便注定要遭到人們的唾棄[21]。

我還記得波拿勞(Bonar Law)對經濟學家們的慍怒，因為他們否認顯而易見的事實。他對下述解釋百思不得其解：我們可以將古典學派經濟理論統治同某些宗教統治相比擬。因為前者是否認明顯的事實，後者是讓人相信虛無飄渺、晦澀難懂的東西，相比之下，前者施加的思想力量比後者大得多。

五

---

[20]海克雪爾：《重商主義》，第二卷，第 176 頁—177 頁。

[21]同上，第 335 頁。

　　還有一種相關、但不相同的學說。數百年來，確切地說數千年來，開明的輿論都認爲這是一種很明顯、確定無疑的學說，但古典學派卻貶之爲幼稚。所以有必要爲其正名，恢復榮譽。我指的是這樣一個學說，它認爲利率不會自動調節到一個最適合社會利益的水準，而是往往過高，因此明智的政府當局應當用法令、考慮，甚至道德制裁等手段，來加以控制。

　　防止高利貸來說，是最早見之於記載的經濟法令。流動性偏好過大，以致摧毀投資引誘，是阻礙財富增長的主要障礙。這種弊端在古代和中世紀時已十分明顯。很自然因爲當時人類生活上的各種風險大，使資本邊際效率降低，同時使流動性偏好增加。因此在人人自危惶惶不可終日的社會裡，只有用盡社會所能採取的各種辦法來抑制利率，才能保證利率不致過高，進而保證有足夠強大的投資引誘。

　　從前受到人的影響，我曾相信，中世紀教會對利率問題的態度，本質上是荒謬的，也相信中世紀時進行的微妙討論（目的是分清貸款報酬與投資報酬），不過是些詭辯，只是想從一種愚蠢理論之中找到一條實際出路而已。不過我現在倒覺得這些討論確實下了一番功夫，把古典學派混爲一談的概念，即利率和資本邊際效率，分得清清楚楚。我也覺得，經院學派（Schoolmen）的探究，目的是找出一種既能提高資本邊際效率表，又能用法令、考慮和道義制裁等壓低利率的方案。

　　亞當斯密對於禁止高利貸法態度極其溫和。因爲他很清楚，個人儲蓄既可以用於投資，也可用於放債；也很清楚，個人儲蓄用於投資沒有安全感可言。而且，他贊成利率低些，使儲蓄用於新投資的可能性大些，而用於放債的可能性小些。出於這一原因，他主張溫和地運用禁生高利貸法㉒，因此受到邊沁（Bentham）的嚴厲指責㉓。邊沁對亞

————————————
㉒《國富論》，第二編，第4章。

當斯密的批評，主要集中於兩點，一是他那種蘇格蘭式的謹慎，對創辦人(projector)未免過於嚴厲；二是他規定了最高利率，這對於從事合法的、對社會有利的風險投資者來說，所得報酬太少。邊沁所說的**創辦人**，包括了所有以追求財富或任何其他對象為目的、謀求獲得財富的資助、設法尋求新發明途徑者……這些人所追求的一切以進步改良為宗旨。如果規定了最高利率，則這些人受打擊最重……總之，凡仰仗財富資助，人類才能的發揮，都將受到打擊。當然，如果法令妨礙人們承擔合法的風險，則應當加以抗議。邊沁繼續說：「在這種情況下，深謀遠慮者將不再選擇創辦計劃的優劣，因為他壓根兒就不想創辦什麼」。㉔

以上所說，是不是亞當斯密的原意，大概還令人懷疑。難道我們正在洗耳恭聽的邊沁，是在用十九世紀的口吻，向十八世紀講話嗎(雖然該文作於 1787 年)？因為只有在投資引誘最強的時代，我們才會視而不見：在理論上，投資吸引不足的可能性。

六

在此不妨提一下西爾維·蓋賽爾(Silvio Gesell, 1862～1930 年)，他是一位頗離奇而不該被人忽視的先知。在他的著作裡，不乏真知灼

㉓邊沁：「致亞當·斯密的信」(Letter to Adam Smith)，《為高利貸辯護》，(*Defence of Usury*)的附錄。

㉔既然引用了邊沁的話，我不得不提請讀者注意他最美的一段：「工藝事業，即創辦人的道路可認為是一個遼闊的、或許無邊無際的平原，上面遍布陷阱。每個陷阱必先犧牲一人才能填平。但是一旦填平後即永久填平，於是這一段道路，對後來者就安全了」。

見，但只可惜未能抓住問題的核心。戰後數年裡，他的信徒不斷地把他的著作寄給我，然而他的論證明顯存在缺點，所以我全然沒發現其著作有何可取之處。(或許不經徹底分析，僅憑直覺判斷，結果都是這樣。)直到我以自己的方法得出自己的結論之後，才發現它們的重大價值。那時，我幾乎像其他學院經濟學家一樣，把他極有見地的努力看成無異於怪人的異想天開。本書讀者中恐怕知道蓋賽爾者不多，所以我將用較多筆墨來評論他。

　　蓋賽爾是一位德國商人㉕，在阿根廷布宜諾斯艾利斯經商，事業十分成功。十九世紀八十年代的經濟危機，對阿根廷衝擊特別嚴重，以此爲契機，他開始研究貨幣問題。1891 年，他的第一部著作《幣制改革爲走向社會國家之橋》(*Reformation im Müsuzesen als Brücke Zum sozialen Staat*)，以及闡述其貨幣基本觀念的著作《事物精華》(*Nervus Reum*)，先後在布宜諾斯艾利斯出版。此後一直到他退休，他又陸續寫了許多書和小冊子。1906 年退休後去瑞士，晚年無需爲生計操心，醉心於兩件最令人愉悅的工作：寫作和農業實驗。

　　他的代表作第一部分《全部勞動產物權的實現》(*Die Verwirklichung des Rechtes auf dem vollen Arbeitsertrag*)，於 1906 年在瑞士上日內瓦出版，第二部分《利息新論》(*Die neue Lehre vom Zins*)1911 年在柏林出版。兩部分合訂本名爲《經由自由土地和自由貨幣達到自然經濟秩序》(*Die natürliche Wirtschaftsordnung durch Freiland und Freigeld*)，英譯本名爲《自然經濟秩序》(*The Nature Economic Order*)，大戰期間 (1916 年) 在柏林和瑞士同時出版，在他生前共發行了六版。1919 年 4 月，蓋賽爾曾加入曇花一現的巴伐利亞蘇維埃政權，出任財政部長，後來因此而受到軍事法庭的審判。在生命的最後

㉕生於德國與盧森堡邊境附近，其父爲德國人，其母爲法國人。

十年裡，蓋賽爾在柏林和瑞士兩地從事宣傳工作。此時他取代了亨利喬治(Henry George)在土地改革運動中的地位，被尊奉爲先知，他吸引了許多半宗教性狂熱分子，數千名信徒遍布世界各地。1923年，瑞士和法國自由土地自由貿易協會以及許多其他國家的類似組織，在瑞士巴塞爾舉行了第一次國際大會。直到1930年他逝世以後，像他這類學說所能引起的特殊熱誠，才轉移到其他先知身上（在我看來，後者還不及蓋賽爾出名）。在英國，這一運動的領袖是布希(Büchi)博士，但是該運動的文件似乎皆出自美國德克薩斯州的聖安東尼奧。目前這一運動的主力在美國。在學院經濟學家中，唯有費雪(Irving Fisher)教授認識到了它的重要性。

　　儘管他的信徒把他裝扮得像一個先知，但蓋賽爾的主要著作還是用冷靜的、科學的語言寫成的。然而，全書充滿了對社會正義感的熱誠與崇尚，似乎這與某些人心目中的科學家身份不符。雖然出自亨利‧喬治的那部分理論㉖，無疑是該運動重要的力量源泉，但其影響卻遠遠不如蓋賽爾。全書的目的也許是爲了建立一個反馬克思主義的社會主義，同時又是對自由放任學說的一種反動。他的理論基礎同馬克思的不同。首先，他否定古典學派的前提，而馬克思則是接受的；其次，他主張解除妨礙競爭的桎梏，而馬克思則主張取消競爭。我相信今後人們從蓋賽爾那裡學到的東西比從馬克思那裡學到的要多。如果讀一下英譯本《自然經濟秩序》序言，蓋賽爾的德行便可略見一斑。我認爲，循著該序言的思路，我們可以找到對馬克思主義的回答。

　　論及蓋賽爾對貨幣與利息理論的特殊貢獻，包括兩點：第一，他將利率和資本邊際效率二者作了清楚的劃分，認爲正是利率限制了實際資本的擴張速度；第二，他指出利率純粹是一種貨幣現象，貨幣利

㉖蓋賽爾與喬治的不同之處，是主張土地收歸國有時，國家應付補償金。

率的重要性，在於貨幣的特性，即擁有貨幣是一種貯藏財富的辦法，而貯藏費用卻微不足道。其他那些財富形式（如需要儲存費用的商品儲存）能產生收益，事實上也是因為貨幣具有價值尺度。他舉例道，各時代中利率相當穩定，表明利率絕不可能由純物質因素所決定，因為純物質因素在各個時代間的差異，比起利率的差異，不知要大多少。用我的話來說，利率由心理因素所決定，因為心理因素比較穩定，故利率亦比較穩定。相反，決定資本邊際效率表的，主要是一些變動極大的因素，這些因素並不決定利率，主要是一些變動極大的因素，這些因素並不決定利率，而決定在一多少有點固定的利率之下實際資本的擴張速率。

　　但是蓋賽爾的理論存在一個很大的缺點。他指出了如何由於貨幣利率的存在，出借商品也能獲取收益。欲說明這一點，他寫下了〈魯濱遜克魯索和陌生人的對話〉㉗（這是最出色的經濟學寓言）。但是，他說明了為什麼貨幣利率不可能（像大多數商品利率那樣）是負數，卻完全忘了作進一步的解釋，為什麼貨幣利率總是正數，他也未能解釋，為什麼決定貨幣利率高低的，並不（像古典學派所說的那樣）是生產資本的收益大小。這是因為他並不知道流動性偏好這個觀念；所以，他所建立的只是半個利率論。

　　毫無疑問，正是由於其理論的不完備，故蓋賽爾的著作未能獲得學術界的充分重視。儘管如此，他還是根據自己的理論提出了實際建議。雖然他提出的方案無法實施，但不失為對症下藥。他指出，貨幣利率限制了實際資本的擴張，如果去除了這個限制，那麼在現代社會裡，實際資本將得到迅速擴張，不說馬上，至少在相當短的時期內，利率將會降至零。因而最直接的需要，是減低貨幣利率。他又指出，

㉗《自然經濟秩序》（*The Natural Economic Order*），第297頁及其以下。

如果貨幣像其他不能產生收益的商品一樣也具有儲存成本，就可以影響貨幣利率的降低。受這一思想引導，他後來提出了著名的「加印」貨幣（「stamped」money）方案。正是這一方案使蓋賽爾一舉成名，並深得費雪教授的贊同。按照他的建議，流通紙幣（但至少某些銀行貨幣也顯然適用）應像保險單一樣，必須每月加貼印花，才能保持其價值。印花通過郵局發售，當然印花費費率應酌情而定。按照我的理論，印花費費率應大約等於貨幣利率（不含印花費用）同資本邊際效率之差。此處所謂資本邊際效率，係指為滿足充分就業，新投資資本的邊際效率。蓋賽爾建議印花費費率每周為 0.1%，每年為 5.2%。在現行情況下，這一費率似乎偏高，然而，恰當的費率必定是不斷變動的，只能由試錯法逐漸得出。

加印貨幣所體現的思想，倒是合理的。實際上在小規模上實施這個辦法也是可能的。但是還存在許多蓋賽爾未曾料到的困難。特別是他沒有意識到，並不是只有貨幣才有流動性貼水，其他東西也有，只是程度小些罷了，貨幣的重要性，在於其流動性貼水比其他任何東西都要大些。所以，若通過加貼印花的辦法，使流通貨幣去掉流動性貼水，許許多多的替代物──一般如銀行貨幣、即期債務、外幣、珠寶和貴金屬等等──將代之而起。我在前面提到過，曾有過那麼一個時期，不管土地的收益如何，人人都想擁有土地，結果勢必抬高了利率。可是在蓋賽爾理論體系之下，土地國有化使這種可能性蕩然無存。

七

以上我們所討論的理論，實質上都是針對有效需求這一構成成分，它的大小取決於投資引誘的充足與否。然而，把失業歸咎於另一構成部分──消費傾向的不強，則是由來已久的做法了。用消費傾向不強

來解釋經濟弊端，在十六、十七世紀時尚不占重要地位，只是到了較晚近的時代，才逐漸形成氣候。但古典學派經濟學家對此並不欣賞。

雖然在重商主義思想中，對消費不足的指責只是非常次要的特點，但海克雪爾教授還是引證了許多例子，說明「奢侈有利、節儉有弊」這一根深蒂固的信念。實際上人們認為節儉是失業的根源，理由是：第一，一定數量的貨幣不用作交易會減少實際所得；第二，儲蓄會減少流通貨幣㉘。1598 年，拉斐瑪斯(Laffemas)在《置國家於繁華的金銀財寶》(*Les Tre'sors et richesses pour mettre L' Estaten Splendeur*)一書中，譴責了那些反對使用法國絲織品的人。他認為所有法國奢侈品的購買者都為窮人創造了生計，吝嗇鬼則使窮人失去生計，窮極潦倒而死㉙。1662 年，配第為「窮奢極侈，建造凱旋門等等」辯護，理由是這些費用最終還是要流回釀酒師、麵包師、裁縫、鞋匠等人的口袋之中。福特雷曾為華麗服飾作過辯解。施柔特 (1686 年) 不贊成節約，希望人們的服飾更講究一些。巴邦(Barbon)曾寫道 (1690 年)：

> 「揮霍這一惡習對個人來說不利，但對商業卻不然……然而貪婪則不同，無論對個人還是對商業均不利」。㉚加萊(Cary)也曾指出 (1695 年)：如果每個人都多花一點，那麼每個人的所得都會多一些，「而且每個人都可以生活得更富裕一些」。㉛

經過伯納德孟廸維爾(Bernard Mandeville)《蜜蜂的寓言》(*Fable of the Bees*)一書的大肆渲染，巴邦的觀點變得大為流行。這本書在人

㉘海克雪爾：《重商主義》，第 2 卷，第 208 頁。

㉙同上，第 290 頁。

㉚海克雪爾：《重商主義》，第 2 卷，第 291 頁。

㉛同上，第 209 頁。

文科學史上聲名狼籍，1723 年英國中愛塞克斯郡的大陪審團曾宣判該書為敗類。據說只有一個人曾為其說過好話，此人便是約翰遜(John-son)博士。他宣稱這本書不但沒使他迷惑不解，反倒讓他對現實生活「大開眼界」。斯蒂芬(Leslie Stephen)在《全國人名辭典》(*Dictionary of National Biography*)中，對該書所作的概括性評述，恰如其分地反映了其邪惡之處：

> 孟迪維爾的書引起了公憤。該書用巧妙的似是而非的議論，闡發一種含有譏諷性的道德觀，引人入勝……他認為促使經濟繁榮增強的是消費而不是儲蓄，此說可列為迄今尚未絕跡的經濟謬論之一㉜。他接受了禁欲主義的看法，認為人類欲望基本上是邪惡的，因而會產生「私德邪惡」，同時又接受了一般人的看法，認為財富是一種「公眾利益」，從這兩點出發，他很容易得出結論：任何精明都隱含著邪惡的發展。

《蜜蜂的寓言》是一首寓言詩，內容是說在一個相當繁榮的社會裡，所發生的令人震驚的變化。該社會全體公民突然決定放棄奢侈生活，國家也決定裁減軍備，人人都熱衷於儲蓄，結果弄得一團糟。因為人們都崇尚節儉，榮華富貴被看作道德欺詐避而遠之，生活中再沒有值得誇耀的東西。奢侈品無人問津，原有的奢侈品，如華麗服飾、全套車馬和鄉間別墅等，或變賣償債，或任其荒廢，房地產價格一落千丈。昔日揮霍無度者一去不返，而靠供給奢侈品為生者失去了生計，

㉜斯梯芬在他所著《十八世紀英國思想史》中，曾如此評價孟迪維爾的謬論：「商品需求不是勞動力需求這句話，可以將此謬論徹底駁倒；但是能完全理解這句話的人寥寥無幾，所以只要能完全理解，就不愧為經濟學家」，見該書，第 297 頁。

一切商品都貯藏過剩，各行各業皆人滿為患，能工巧匠失去了工作，也不再需要為乞求而存在的畫家和雕塑家。故事的寓意是：單靠美德不可能使國家興盛，欲恢復過去的好時光，既要致力於儉樸，也要顧及平民生計。

寓言詩後的評論，說明該詩並非毫無根據。現摘錄如下：

在個別家庭中，精打細算（有人稱之為儲蓄）的確是致富之道，所以有人便以為，不管國家的自然條件是貧瘠還是富庶，只要人人都追求（他們認為可以實行）這個辦法，國家也能致富。以英國來說，假如英國人能像他們的某些鄰國公民那般節儉，那麼英國就能比現在富裕得多。我認為這種說法毫無道理㉝。孟迪維爾的結論是：恰恰相反。

使國家歡樂興盛之道，就在於給予每個人就業機會。為達到這一目的，政府首先要提倡製造業和工藝品製造業，凡人類才智所能及的皆予以提倡；其次要鼓勵農漁業各分支部門的發展，使全部土地也能像人一樣盡其力。只有靠這種政策，而不是靠限制奢侈、提倡節約的瑣碎規章，國家的強大和福運才有指望。因為倘若金銀的價值可以自由漲落，則社會能享用的多寡將永遠取決於土地的產出和人民的勞作。二者相結合則是一種比巴西的金和波多西的銀更為可靠、更無窮盡、也更現實的財富。

毫不奇怪，兩個世紀以來，這種邪僻觀點受到道學家和經濟學家的指責。他們自詡自己的嚴肅學說更加正確，認為除了個人和國家屬

㉝比較一下古典學派先驅亞當·斯密的說法，「凡在每個私人家庭行為中堪稱精明的做法，那麼在全英國實行，也未必是愚蠢的做法」。這番話可能參考了孟廸維爾上述評論。

行最大程度的節儉和經濟，找不到任何其他更合理的補救辦法。取代配第「窮奢極侈，建造凱旋門等等」的是格拉斯頓學派(Gladstonian)錙銖必較的國家財政，國家無力辦醫院、建廣場、蓋豪華大廈，甚至無力保護歷史古蹟，更不用說發展音樂和戲劇事業了。所有這些只能依靠私人慈善機構或揮金如土者的慷慨解囊。

直到馬爾薩斯(Malthus)晚年，即大約一個世紀之後，孟迪維爾學說才重新在上流社會中出現。此時，有效需求不足已被作爲失業的科學解釋。關於這一點，在我論馬爾薩斯的文集㉞中已有詳細討論，所以只需從中摘取若干有代表性的引文段落，就足以說明問題了。

幾乎在世界每個地方，我們都能看到大量的閑置生產力。我把這種現象解釋爲：由於實際產品分配上存在的問題，繼續生產缺乏足夠的動機……我認爲，企圖迅速地積累財富，即意味著必然大量減少非生產性消費，由於極大地削弱了生產的一般動機，必定是財富擴張尚未成熟便遭到阻礙……但是如果這種迅速積累的企圖，引起勞動力和利潤二者間出現鴻溝，以至一舉摧毀了未來的生產動機和生產能力，最終摧毀了藉以滿足不斷增長的人口生存與就業需求的能力，那麼我們還能夠斷言，這種積累財富的企圖，或過度的儲蓄，實際上或許對國家有利嗎？㉟

問題是：如果生產增長同地主資本家的非生產性消費增長不成比例，則會造成資本停滯，接著又會造成勞動力需求停滯，這兩種停滯是否對國家不利呢？如果地主資本家的非生產性消費與社會的自然過剩成適當比例，以至能保持持續不斷的生產動機，

㉞《傳記集》(*Essays in Biography*)，第 139-47 頁。
㉟1821 年 7 月 7 日馬爾薩斯致李嘉圖的信。

在勞動力需求方面，既阻止了開始時的過度擴張，又阻止了後來的驟然縮減，那麼這種情形是否比前一種情形更快樂、更富裕呢？如果答案是肯定的，那麼我們又怎麼能説：雖然節儉對生產者有利，但對國家卻不利呢？又怎麼能説：地主資本家增加非生產性消費，對於生產動機不足狀況來説，在某些時候不是適當的對策呢？㊱

亞當斯密曾説過，節儉使資本增長；又説過，每個節儉者都是公衆的恩人；還説過，財富的增長取決於生產是否超過消費。毋庸置疑，這些命題大體上是對的……但是顯然，並非所有命題都是對的。比如説儲蓄原則，若儲蓄過了頭，往往會摧毀生產動機。假如人人都滿足了最簡單的食物，最樸素的服飾以及最簡陋的住房，那麼可以肯定，其他的食物、服飾和住房就不會存在了……這兩個極端都是顯而易見的，於是兩極端間必定有一點，雖然政治經濟學不能確定此點位於何處，但考慮到生產能力和消費願望，在該點時，財富的增長得到最大的鼓勵。㊲

據我所知，在所有聰明睿智者提出的觀點中，要數賽伊(M. Say)的觀點最沒有道理，與事實最不相符。他認爲用掉或毀掉一件物品，等於堵塞了一條出路。他得出這一觀點只考慮了商品與商品的關係，而沒有考慮商品與消費者的關係。試問，假如除了麵包和水以外，所有消費都停止半年，那麼商品需求將成爲怎樣一幅圖景？商品堆積如山！但出路何在？這將引起一個多麼巨大的市場！㊳

㊱1821 年 7 月 16 日馬爾薩斯致李嘉圖的信。

㊲馬爾薩斯：《經濟學原理》序，第 8、9 頁。

㊳馬爾薩斯：《經濟學原理》，第 363 頁，脚注。

　　然而，李嘉圖卻充耳不聞馬爾薩斯的觀點。後來，關於約翰斯圖亞特穆勒(John Stuart Mill)工資基金說㊚(Wages Fund Theory)的討論，則是這場爭論的最後回響。穆勒的工資基金說在駁斥馬爾薩斯晚期思想方面起了重要作用，而他本人當然也在討論中脫穎而出。後人反對穆勒的工資基金說，卻往往忘記了這樣一個事實：沒有他的學說便駁斥不倒馬爾薩斯。此後這個問題就不再是經濟學討論的主要問題，並不是說問題已經解決，而是說經濟學家們不再提及。凱恩克羅斯(Cairncross)先生最近正在從一些維多利亞時代不太出名的作家中㊛，尋求這個問題的來龍去脈。但所獲甚微，或許低於期望㊜。消費不足說則消聲匿迹，直到 1889 年，在霍布森(J. A. Hobson)和穆莫里(A. F. Mummery)合著的《工業生理學》(*The Physiology of Industry*)中重又露面。在近五十年裡，霍布森孜孜不倦著書立說，攻擊正統學派，勇氣和熱誠不可謂不高，但卻未能撼動正統學派。在他的許多著作中，《工業生理學》是第一本，也是最重要的一本。今天這本書已被人淡忘，但是從某種意義上說，它的出版標誌著經濟思想史上新紀元的開端㊝。

　　此書是與穆莫里合著的。霍布森曾這樣談論過該書寫作的前後經過㊞：

㊚穆勒：《政治經濟學》，第 1 篇，第 5 章。在穆莫里(Mummery)和霍布森(Hobson)的《工業生理學》(*Physiology of Industry*)一書（第 38 頁及其以下）中，對穆勒理論的這一部分，尤其是「商品需求並不等於勞動力需求」之說，有重要而且透徹的討論。（馬歇爾對「工資基金說」的解釋，雖不能令人滿意，但是在設法為其解釋誤會）

㊛〈維多利亞女王時代的人與投資〉(The Victorians and Investment)，載《經濟史》(*Economic History*)，1936 年。

㊜弗拉頓(Fullarton)的短文〈通貨管理論〉(On the Regulation of Currencies)在涉及他的參考文獻中，最為有趣。

　　到了八十年代中期，我的經濟學異端思想開始成形。雖然亨利‧喬治對土地價值的攻擊，各種社會主義團體鼓勵工人階級反對壓迫的宣傳，以及兩位鮑斯(Booth)先生對倫敦貧困狀況的揭露，都給我留下了深刻印象，但是這些都沒有動搖我對政治經濟學的信念。我的信念發生動搖或許可以說是偶然引起的。當時我正在埃克塞特城一所中學教書，有幸結識了一位名叫穆莫里的商人，他也是著名的登山家，曾發現了一條攀登馬脫紅峰的新路，卻在 1895 年試圖登上喜馬拉雅山脈的南加帕巴特峰時不幸喪生。當然我同他交往，其意不僅僅在此。他也是一位精神上登山家，不管權威們講些什麼，他總是獨闢蹊徑奮力登攀。他和我辯論過儲蓄過度問題，他認爲在商業不景氣時期，儲蓄過度是資本利用不足和勞動力就業不足的原因。我打算用正統經濟學武器來駁倒他，但用了許多時間，最終還是被他說服。於是我們開始合作寫書。書名爲《工業生理學》，於 1989 年出版，此書闡述了有關儲蓄過度的論據。這是我公開踏上異教生涯的第一步，當時絲毫也沒有意識到此事後果是多麼重大。那時我剛辭去中學教師職務，開始在大學普及課程部講授經濟學和文學。第一次令我感到吃驚的是，倫敦大學普及課程委員會竟然不准我教政治經濟學，這是一位經濟學教授出面干涉的結果。他讀過我的書，認爲其荒謬程度簡直可以同企圖證明「地球是方的」相提並論。在他看來，如

㊷羅伯森(I. M. Robertson)：《儲蓄的謬誤》(*The Fallacy of Saving*)，1892 年出版，此書支持穆莫里和霍布森的異端學說，但本身價值和意義不大，因其毫無《工業生理學》所具有的透徹直覺。

㊸出自霍布森 1935 年 7 月 14 日對倫敦理學會的講演詞，題爲「一個經濟學異教徒的自白」，在此轉載已得霍布森先生的允許。

果所有的儲蓄都用來增加資本結構和工資基金，難道有用儲蓄會有限度嗎？既然儲蓄是一切工業進步的源泉，限制儲蓄就是限制工業進步，所以明智的經濟家豈能不痛恨所謂的儲蓄過度說呢㊹。另一件個人趣事，使我覺得自己好像犯了什麼罪。儘管當時我不能在倫敦教經濟學，但在相對較寬容的牛津大學，因有著課程普及運動，故還允許我教課，也允許我去外省講演，只是關於工人生活只准我講實際問題。那時，有個慈善事業組織正在籌劃一個經濟學系統講座，讓我也準備一講。我表示願意接受，但後來不知爲何對方突然撤回了邀請，不加任何解釋。甚至在這種情形下，我還沒意識到：因懷疑無限節儉的美德，我已被視爲不可饒恕的罪人。

在這本霍布森早年著作中，霍布森和他的合作者對古典經濟學(霍布森就是在這種學說薰陶下成長起來的) 的批評，比起霍布森晚年著作要更加直截了當。由於這個緣故，再加上此書是其理論的首次披露，所以不妨摘錄其中若干內容，以表明這兩位作者的批評是多麼重要，理由是多麼充足。在《工業生理學》一書序言中，作者指出了他們所攻擊的論證具有什麼性質：

儲蓄使人致富，消費使人致貧，此話也適合於社會。這就是說，對錢的有效愛好是一切經濟利益的源泉，不僅可以使節儉者本人致富，而且可以提高工資，可以給失業者工作，使各方面都獲得好處。從報紙到最新出版的經濟學巨著，從教堂講壇到下議

㊹在《工業生理學》第 26 頁，霍布森用不大恭敬的語氣說：「節儉是國富之源，一國家愈節儉則愈富——幾乎所有經濟學家都這麼說。許多經濟學家推崇無限制的節儉，在他們陰沉的歌聲中，唯有這道貌岸然的一調，備受公眾欣賞」。

院，這個結論反反覆覆地被人重申，現在對此提出質疑，簡直好像是褻瀆了神靈。然而一直到李嘉圖的著作出版時爲止，有識之士以及大部分經濟思想家都極力否認這種學說。工資基金說最終被人所接受，只是因爲無法駁倒它而已。現在工資基金說正在分崩離析，然而該學說仍能存在，這只是因爲堅持該學說的人聲望太高之故。經濟學批評只敢在細枝末葉問題上對此理論旁敲側擊，而廻避其主要結論。我們的目的是指出：第一，這些結論不能成立；第二，儲蓄習慣可能實施過度；第三，如果實施過度，社會便會變窮，工人會失業，工資會降低，籠罩工商界的慘淡陰暗氣氛會擴散，這就是所謂的商業不景氣⋯⋯

生產的目的，是向消費者提供「效用和便利」。從原料初步處理，直到最終作爲一種效用或一種便利被人消費掉爲止，生產過程是連續不斷的。資本的唯一用途，就在於幫助生產這些效用和便利。人們每日或每周所消費效用和便利的總量不同，所用的資本總量，自然也隨之變化。既然儲蓄一方面增加現有資本總量，同時另一方面又減少效用和便利的消費量，所以儲蓄習慣用之過度，便會引起資本的累積超過實際需求量，這種資本過剩以一般生產過剩形式出現㊺。

他認爲，過度儲蓄引起的實際資本積累超過所需數量，事實上只不過是由預測錯誤所產生的次要問題，而主要問題在於：如果在充分就業條件下，儲蓄傾向大於實際所需的資本數量，那麼除非預測有錯誤，否則便不能實現充分就業。然而在一或兩頁之後，霍布森已把問題的一半闡述得極其準確，儘管他忽視了利率和商業信任狀況的變化

㊺霍布森和穆莫里：《工業生理學》，第iii—v頁。

可能產生的作用。在他的論述裡，假定這兩個因素不變：

> 因此我們可下結論，自亞當斯密以來經濟學家所依據的基礎
> ——即每年的生產量由可獲得的天然原素、資本和勞動力三者的
> 總數量所決定——是錯誤的。相反，儘管生產量絕不可能超過由
> 三者總數量所規定的上限，但如果儲蓄過度的話，將引致供給過
> 剩，影響生產，生產量或許將（實際上就是如此）大大低於這個
> 上限。換句話說，在現代工業社會的正常情況下，是消費限制生
> 產，而不是生產限制消費㊻。

最後，霍布森注意到，他的理論與正統的自由貿易觀點的有效性
有關：

> 我們也注意到，正統經濟學家隨心所欲地斥責美國以及其他
> 實行保護主義政策的國家爲商業白痴，現在不能再做這種斥責了，
> 因爲所有這些都是以供給不可能過剩的假設爲基礎的㊼。

霍布森隨後所作的論證被公認是不完備的，但也是第一次明明白
白地道出：資本的產生並不是出自儲蓄傾向，而是出自需求，而需求
則出自現實的和未來的消費。以下這段混合拼湊的引文，目的是要說
明霍布森的思路：

> 很清楚，社會資本的增長不可能沒有隨後商品消費的增長相
> 伴。……儲蓄和資本每一次增長，爲使這種增長有效，就要求最
> 近未來的消費量作相應的增長㊽……當我們說到未來消費時，我
> 們並不是指十年、二十年或五十年以後，而是指距今很近的未來。

㊻霍布森和穆莫里：《工業生理學》，第vi頁。
㊼霍布森和穆莫里：《工業生理學》，第ix頁。

……如果因節儉和謹愼動機加强，導致人們現在多儲蓄一些。㊽
……在生産過程的任何一點，合乎經濟原則可以利用的資本量，
不可能超過提供當前消費的商品所需的資本量㊿。……顯然，一
個人節儉，絕不會影響全社會的節儉，而只是決定全部節儉中某
一部分由我還是由他人來實行。我們將在後面指出，社會上一部
分人的節儉，將怎樣迫使社會上其他的人入不敷出51。……大多
數現代經濟學家都一槪否認消費不足的可能性。我們能夠找到任
何一種經濟力量，可以使社會達到這種過分狀態嗎？假如這種力
量存在，商業機制能有效地阻遏這種狀態出現嗎？以下將要說明：
第一，在每一個高度組織化的工業社會中，總有一種力量在起作
用，導致節儉過度；第二，可以斷言，商業機制的阻遏力量要麼
完全不起作用，要麼不足以防止嚴重的商業後果52。……李嘉圖
用來反駁馬爾薩斯和蔡爾莫斯(Chalmers)論點的論證，言簡意賅，
後來的經濟學家們認爲其理由相當充足。李嘉圖認爲：「產品總是
由產品或勞務所購買；貨幣僅僅是交易的媒介。因此生產增長總
是相應伴有購買和消費能力的增長，不存在過度生產的可能性」

　(李嘉圖，《經濟學原理》，第 362 頁)53。

　霍布森和穆莫里懂得，利息僅僅只是使用貨幣的代價而已54。他

㊽同上，第 27 頁。

㊾同上，第 50-51 頁。

㊿同上，第 69 頁。

51霍布森和穆莫里：《工業生理學》，第 113 頁。

52同上，第 100 頁。

53同上，第 101 頁。

們也完全知道，反對者會宣稱，利率（或利潤）下降會達到一種程度，可以遏制儲蓄，恢復生產和消費間的正常關係㊷。霍布森和穆莫里指出：「如果利潤下降可以引起人們減少儲蓄，那麼這種減少必定是借助兩條途徑達到的，或利潤下降促使人們增加消費，或利潤下降促使人們減少生產，二者必居其一」㊶。就前者而論，他們認為當利潤下降時，社會總所得會減少，「我們不能想像：當平均所得正在下降時，由於節儉可得到的報償也在相應減少，個人便會增加其消費量」，就後者而論，他們認為，「我們絕不是要否認，若供給過剩造成利潤下降，將會阻遏生產，相反，承認這種阻遏作用，恰恰是我們論證的核心」。㊷儘管如此，他們的理論還是不完備的，尤其是他們沒有自己的利率理論，所以難怪霍布森先生對消費不足引起的投資過度（意指無利可圖的投資）問題，傾注了如此大的注意力（特別是在他後來的著作裡），卻未能解釋：相對較弱的消費傾向，對於失業的產生起著推波助瀾的作用，因為相對較弱的消費傾向需要但卻不能得到相應的新投資量作為補償。即使有時因為盲目的過度樂觀，也許會出現若干新投資量，但一般而言，只要預期利潤降到由利率所確定的標準之下，這種新投資就根本不會發生。

　　大戰以來，各種關於消費不足的異端學說紛至沓來，其中道格拉斯(Douglas)少校的學說最為著名。當然道格拉斯論辯的力量，主要反映在他對正統學派作出了致命批評，而後者卻無力反擊。另一方面，他所作論證的細節，特別是所謂 A＋B 定理，包括了許多純粹故弄玄

㊴同上，第 79 頁。

㊵霍布森和穆莫里：《工業生理學》，第 117 頁。

㊶同上，第 130 頁。

㊷同上，第 131 頁。

虛之詞。如果道格拉斯少校將 B 項限定為，只包括企業家提供的打算用於重置更新的財政準備金，那他的定理還有點道理。但是，即使在這種假設之下，我們還是必須讓其他方面的新投資，以及消費支出增加同這一財政準備金相抵銷。比起那些正統學派的對手們，道格拉斯少校略勝一籌，至少他沒有完全忘記當代經濟體系中的主要問題。然而他卻不能同孟廸維爾、馬爾薩斯、蓋賽爾和霍布森等人相提並論，在勇敢的異教邪說大軍中，他大概只能算個小兵，而絕不是少校。在孟廸維爾等人看來，寧可依從直覺，對真理作一知半解的探求，而不願犯這樣的錯誤——推理固然清楚，前後一致，論證也固然合乎邏輯，但是前提假設卻與事實不符。

第二十四章　結論：
論「一般理論」可能引出的社會哲學

一

　　我們所生存的經濟社會，有兩個顯著缺點：第一是不能提供充分就業，第二是財富和所得的分配不盡公平合理。前述理論同第一個缺點的關係顯而易見，但同第二個缺點關係方面，有兩點也頗為重要。

　　自十九世紀以來，借助於徵收所得稅、超額所得稅、遺產稅等直接稅的方法，在消除財富與所得過分懸殊方面已取得了重大進步，特別是在英國，進步尤為明顯。儘管許多人希望將此進步繼續推向前進，但由於雙重顧慮的存在使他們裹足不前。其一是擔心因此會助長人們故意偷稅漏稅之風，也擔心因此會削弱人們潛在的冒險動機；其二是相信資本的成長依賴於個人儲蓄動機的強弱，也相信大部分資本的成長依賴於富人們出自過剩所得的儲蓄。我認為兩者中更重要的是後者。我們的論證對第一重顧慮並無影響，但或許會影響人們對第二重顧慮的態度。因為我們已經看到，在充分就業之前，資本的增長並不取決於低消費傾向，非但如此，甚至還會受低消費傾向的阻遏，只有在充分就業條件下，低消費傾向才有利於資本增長。而且經驗告訴我們，在現行情況下，使公私機關用償債基金所作的公共儲蓄已經綽綽有餘；通過所得的重新分配，達到提高消費傾向的做法，或許會有利於資本的增長。

　　許多人相信，徵收遺產稅可以引起國家資本財富的減少，看來公眾對這一問題的論證還有待澄清。假設國家將遺產稅的所得用作經常開支，以至相應減少所得稅和消費稅，那麼徵收高額遺產稅的財政政策，當然會對消費傾向增大起作用了。但是由於社會慣常(habitual)消費傾向增大時，除非在充分就業的情況下，一般同時也將引起投資引誘的增加，故公眾的一般推斷完全背離了真理。

　　於是可以得出結論：在當代情形之下，財富增長絕不是一般人想像的那樣，靠的是富人們的節欲，相反此種節欲很可能會妨礙財富增長。因此，為社會財富極其不均現象辯解的一個主要理由就站不住腳了。我並不是說，為任何情況下任何程度財富不均辯解的理由，都受到上述理論的影響；但我們的理論，的確除去了迄今不敢大膽行動的最重要理由，特別是影響了我們對遺產稅的態度，因為存在某些理由可以為所得不均辯護，却不能為遺產不均辯護。

　　就我本人而言，我相信確有社會的和心理的理由，可以為所得和財富的不均辯護，但却沒有任何理由，可以為今日如此懸殊的不均辯護。人類有些有價值的活動，需要有賺錢這種動機，也需要有私有財產這種環境才能完全生效。而且，因為賺錢機會和私有財產的存在，人類的危險性格或許會發展成為殘暴、不顧一切地追逐個人權勢，或其他形式的自大狂。我們寧可看到一個人對其銀行存款為所欲為，而不願看到他對同胞手足為所欲為。雖然有時人們以為前者是後者的手段，但至少有時前者也是後者的替代。不過要鼓勵人類的這些活動，滿足人類的這些性格，賭注不必像今天這麼大。即使賭注小得多，只要遊戲者都已習慣於此，還是可以達到同樣目的。一定不要把改變人性和管理人性混為一談。雖然在一個理想社會裡，人們也許發現這樣的教育、感召和薰陶：不要對下賭注感興趣，但是，只要一般人，或社會上很大一部分人，事實上對賺錢有強烈追求，那麼在服從規則和

限制的前提下，允許這種賺錢遊戲的存在，對政治家來說，恐怕不失為英明而且精明的治國之道。

二

但是從我們的論證中，可以得出第二個並且更為重要的推論。此論證與財富不均的前途有關，也就是說與我們的利率理論有關。迄今為止，人們一直認為：為了提供一個足夠大的儲蓄引誘，必須維持相當高的利率，但是我們已說過，投資規模必然決定著有效儲蓄(effective savings)的大小，而在充分就業的範圍以內，投資規模則受到低利率的激勵。所以我們最好把利率降到某一點，根據資本的邊際效率表，在該點時可以達到充分就業。

毫無疑問，此標準將導致一個比現行利率低得多的利率。就我們對資本邊際效率表的猜測而論，當資本數量逐漸增加時，資本的邊際效率表也相應下降，如果低利率或多或少對繼續維持充分就業有用，那麼利率就可能穩步地下降，除非是（包括國家在內的）社會消費總傾向發生重大變化。

我相信，消費數量很容易增加到一點，使資本邊際效率表降到非常低的水平，從這個意義上講，對資本的需求量是有嚴格限度的。這並不是意味著適用資本品可以幾乎不付出代價，而只是說，從資本品適用中所得到的收益，除去補償損耗和折舊，所剩餘者只是負擔風險、施行技能和判斷等所必須的代價而已。總之，耐用品在其壽命中所產生的總收益，像非耐用品一樣，只能補償其生產的勞動成本外加負擔風險以及施行技能與管理等所必須的代價。

雖然這種狀況與某種程度的個人主義十分和諧，但是並非意味著食息者階級會安然死去，資本家利用資本的稀缺性擴大其壓迫力量的

現象會逐漸消失。今天的利息與地租在性質上相同，都不是真正犧牲的報酬。資本的所有者能獲得利息是因為資本稀缺，正好像地主能獲得地租是因為土地稀缺一樣。不過，土地稀缺還有其真正的理由，而資本稀缺，以長時期看，則毫無真正理由可言。此處所謂真正理由，是指一種真正犧牲，若無利息作為報酬，便無人肯承擔這種犧牲。只有在下述情形中，即資本數量尚無富餘，而在充分就業情況下個人消費傾向的特點是：所得全部消費掉，一點點也不化作儲蓄，資本稀缺才有真正理由。但是即使如此，還是有可能通過國家舉辦公共儲蓄，維持一定的儲蓄水平，使資本增長到不再有稀缺性時為止。

　　所以我認為，資本主義制度中存在食息者階級，是一種過渡現象，當其完成自身使命後便會退出歷史舞台，資本主義將因這個階級的消失而大為改觀。除此之外，我的主張還有一大好處：食息者階級或毫無用處的投資者階級的壽終正寢，並不是突然的，而只是把最近我們已在英國看到的現象逐漸延續下去而已，所以並不需要革命。

　　因此在實際施政（完全可以做到）中，我們應該確立兩個目標，一是增加資本數量，使之不再稀缺，使毫無用處的投資者不能再坐收漁利，一是建立直接稅體制，使得金融家、企業家之流的智慧、決策和行政管理技能等，在合理報酬之下為社會服務。這些人非常熟悉本行，所以即使報酬比目前低得多，仍然願意提供服務。

　　同時我們必須承認，只有經驗才能夠作出回答：國家（即公共意志代表者）致力於增加和補充資本吸引，刺激平均消費傾向，應達到何種程度，才能使資本在一兩代人之內不再稀缺。也許實際情況是當利率下降時，很容易使消費傾向增大，以至以一個並不比現在大的資本累積速率便可實現充分就業。假如是這樣，對大筆所得及大宗遺產課以重稅的計劃，就可能引起人們的非議。因為按照該計劃達到充分就業時，資本累積速率要比現在小許多。一定不要以為我否認這一結

果出現的可能性，或否認其很大的可能性。對於這樣的問題，預言一般人對環境變化的反應如何，不免失之輕率。然而如果能夠證明，以一種並不比目前大許多的資本累積速率，便可以很容易地接近充分就業的話，那麼至少我們已經解決了一個重要問題。至於要求本世代人用什麼方法，限制他們的消費達到什麼程度，以便最終能為他們的後人創造一個充分就業的環境，即如何做既恰當又合情理，則是另一個問題，須另行單獨決定。

三

　　在其他幾個方面，前述理論的含意却是相當保守的。因為雖然該理論認為，對那些目前仍主要操縱於私人之手的問題，施加國家管理，是至關重要的，但還有許多活動不受國家管理的影響。國家必須通過租稅體系，限定利率以及其他方法，對消費傾向施加指導性影響。另外，似乎單靠銀行政策本身來影響利率，不可能足以確定最佳投資量。所以我覺得，欲接近充分就業狀況，唯一的辦法是由社會總覽控制投資。這樣做並非意味著必須排除一切妥協和折衷的辦法，借助這些辦法，可以使國家權威與私人私權性互相合作。但除此之外，並沒有非常明顯的理由要實行國家社會主義，將社會大部分經濟生活納入其軌道。對於國家來說，重要的並不是生產工具的國有化，如果國家能確定用於增加生產工具的資源總額應是多少，以及那些擁有此種資源的報酬應是多少，那麼它已盡到了職責。再說實行社會化的必要步驟，可以慢慢地引進，不用打破社會的一般傳統。

　　我們對古典學派經濟學理論的批評，主要不是發現了在它的分析中有什麼邏輯錯誤，而是在於指出，該理論所依據的幾個暗中假定很少或從未能得到滿足，所以用這種理論不能解決實際問題。不過假如

實行了國家管理，能夠確立一個與充分就業相適應，近乎可實行的總產量，那麼從這一點以後，古典學派的理論還是可用的。如果假設產量爲已知，即假設產量大小是由古典學派所作的那種分析——例如私人對自身利益的追求將決定生產什麼、用什麼方法（即生產要素以何種比例配合）進行生產、最終產品的價值如何在生產要素間進行分配等等——便無可非論了。再者，如果反過來看待節儉問題，那麼對新古典學派所說的——在完全競爭和不完全競爭兩種情況下，私人利益和公共利益兩者協調一致的程度如何——便也無可非論了。所以，爲調整消費傾向和投資引誘二者之間關係就需要國家管理，除此點之外，經濟生活社會化並不比以往有更多的理由。

　　具體說來，就已利用的生產要素而論，認爲現行經濟體系對生產要素的利用極爲不當是毫無道理的。當然利用中不免有預測錯誤，但這些錯誤即使在國家管理之下也是難以避免的。當有一千萬人願意並能夠工作，但只有九百萬人被雇用時，認爲這九百萬勞動力有使用不當之處是沒有根據的，人們對現行經濟體系的不滿，並不是這九百萬人應當去從事的工作，而是剩下的一百萬人也應該獲得工作。現行經濟體系的失敗並不在於決定實際就業的方向上，而在於決定實際就業的數量上。

　　所以我同意孟賽爾的觀點：彌補古典學派理論上的漏洞，並不是要一筆抹煞「曼徹斯特體系」(Manchester System)，而是要指出在怎樣的環境特點下，經濟力量的自由適用才能釋放其全部潛力。當然，確保充分就業所必須的國家管理，其中包含著政府傳統機能的擴充。而且，新古典學派本身也提醒人們注意，在哪些條件下，經濟力量或許需要約束或指導才能自由適用。但是依然留有很大的餘地，可以由私人積極性和責任心發揮作用，在這個領域裡，個人主義的傳統優點依然有效。

　　讓我們重溫一下，個人主義的傳統優點是什麼？一部分當然是效率高，這是分散化和追求自我利益帶來的好處，決策分散化以及個人負責制二者對於提高效率有好處，好處之大甚至比十九世紀所設想的還要大得多，然而當代反對利用私利動機似乎已走得過遠。除此之外，如果能去除其缺陷和弊端，那麼個人主義則是個人自由的最佳保障。也就是說，與其他體系相比，在個人主義體系之下，人們可以極大地擴展個人進行選擇和範圍。同時個人主義體系又是多樣化生活的最佳保障，這恰恰是個人選擇機會擴大了的緣故。而在劃一的集權狀態之下，最大的損失便是失去了這種多樣化的生活。因爲這種多樣化的生活繼承了傳統，即體現著前輩們最有把握和最成功的選擇的傳統，豐富多彩的想像使現代生活增色，借助於經驗、傳統和想像，多樣化生活方式是向未來演進中最有力的手段。

　　爲了對消費傾向和投資引誘二者進行調節，使之互相適應，政府機能必須擴大。按照十九世紀政治家，或當代美國金融家的觀點，這種擴大似乎是對個人主義的極大侵犯。與此相反，我却要爲這種政府機能的擴大辯護，因爲它不僅是避免現行經濟形態全部毀滅唯一可行的辦法，而且也是個人積極性能得以充分發揮的必要條件。

　　因爲假如有效需求不足，不僅公衆將難以容忍浪費資源這種衆所周知的罪孽，而且私人企業家若想利用這些資源，勢必要承擔失敗的可能。企業家所玩的這種賭博有許多空門，如果賭徒們有足夠精力並希望玩遍所有紙牌，那麼就**全體**而言，他們最終將是輸家。迄今爲止，世界財富的增長量總是低於個人正儲蓄(positive individual savings)總量，二者的差數，恰好由那些企業家的損失所填補，儘管他們有膽量有熱情，但缺乏超凡的技藝和非凡的運道，所以無虧本。不過假如有效需求量足夠大，情形則完全不同，哪怕只有一般的技藝和一般的運道，也足以賺錢了。

今天的極權國家制度似乎解決了失業問題，但那是以犧牲效率和自由爲代價的。可以肯定，世界將不會再長久地容忍失業現象，在我看來，除了短暫的興奮期外，失業現象與今天資本主義式的個人主義有不解之緣。不過如果我們能對失業問題作出正確的分析，或許有可能醫好這一痼疾，同時又保留了效率和自由。

四

前面我已提到，新體系比舊體系更加有利於和平。關於這一點，有必要在此重申並強調。

戰爭爆發有各種原因。獨裁者之流發動戰爭，因他們認爲戰爭至少在期望上是令人愉快興奮的事，而且他們發現很容易激發並利用國民好戰的天性。但是，引起戰爭更重要的原因是經濟問題，即人口壓力和市場競爭兩大因素。二者中市場競爭因素在十九世紀時可能是誘發戰爭的主要因素，而且現在和今後可能依然如此。本文討論所涉及的正是這個因素。

我已在前一章中指出，如果像十九世紀後半期那樣，在正統經濟體系之下，對內實行自由放任，對外實行金本位制，那麼只有通過市場競爭，政府才能減輕其國內經濟方面的困苦，捨此別無良策。因爲除了改善國際收益帳上的貿易差額以外，其他所有的辦法都無助於解決慢性的、時斷時續的就業不足狀況。

所以，儘管經濟學家一直稱讚目前流行的國際經濟體系，認爲它既提供了國際分工的好處，同時又調和了各個國家間的利益，但是此經濟體系中亦隱伏著不祥的影響。有些政治家則根據常識以及對經濟事態發展實際狀況的正確理解，相信要是向來富裕的國家忽視了市場競爭，其繁榮也會歸於衰敗。但是如果各國能通過其國內政策提供充

分就業(還須加上，能在人口趨勢方面維持均衡狀態)，那就不會有重大的經濟力量，使各國利益發生衝突。雖然在適當條件下，國際分工和國際借貸仍留有餘地，但是將不會再有迫切需要向外推銷本國商品却拒絕接受外來商品的動機了。目前各國之所以還這樣做，並不是為了使國家進出口收支相抵，而是為了有意打破收支平衡，以便發展成為於己有利的貿易差額。國際貿易將不再像今天這樣，是一種孤注一擲的權宜之計——為了維持國內就業而竭力向外推銷本國商品，限制進口鄰國商品。這種辦法即使成功，充其量也只不過是將失業問題轉嫁給鄰國，使後者在市場競爭中境況惡化；它應當是在互利條件下，各國自願地和不加限制地交換商品和服務。

五

實現這些思想，是不著邊際的空想嗎？這些思想難道與影響政治社會演變的動機沒有充分的聯繫嗎？這些思想所反對的利益比它們為之服務的利益更強更明顯嗎？

在此我並不想得到什麼答案。採取什麼實際辦法才能把這些思想逐步付諸實踐，哪怕只是作綱要式的回答，恐怕也需要單成一書。但是如果這些思想是對的(作者本人寫作必須以此假定為前提)，那麼我敢預言，對它們未來的潛力大小提出來爭論是一個錯誤。現時的人們總是渴望得到一個更加基本的診斷，並非常樂於接受這一診斷，要是聽起來合理，便希望嘗試一番。不過除了這些當代的情緒，經濟學家和政治哲學家的思想，不管是對是錯，其影響力之大總要超過常人的理解。事實上統治世界的就是這些思想。實際家們自以為不受任何理性的影響，實際上却往往成了某個已故經濟學家的奴隸。狂人掌權，自以為受命於天，實際上他們的狂想却往往取自數年前某個學者的思

想。我確信，人們過分誇大了既得利益的力量，實際上它並不比思想逐漸侵蝕的力量來得大，當然這樣說並不是指馬上，而是指經過一定時間以後，因為在經濟和政治哲學領域，能在 25 歲或 30 歲以後接受新理論者畢竟不多，因此公務員、政治家，甚至鼓動家當前所應用的那些理論不可能是最新的。然而真正危險的遲早還是思想（無論這些思想是好還是壞），而不是既得利益。

近代思想圖書館系列⑨

就業、利息和貨幣的一般理論

原著——凱恩斯
譯者——陳林堅／王星／朱浩／范斌
校訂——宋承先
發行人——臧遠侯
出版者——時報文化出版企業有限公司
台北市10909和平西路三段二四○號四樓
發行專線—(○二)三○六六八四二
讀者服務專線—(○二)三○二四○九四
(如果您對本書品質與服務有任何不滿意的地方，請打這支電話。)
郵撥——○一○三八五四～○時報出版公司
信箱——台北郵政七九～九九信箱

主編——廖立文
責任編輯——李瀅美
校對——萬家蘋·何彬
排版——正豐電腦排版有限公司
製版——成宏照相製版有限公司
印刷——華展彩色印刷有限公司

初版一刷—中華民國八十一年四月十日
定價—三三○元

ISBN 957-13-0424-7

Printed in Taiwan

國立中央圖書館出版品預行編目資料

```
+-----------------------------------------------------------------+
|                                                                 |
|   就業、利息和貨幣的一般理論 / 約翰·凱恩斯原                    |
|     著 ; 陳林堅等譯. -- 初版. -- 臺北市 : 時                     |
|   報文化, 民81                                                   |
|       面 ;   公分. -- (近代思想圖書館系列 ;                      |
| 9)                                                              |
|     譯自 : The general theory of employment,                    |
| interest, and money.                                            |
|     ISBN 957-13-0424-7(平裝)                                     |
|                                                                 |
|                                                                 |
|   1. 凱恩斯(Keynes, John Maynard, 1883-                          |
| 1946) - 學識 - 經濟學  2. 總體經濟                               |
|                                                                 |
|                                                                 |
|   550.1877                                  81001339            |
|                                                                 |
+-----------------------------------------------------------------+
```